新建地方本科院校教学改革实践探索
——学前儿童游戏课程教学改革行动研究

樊婷婷 著

西南交通大学出版社
·成都·

图书在版编目（CIP）数据

新建地方本科院校教学改革实践探索：学前儿童游戏课程教学改革行动研究 / 樊婷婷著. —成都：西南交通大学出版社，2018.7
ISBN 978-7-5643-6306-2

Ⅰ.①新… Ⅱ.①樊… Ⅲ.①地方高校–教育改革–研究–中国 Ⅳ.①G649.21

中国版本图书馆 CIP 数据核字（2018）第 174290 号

Xinjian Difang Benken Yuanxiao Jiaoxue Gaige Shijian Tansuo
新建地方本科院校教学改革实践探索
——学前儿童游戏课程教学改革行动研究
樊婷婷 著

责 任 编 辑	罗爱林
特 邀 编 辑	邱 宁
封 面 设 计	原谋书装

出 版 发 行	西南交通大学出版社 （四川省成都市二环路北一段 111 号 西南交通大学创新大厦 21 楼）
发 行 部 电 话	028-87600564　028-87600533
邮 政 编 码	610031
网　　　　址	http://www.xnjdcbs.com
印　　　　刷	四川煤田地质制图印刷厂
成 品 尺 寸	165 mm × 230 mm
印　　　　张	14.5
字　　　　数	230 千
版　　　　次	2018 年 7 月第 1 版
印　　　　次	2018 年 7 月第 1 次
书　　　　号	ISBN 978-7-5643-6306-2
定　　　　价	68.00 元

图书如有印装质量问题　本社负责退换
版权所有　盗版必究　举报电话：028-87600562

前　言

　　本书是一部关于新建地方本科院校教学改革的应用实践类书籍，它是以学前教育专业的核心课程——"学前儿童游戏理论与实践"的教学改革为个案，记录与反思了新建地方本科院校教学改革的全过程：从教学改革的缘起，到教学改革的方案设计，再到教学改革的实施过程，以及最终教学改革的成效，一步步呈现了教学改革由最初的设想到最终实现的教学效果。本次教学改革以《幼儿园教师专业标准（试行）》为依据，在于培养学前教育专业本科生对幼儿游戏的支持与引导能力；采用教育行动研究中的独立模式，便于及时反馈修正；教学改革周期为两年，每年进行一轮教学改革行动研究，每轮教学改革行动研究包括计划、行动、考查、反思四个环节，在循环渐进的模式下保证研究的进展与质量。

　　全书由五章组成，第一章为教学改革缘起，主要包括学前儿童游戏课程概述，新建地方本科院校学前儿童游戏课程教学改革的影响因素及已有研究；第二章为学前儿童游戏课程教学改革设计，包括学前儿童游戏课程教学改革的背景、依据、研究方法和实施；第三章为学前儿童游戏课程教学改革第一轮行动研究，由行动研究的计划、行动、考查、反思组成；第四章为学前儿童游戏课程教学改革第二轮行动研究，是在第一轮行动研究的基础上进行的再计划、再行动、再考查、再反思；第五章为学前儿童游戏课程教学改革的成效，包括教学改革效果的调查、教学改革的创新、教学改革的不足与展望。

　　本书不仅是贵州省教育厅 2016 年高等学校教学内容和课程体系改革培育项目（NO.166）"基于《幼儿园教师专业标准（试行）》的学前儿童游戏课程教学改革"的成果，也是贯彻落实兴义民族师范学院"54321 课程体系"改革的精神，加强应用型人才培养，提高教学质量及学生核心素养的具体体现。课程教学改革是提高新建地方本科院校人才培养质量的必由之路。本书是新建地方本科院校课程教学改革实践探索的成果，展现了教学变革的宝贵经验与智慧；也是新建地方本科院校教学改革可借鉴的案例，势必将激发更多的新建地方本科院校的教师反思、变革自己的课堂教学！

  本书在撰写过程中，得到了兴义市百春幼儿园、兴义民族师范学院2015级学前教育本科班全体学生的鼎力支持，在此深表感谢！

著 者

2018 年 7 月

目 录

第一章 新建地方本科院校学前儿童游戏课程教学改革缘起 …… 001
  第一节 学前儿童游戏课程概述 …… 001
  第二节 新建地方本科院校学前儿童游戏课程教学改革
        的影响因素 …… 006
  第三节 新建地方本科院校学前儿童游戏课程教学改革
        已有研究 …… 009

第二章 学前儿童游戏课程教学改革设计 …… 014
  第一节 学前儿童游戏课程教学改革的背景 …… 014
  第二节 学前儿童游戏课程教学改革的依据 …… 017
  第三节 学前儿童游戏课程教学改革的研究方法 …… 022
  第四节 学前儿童游戏课程教学改革的实施 …… 027

第三章 学前儿童游戏课程教学改革第一轮行动研究 …… 030
  第一节 计划 …… 030
  第二节 行动 …… 038
  第三节 考查 …… 060
  第四节 反思 …… 067

第四章 学前儿童游戏课程教学改革第二轮行动研究 …… 074
  第一节 计划 …… 074
  第二节 行动 …… 084
  第三节 考查 …… 143
  第四节 反思 …… 184

第五章 学前儿童游戏课程教学改革的成效 …… 192
  第一节 教学改革效果的调查 …… 192
  第二节 教学改革的创新 …… 213
  第三节 教学改革的不足与展望 …… 222

参考文献 …… 225

第一章 新建地方本科院校学前儿童游戏课程教学改革缘起

第一节 学前儿童游戏课程概述

一、学前儿童游戏课程与学前儿童游戏

2001年教育部颁布的《幼儿园教育指导纲要（试行）》明确指出："幼儿园教育应尊重幼儿的人格和权利，尊重幼儿身心发展的规律和学习特点，以游戏为基本活动，保教并重，关注个别差异，促进每个幼儿富有个性的发展。"2011年颁布的《国务院关于当前发展学前教育的若干意见》也明确指出："遵循幼儿身心发展规律，面向全体幼儿，关注个体差异，坚持以游戏为基本活动，保教结合，寓教于乐，促进幼儿健康成长。"2012年教育部颁布的《幼儿园教师专业标准（试行）》与《教师教育课程标准（试行）》指出："游戏回归幼儿生活"成为我国幼儿园和高校学前教育专业的课程改革与发展方向。2017年5月第六个全国学前教育宣传月的主题"游戏——点亮快乐童年"，又一次向全社会宣传游戏对儿童成长的意义。十几年来，我国在学前教育领域颁布的指导政策，引导全社会充分认识了游戏对幼儿成长的重要价值。

学前儿童的年龄特征主要表现为活泼好动、好奇心强、好模仿，以形象思维为主，情绪不稳定、自控力不足等。而游戏具有趣味性、愉悦性、主动性、假象性、社会性、开放性、自由性等特征，恰好能满足学前儿童的年龄特点和心理需要。因此，游戏是最贴合学前儿童年龄特点，最为学前儿童所喜爱，最能调动学前儿童积极性的活动，学前儿童就应该在游戏中学习、在游戏中获得发展。

我国幼儿教育家陈鹤琴先生曾明确指出："幼儿以游戏为生命，多游

戏，多快乐。游戏就是儿童的工作，游戏是孩子主动学习的重要方式。"游戏对学前儿童的成长有着重要的教育意义：游戏可以促进学前儿童身体发育和智力发展；游戏有利于学前儿童形成良好道德品格和个性，发展积极情感；游戏可促进学前儿童社会认知的发展和亲社会行为的形成；游戏可提高学前儿童解决问题的能力；还可以促进学前儿童欣赏美与表现美的审美能力的发展。

正因为游戏对学前儿童身心发展如此重要，全社会都高度重视以游戏作为学前儿童的基本活动，所以，学前儿童游戏这门课程一直作为高校学前教育专业课程体系中的专业核心课程。学前教育专业的本科生十分有必要通过该课程系统学习学前儿童游戏的基本理论与教育技能，实现理论与实践并重，不断提升自身的专业素养。

二、学前儿童游戏课程与学前教育专业人才培养

对于学前儿童游戏课程与学前教育专业人才培养之间的关系，我们可以先理解学前教育专业人才培养的目标，再来研究学前教育专业人才培养方案中的课程，最后分析学前儿童游戏课程在学前教育人才培养方案中的地位，按照此思路进行探讨。

我们先来列举国内重点高校学前教育专业本科生的培养目标，以北京师范大学为例，其学前教育专业的培养目标是："培养具备扎实的人文、社会、教育与心理学等方面的基础知识和全面的学前教育工作专业知识与技能、适教乐教、具有先进教育理念和较强教育教学实践能力，能在各种儿童教育机构、教育行政与科研部门以及各级各类师资培训部门从事儿童教育、教育科研、培训、管理、宣传和康复等工作的高级专门人才。"[1]再以南京师范大学为例，学前教育专业提出的培养目标为："主要培养素养全面、学识宽广、有持续发展潜力并具有创新精神和实践能力的研究型幼儿园师资。"[2]由此不难看出，国内重点高校的学前教育专业都是以培养应用型人才为目标，即为社会培养优秀的从事幼儿教育工作

---

[1] 王迎兰. 当前学前教育专业培养目标设置中存在的问题及解决对策[J]. 学前教育研究，2011（11）：55-58.
[2] 王迎兰. 当前学前教育专业培养目标设置中存在的问题及解决对策[J]. 学前教育研究，2011（11）：55-58.

的教师及各类工作人员。高校所培养的学前教育专业的本科生需要具备学前教育工作所需要的专业知识与能力，能从事各类学前教育机构的相关工作，具备创新能力、研究能力，是优秀的专业人才。

为了实现学前教育专业人才培养的目标，需要合理设置学前教育专业人才培养的课程体系。课程体系是实现高等院校人才培养的核心要素，课程设置必须符合人才培养的目标。要想实现高等院校学前教育专业的人才培养目标，真正培养出具备高尚的专业理念和师德、广博的专业知识、精湛的专业能力的幼儿教师，就要将专业课程教学作为抓手，切实落实每门课程的教学目标、教学内容、课程实施、课程评价。

学前教育专业课程设置一般包括专业基础课程、专业核心课程、专业必修课程、专业选修课程。而学前儿童游戏课程是实现学前教育专业人才培养目标的重要保障之一，属于学前教育专业人才培养的核心课程，所以，学前儿童游戏课程必须符合人才培养目标的要求，其教学目标、教学内容、教学实施、教学评价都应体现人才培养目标的专业性与应用性。学前教育专业人才培养目标的实现，正是依靠诸如学前儿童游戏这类专业核心课程教学质量的保证，不断推进像学前儿童游戏这样的专业核心课程建设。

三、学前儿童游戏课程的特点

学前儿童游戏课程既是学前教育专业的基础课程也是核心课程，具有基础性、交叉性、实践性的课程特点。基础性在该课程中的体现主要是阐述学前儿童游戏的基本理论、幼儿园游戏的主要内容、基本方法、基本技能；还体现为学生在学习该课程后可以为其他专业课程的学习奠定基础。交叉性体现为该课程虽然与其他专业理论课程的内容有交叉重复，但又各有侧重。比如学前儿童游戏重点是让学生掌握幼儿园各种类型的游戏活动。"幼儿园课程论"重点是让学生理解游戏活动是幼儿园课程实施的途径；"学前儿童保育学"重点是在游戏活动中的保育工作。学生在学习专业理论课的过程中能够相互借鉴比较，全面理解内化理论知识。实践性体现为该课程围绕幼儿园游戏实践编排教材内容，课程教学的目标与内容都与幼儿园游戏活动的现实情况紧密相连，包括对幼儿园各类游戏的观察、指导、评价，对游戏材料的提供、游戏环境的创设，利用游戏形式组织开展幼儿园教育活动等；还体现为该课程偏重于让学生掌握相关理论知识后的实践运用，比如对幼儿园游戏的组织开展、观察指导、设计实施等。

四、学前儿童游戏课程的内容

学前儿童游戏课程的内容，主要来源于在学前儿童游戏研究领域研究时间较长，较权威的国内学者已出版的关于学前儿童游戏的著作或教材。选出其中有代表性的 7 种，发现大致有三种类型（见表 1-1）。

表 1-1 学前儿童游戏课程的教材

年份	作者	教材名称	教材主要内容	教材特点
2004	刘焱	儿童游戏通论	游戏的起源与历史发展，游戏的理论流派，儿童游戏与儿童游戏的发展价值，游戏与教学的关系模式，游戏活动的组织指导与环境创设	重理论
2015	华爱华	幼儿游戏理论	国内外儿童游戏的历史发展与游戏理论，游戏的本质与特征，儿童游戏与儿童发展，各类游戏的发展，儿童游戏的外部干预	重理论
2001	丁海东	学前游戏论	理论篇涉及学前儿童游戏的概念、特征、分类、影响因素以及国内外儿童游戏研究的理论流派与发展历史；实施篇涉及实施的原则、任务、分类指导与评价	理论实践并重
2008	邱学青	学前儿童游戏	游戏的特征、价值、游戏理论，各种类型儿童游戏的指导策略、环境创设、游戏材料	理论实践并重
2012	姜晓燕	学前儿童游戏教程	理论部分涉及学前儿童游戏的概念、价值、影响因素，学前儿童游戏的观察、指导与评价；实践部分涉及各类型游戏的组织与指导	理论实践并重
2013	翟理红	学前儿童游戏教程	论述了儿童游戏的特点、分类，对儿童发展的价值，游戏环境创设、游戏指导策略、游戏观察与评价，提供了大量的游戏案例	重实践
2014	杨枫	学前儿童游戏	围绕幼儿园各类型游戏的特点、价值，为学生设计了技能模块，即各种游戏的实训项目	重实践

第一类是偏重学前儿童游戏理论的著作，如北京师范大学刘焱教授2004年出版的《儿童游戏通论》，该书主要是从社会文化、儿童发展和教育学的三维视野下研究儿童游戏，研究了游戏的起源与历史发展，游戏的理论流派，儿童游戏与儿童游戏的发展价值，游戏与教学的关系模式，游戏活动的组织指导与环境创设。再如华东师范大学华爱华教授2015年出版的《幼儿游戏理论》，该书主要是研究国内外儿童游戏的历史发展与游戏理论，游戏的本质与特征，儿童游戏与儿童发展，各类游戏的发展，儿童游戏的外部干预。

第二类是学前儿童游戏理论与实践并重的教材，如山东师范大学丁海东教授2001年出版的《学前游戏论》，该书分理论篇与实施篇。理论篇涉及学前儿童游戏的概念、特征、分类、影响因素以及国内外儿童游戏研究的理论流派与发展历史；实施篇涉及实施的原则、任务、分类指导与评价。再如姜晓燕2012年主编的"十二五"全国学前教育专业问题导向式教学规划教材《学前儿童游戏教程》，该书的理论部分涉及学前儿童游戏的概念、价值、影响因素，学前儿童游戏的观察、指导与评价；实践部分涉及各类型游戏的组织与指导。再如南京师范大学邱学青教授2008年出版的《学前儿童游戏》，该书除了介绍游戏的特征、价值、游戏理论，还提出各种类型儿童游戏的指导策略、环境创设、游戏材料等。

第三类是偏重学前儿童游戏实践的教材，如南京特殊教育师范学院杨枫教授2014年出版的《学前儿童游戏》，该书主要围绕幼儿园各类型游戏的特点、价值，为学生设计了技能模块，即各种游戏的实训项目。再如贵阳幼儿师范学校翟理红校长2013年出版的《学前儿童游戏教程》，该书不仅论述了儿童游戏的特点、分类，对儿童发展的价值，还论述了游戏环境创设、游戏指导策略、游戏观察与评价，提供了大量的游戏案例。

从以上分析可知，学前儿童游戏课程内容的理论部分，主要包括儿童游戏的历史发展与理论流派，游戏与儿童的发展，游戏的本质、特征，各类型游戏的内涵、特征；实践部分包括教师对各类型游戏的组织开展、环境创设、材料提供以及观察、指导与评价。各类型的游戏主要分成以角色游戏、表演游戏、建构游戏为主的创造性游戏和以体育游戏、智力游戏、音乐游戏、美术游戏为主的规则游戏。

第二节　新建地方本科院校学前儿童游戏课程教学改革的影响因素

新建地方本科院校是在我国高等教育实行跨越式发展、实现大众化进程中，一些办学条件比较好的专科、高职院校，经过整合后升级而产生的，它们主要依靠地方财政的支持办学，承担着为地方培养人才、提供服务的职能。

新建地方本科院校有三个重要特征[①]：一是新建，指本科办学时间不长，办学经验缺乏，因而特色不明显、优势不突出，要成为合格的本科院需要一个较长的建设过程。近年来，对新建本科院校的"新"的认识更多地侧重于内涵、形态之新。二是地方性，指这些院校所在地大多数为地级市，由所在地方政府主管或共建，生源以当地为主，毕业后多数留在地方就业。国家赋予新建地方本科院校的使命也正是以所在地区为服务重点，适当辐射周边地区。三是应用型，指这些院校是我国经济社会转型发展、产业技术升级和高等教育大众化的共同产物，其主要任务是培养适应地方经济社会发展需要的应用型人才，体现为人才培养、科学研究、服务社会等职能的履行。

一、新建地方本科院校学前教育专业人才培养目标

新建地方本科院校的学前教育专业绝大多数是近几年才开办的，在师资力量、教学设施、教学质量上都处于待完善的阶段，制定的人才培养目标往往相近，几乎普遍强调具备保教能力、幼儿管理能力和教学科研能力的应用型、复合型人才。从以下五所新建地方本科院校的学前教育专业人才培养目标中就可知。

常州工学院学前教育专业的培养目标："培养德、智、体、美等方面全面发展，能适应21世纪学前教育改革与发展需要的研究型、艺术型学

---

① 顾永安. 新建本科院校转型发展研究的几个重要结论[J]. 常熟理工学院学报（教育科学），2012（12）：1-6.

前教育师资。"①

包头师范学院学前教育专业的培养目标："培养教育教学、科研、管理能力兼备，并具有一定艺术特长的应用型、复合型人才。"②

内江师范学院学前教育专业的培养目标："培养掌握本学科基本理论、基本知识和基本技能，具备在幼儿园教学的基本能力，能够从事幼儿教育管理以及教育科研工作的人才。"③

贵阳学院学前教育专业的培养目标："培养适应社会与经济发展需要，德、智、体全面发展，具有先进、科学的教育理念，具备较高的学前教育理论水平和较强的学前教育专业的基本技能，富有教学能力、科研能力、创新精神和实践能力，能在托幼机构从事保育、教育和研究工作的教师、学前教育行政人员、教育科研机构的幼教研究人员以及相关服务机构的儿童工作的高素质应用型人才。"④

笔者所在的兴义民族师范学院学前教育专业的培养目标："培养德、智、体、美全面发展，具有学前教育理论知识与技能，能在保教机构、教育行政部门以及其他相关领域从事保教、管理等方面工作的应用型人才。"

如何把新建地方本科院校学前教育专业人才培养目标落实到课程教学改革中，如何在学前儿童游戏课程中使学生掌握学前儿童游戏的专业知识与技能，培养学生的实践能力，都是学前儿童游戏课程教学改革中需要解决的问题。此外，新建地方本科院校在课程教学过程中，还要结合当地经济社会发展和文化背景，以及新建本科院校的实际条件和资源，实现新建地方本科院校学前教育专业的人才培养目标。

二、社会对新建地方本科院校学前教育专业人才的需求

近年来，随着《国家中长期教育改革和发展规划纲要（2010—2020

---

① 张建波. 艺术型学前教育本科专业的培养目标与课程设置[J]. 常州工学院学报（社会科学版），2009（3）：105-108.

② 张伶. 包头师范学院学前教育艺术类本科专业特色分析[J]. 阴山学刊，2008（5）：124-128.

③ 张承宇. 高师学前教育专业课程设置问题的思考——基于内江师范学院现状[J]. 内江师范学院学报，2008（5）：118-120.

④ 徐启丽. 学前教育专业培养模式建构策略探析——基于《幼儿园教师专业标准（试行）》视角[J]. 贵州师范学院学报，2013（4）：72-75.

年)》(2010年)、《国务院关于当前发展学前教育的若干意见》(2010年)、《3—6岁儿童学习与发展指南》(2012年)、《幼儿园教师专业标准(试行)》(2012年)、《幼儿园工作规程》(2016年)的贯彻实施,以及全国各地第一期、第二期"学前教育三年行动计划"(2013—2019年)的出台实施,为学前教育事业又快又好发展创造了前所未有的有利条件。这是因为"学前教育发展需要建设一支师德高尚、业务精良的幼儿园教师队伍。幼儿园教师质量决定着学前教育的质量,高素质专业化的幼儿园教师队伍是高质量教育和儿童健康发展的重要保障。明确合格的幼儿园教师应具备的基本专业素养,并引领和促进幼儿园教师的专业发展,无论对当下还是长远的幼儿教师队伍建设、学前教育事业的健康发展和亿万幼儿的健康发展,都是极其重要的"①。

新建地方本科院校与社会发展的结合日渐密切,不仅为社会的发展培养了各类人才,而且成为推动地方社会进步的重要力量。近年来,不断有新建地方本科院校增设学前教育专业,直接担负起为社会输送优秀幼儿教师的社会责任。各新建地方本科院校为了使人才培养与社会需求紧密结合,提出了人才培养与社会需求的零距离对接、全面对接或无缝对接。比如,具备较强艺术技能和特色教学的学前教育人才显示出较强的就业竞争力,各新建地方本科院校就在人才培养过程中突出对艺术技能和特色教学能力的培养,以迎合市场的需求。但事实上,高校人才培养的目标,不能仅仅满足于培养符合市场和现实需要的人,还应超越市场和现实的诉求,培养理念前沿、师德高尚、学有专识、技有专长、有创新能力的卓越幼儿教师。所以,新建地方本科院校应该转变与引领学前教育人才需求,改革人才培养模式,加强学科与专业建设,提高课程教学质量,提升学生综合能力水平。

那么,学前教育专业所设置的课程必然会受到社会需求的影响,以及每门课程在教学过程中必然也会受到社会需求的影响。具体到学前儿童游戏课程而言,也会体现出社会对学生学习该课程的要求以及对教师教学的要求。比如,社会要求学前教育专业的学生能够让学前儿童在游戏中获得发展,能够给学前儿童专业化的游戏引导与支持;能够设计适

---

① 庞丽娟,刘占兰.《幼儿园教师专业标准(试行)》说明[N]. 中国教育报,2011-12-14(3).

合学前儿童兴趣需要、年龄特征、发展目标的游戏,并提供游戏环境、材料,让学前儿童在游戏中快乐发展;能够观察记录学前儿童在游戏活动中的发展状况,引导学前儿童在游戏中健康成长。这些社会对学前儿童游戏课程的要求,都应在该课程教学中得以实现。

三、新建地方本科院校学前教育专业的师资水平

新建地方本科院校学前教育专业的教师由两部分组成:一类是由过去专科教师转来,教师专业不对口,教师专业素质水平普遍不高,教学水平有限,难以正确把握新建地方本科院校学前教育专业的人才培养目标,难以创新课程教学模式,往往是穿新鞋走老路,课程教学改革缓慢。另一类是新引进的学前教育专业的硕士毕业(少数博士毕业)的年轻教师,他们缺乏教学经验,教学技能水平不高,对课程内容、教学对象不够熟悉,往往容易照本宣科,影响课堂教学效果。总之,新建地方本科院校学前教育专业的师资水平整体不高,师资结构也不合理,高职称、高学历的教师少,低职称、年轻的教师多,教学科研团队没有形成,专业带头人缺乏。如何利用课程教学改革把新建地方本科院校师资条件中的劣势转换为优势,以教学改革促进教师专业化发展,提高课堂教学的质量,成为新建地方本科院校教师所面临的挑战。

第三节 新建地方本科院校学前儿童游戏课程教学改革已有研究

一、文献综述

笔者在中国知网、维普网、数字图书馆查阅了关于学前儿童游戏课程教学改革的相关资料,查找范围限制在学前教育专业本科生教育教学,不包括高职高专、中职中专的学前教育专业;同时限制在新建地方本科院校,不包括其他性质的高等院校、高等职业院校。查找发现与此方面直接相关的论文资料较缺乏,仅有6篇关于学前儿童游戏课程教改的论文,具体如下:

吴志勤在《学前儿童游戏课程教学改革的思考》中提到，学前儿童游戏课程教学的目标有三方面，知识目标是让学生了解并掌握有关儿童游戏的理论知识；能力目标是训练学生能根据学前儿童年龄特点来创设游戏环境、制作游戏材料、设计游戏活动、组织和指导游戏等；情感目标是让学生感知游戏、体验游戏、感悟游戏精神。课程教学的内容认为有必要重新编写"学前儿童游戏"教材。在教材编排时，要注意将系统的游戏理论知识和实践能力培养相结合。课程教学的方法要多样化，以激发学生的学习兴趣。理论课堂既要深入浅出、生动形象，又要积极调动学生参与的主动性和热情，这就要求教师敢于放手，让学生动脑、动口、动手。学生学业评价可采用形成性评价和终结性评价相结合的评价方式。在平时教学过程中，对学生的"学、说、写、编、玩、做"等方面进行认真指导和客观评价。①

朱平在《应用型本科院校学前儿童游戏课程教学改革实践与探索》中提到，学前儿童游戏课程教学的目标首先要符合当前应用型本科学前教育人才培养的需要，学生通过本门课程的学习不但要会玩会组织学前儿童游戏，还要会设计创编、指导以及评价反思幼儿游戏教学，充分做到理论与实践的高度统一。课程教学的内容包括四大部分：第一部分为基本理论部分；第二部分为分类游戏部分，分别介绍各类游戏；第三部分为实践教学部分；第四部分为幼儿游戏治疗应用部分。课程教学的方法主要有讲授法、案例教学法、双模拟教学法、实践教学。学生学业评价实现从"教与学"到"学与用"的转变，平时成绩包括出勤、案例研讨、模拟教学活动，期末成绩包括知识与综合能力。②

马磊在《学前儿童游戏论课程建设与教学改革研究》中提到，学前儿童游戏课程教学的目标是帮助学生加深对学前儿童游戏的理论认识，熟悉各个年龄阶段儿童游戏的特点，掌握儿童游戏的设计、组织实施、指导与开发的技术，培养具有一定幼儿园教育实践能力的创新型人才。课程教学的内容包括游戏概述、游戏与儿童身心发展、玩具与游戏材料、幼儿园中的游戏、游戏的组织与实施、游戏的指导等八章内容。课程教学的方法强调多样化（讲授法、讨论法、案例教学法、演示法），增加教

---

① 吴志勤. 学前儿童游戏课程教学改革的思考[J]. 学园, 2014 (29): 92.
② 朱平. 应用型本科院校学前儿童游戏课程教学改革实践与探索[J]. 巢湖学院学报, 2014 (4): 137-139.

学实践环节，如幼儿园见习、课堂模拟实习再到幼儿园实习。学生学业评价改变单一的考试评价制度，建立学生自评和档案袋。①

李小丹在《学前儿童游戏课程教学的困境与出路》中提到，学前儿童游戏课程教学的目标应包含以下三个方面：第一，知识目标，掌握游戏的基本、概念、特征、分类等理论知识；第二，能力目标，通过实践训练，能根据幼儿的年龄特点创设游戏环境、创编游戏、设计游戏教学活动、组织和指导游戏；第三，情感目标，树立科学的游戏观，领会游戏精神，把握"幼儿园以游戏为基本活动"的真谛。课程教学的内容确定为三大部分：第一部分是基本理论部分，第二部分是各类游戏介绍，第三部分是实践教学。课程教学的方法是讲授法与自学指导法相结合，案例法与研讨法相结合，模拟教学与实践教学相结合，充分利用微信、QQ等现代技术手段。学生学业评价包括在日常教学活动中，教师要对学生出勤率、参与研讨的情况、课堂模拟教学水平、幼儿园实践教学状况进行客观评价，全面了解学生的学习态度、实践应用水平，并计入总成绩。期末考试中，除了学前儿童游戏的基本理论知识，还要加强综合应用能力的考核，注重游戏指导和游戏教学活动的设计。②

郭海燕在《基于体验教学模式的学前儿童游戏课程设计》中提到，学前儿童游戏课程教学的目标是通过游戏理论的学习与实践应用，培养学生游戏组织、设计创编、游戏指导、游戏评价的基本能力，其中包括情感目标、知识目标、能力目标。课程教学的内容调整基础理论知识和应用知识内容的比重，突显课程的实践性，把课程内容整合为三大模块：第一块主要是游戏的基本理论，帮助学生形成正确的游戏观、教育观；第二块是各类游戏，帮助学生理解与掌握幼儿园的各类游戏；第三块是游戏实践教学，与学生共同探讨幼儿园游戏环境的创设，游戏观察，游戏活动的创编、设计，游戏的指导及游戏的评价等各个环节。课程教学的方法主要是基于体验式教学设计，遵循"体验$\xrightarrow{1\text{理解}}$理论$\xrightarrow{\text{指导}}$体验$\xrightarrow{2\text{内化}}$理论"的过程进行教学，采用"理论学习+优质游戏视频训练+微格教学+体验教学+研讨反思"的一体化游戏训练模式，从"了解—领会—练习—

---

① 马磊.学前儿童游戏论课程建设与教学改革研究[J].现代教育科学,2015(10): 167-169.

② 李小丹.学前儿童游戏课程教学的困境与出路[J].佳木斯职业学院学报,2016 (3): 270-273.

掌握—提高"五个层次来开展本课程的实践教学。对于学生学业评价，该论文中没有涉及。①

陈清利在《任务驱动教学模式下的幼儿教师教育课程改革探索——以〈幼儿园游戏〉课程为例》中提到，学前儿童游戏课程教学的目标突出培养学生的实践性思维和自主学习的意识和专业能力，包括会做（幼儿教师要能组织幼儿游戏活动和运用游戏组织幼儿一日活动的能力）；解释（掌握基本游戏技能，掌握设计、创设、创编游戏的基本方法；能够运用相关游戏理论解释学前儿童游戏教育活动及游戏对儿童发展的影响）；实践性思维能力（对幼儿游戏的设计、创设、创编、组织等活动进行专业的思考和判断）。课程教学的内容分为四个学习区域：第一学习区域为活动区游戏；第二学习区域为创造性游戏；第三学习区域为规则游戏；第四学习区域为游戏与健康。课程教学的方法主要利用任务驱动教学程序，其方法步骤为：第一，任务资讯；第二，制订计划；第三，决策准备；第四，实施体验；第五，评价反馈；第六，理论扩展。学生学业评价注重能力和过程性评价。平时表现主要是对学生出勤、课堂表现、作业等情况进行评定。终结性评价则注重对学生实践性操作的体会、创新等方面进行评价。②

二、个人见解

从以上相关研究中可知，关于学前儿童游戏课程教学改革的研究都是围绕课程教学的目标、课程教学的内容、课程教学的方法、学生学业评价四个方面展开的。但是，已有研究在以上四个方面都有雷同的观点、相似的表达。具体来看，在课程目标方面都强调培养能够掌握学前儿童游戏理论联系实践的应用型、创造型人才。在课程内容方面都强调既要重视理论的知识的学习，又要凸显实践教学，培养学生的实践能力，主要围绕幼儿园游戏的类型、组织实施、观察、指导与评价的理论知识与实践能力展开研究。在课程教学方法方面都强调提倡多元化教学方法，

---

① 郭海燕. 基于体验教学模式的学前儿童游戏课程设计[J]. 江苏第二师范学院学报, 2015（11）: 66-70.
② 陈清利. 任务驱动教学模式下的幼儿教师教育课程改革探索——以〈幼儿园游戏〉课程为例[J]. 新疆教育学院学报, 2013（9）: 27-30.

综合运用讲授法、讨论法、案例分析法等，特别强调实践教学法，再一次凸显学前儿童游戏课程重视实践应用，以及理论与实践相结合的特点。在学生学业评价方面强调多元化评价与过程性评价的结合，考核重点转变为"学与用"，注重平时表现，建立学生学习档案袋，从课堂学习的态度、学习效果、实践应用水平全过程、全方位考核学生的学业水平。

所以，目前在学前儿童游戏课程教学改革上已取得了一些研究共识，开展相关研究的新建地方本科院校能够考虑社会对学前教育人才培养的新需要以及当前课堂教学的现实情况进行课程教学改革。但是，已有课程教学教改成果的理论支撑相对单薄，论述内容也大致相似，也没有详细呈现教学改革的全过程，更多的是对已有教学经验的总结，缺乏严格准确的研究论证。这些目前在学前儿童游戏课程教学改革中存在的问题，正是本次教学改革需要重视的问题，也是本次教学改革的研究空间所在。

第二章 学前儿童游戏课程教学改革设计

第一节 学前儿童游戏课程教学改革的背景

一、学前儿童游戏课程教学改革的学校背景

兴义民族师范学院始于1813年的笔山书院,中华人民共和国成立后,改为贵州省兴义师范学校,开启了现代师范教育的历史。2001年,开始与贵州师范大学联合办学培养本科学生。2005年,兴义师范学校、安龙民族师范学校并入黔西南民族师范高等专科学校。2009年3月,学校经教育部批准正式升格为兴义民族师范学院,系"省州共建、以州为主"的一所地方性全日制本科院校。2016年12月12日,学校通过教育部普通高等学校本科教学工作合格评估。两百年来,学校持续办学、未断文绪,而今,更是秉承"勤学、尚美、求实、创新"的校训,将人才培养与地方经济社会发展紧密结合,不断提高办学水平和办学层次,为国家培养各级各类人才近3万人,为黔西南州的经济社会发展做出了积极贡献,取得了良好的社会声誉。[①]

兴义民族师范学院属于典型的新建地方本科院校,学前儿童游戏课程教学改革是在学校加强应用型人才培养,落实"54321课程体系"教学改革工作,全面提高人才培养质量和办学水平的大背景下进行的。"54321课程体系"指5模块4平台3驱动2翼1体,其中,5模块即公共基础课模块+学科共同课模块+专业必修课模块+专业选修课+实验实践课模块;4平台即通识素质平台+专业知识平台+专业能力平台+职业技能平台;3驱动即育人机制改革+教育课程改革+教育方式改革;2翼即专业知识+专业

---

① 兴义民族师范学院宣传部.兴义民族师范学院简介[EB/OL]. http://www.xynun.edu.cn/read.php?id=46,2017-04-28.

能力；1体即核心素养。[①]

那么，在本次课程教学改革中，需要认真贯彻学校提出的"54321课程体系"改革的精神，变革课程教学的目标、内容、实施与评价，为学生搭建通识素质、专业知识、专业能力、职业技能平台，提升学生专业知识和专业能力，提高教学质量及学生核心素养。同时，学校启动了2016年教学内容和课程体系改革项目申报，申报范围包括专业设置与建设、人才培养模式改革、实践教学改革、教学内容与课程体系改革、教学手段与教学方法改革、教学管理制度改革与创新、教学质量监控保障体系等方面，为申报省级教学成果做培育工作。本次学前儿童游戏课程教学改革是2016年贵州省教育厅教学内容和课程体系改革的立项项目。

二、学前儿童游戏课程当前存在的问题

根据笔者五年来学前儿童游戏课程的教学经验，以及在日常教学过程中与学生的交流和学生给予的教学反馈，发现目前兴义民族师范学院学前儿童游戏课程教学存在的问题主要有四个方面。

（一）课程目标：技能目标落实不到位

由于学前儿童游戏课程属于理论性、实践性并重的应用理论课程，所以，需要既考虑知识性目标又考虑实践性目标，可以按照布鲁纳的三维课程目标来设置，即认知目标、技能目标、情感目标。在认知目标方面，强调对学前儿童游戏理论的基本认识，理解学前儿童游戏对幼儿身心发展的价值，掌握幼儿园各种类型游戏的特征、价值、观察与指导。在技能目标方面，强调使学生获得创设幼儿园游戏的环境，组织实施幼儿园游戏，观察、指导、评价学前儿童游戏等能力。在情感目标方面，强调激发学生学习本课程的兴趣，树立正确的学前儿童游戏观、教育观。但是，由于现有的教学资源有限（如缺少训练学生游戏技能的实训室，无法开展现场教学），教师虽然设置了学前儿童游戏课程的技能目标，但不得不在教学过程中对该目标大打折扣，降低要求，以致技能目标难以

[①] 兴义民族师范学院教务处．关于落实"54321课程体系"改革工作的通知[EB/OL]．http：//jwc.xynun.edu.cn/read.php?id=14124，2017-06-28．

有效实现。

（二）课程内容：繁多、偏理论

翻阅目前已出版的学前儿童游戏课程的教材，会发现该课程涉及的内容非常繁多，如果要面面俱到，一学期72个课时都显勉强；而且有些课程内容的理论性很强（如游戏理论流派、游戏治疗），教师需要花费大量的时间进行讲解，以致学生学起来枯燥乏味、理解困难；甚至一些已经被当今学界否定批判的内容也出现在教材中（如亲子游戏中的智点瞬晃），所以必须要对学前儿童游戏课程的内容进行删减、整合、更新。

（三）课程实施：教学方法单一、教学效果不理想

在学前儿童游戏的课堂教学中，主要是围绕书本讲概念、讲理论，缺少将理论与实践紧密结合的经典案例分析，对学生游戏技能、组织开展游戏活动、观察指导学前儿童游戏的实训。所以，教师仍旧以讲授法为主，辅之以提问法、讨论法，更多的时候是教师讲，学生听，鲜有课堂讨论，至于培养学生组织开展游戏的实践能力在传统的讲授制教学中更是难以实现。这种教师中心、教材中心的教学模式，使学生学习被动，课堂气氛沉闷，教学效果很不理想。而且更为重要的是，在这种教学模式下，难以激发学生的学习兴趣与热情，更无法培养学生自主学习、终身学习的能力。

（四）学生学业评价：偏重理论知识考核

对学生学业评价仍然采用期末笔试的方法，来考核学生对教材中学前儿童游戏基本理论知识的掌握情况。这种评价方式带来了诸多弊端，如教师授课过程中，重理论传授，轻实践技能培养；学生平时懒散，考前突击复习，不能系统、灵活地掌握所学知识，更无法考核学生在本课程学习中获得的游戏实践能力。加之学校教学条件的限制，对于学生运用本课程理论知识组织开展游戏活动的实践能力，以及把所学知识用于观察指导学前儿童游戏的实践能力等方面，都无法客观准确地给出评价，难以通过学业评价提升学生的实践能力，促进学生发展。

第二节　学前儿童游戏课程教学改革的依据

为了改变当前学前儿童游戏课程教学的现状，笔者通过查找相关文献，发现可以借鉴《幼儿园教师专业标准（试行）》中的理念对本课程教学进行改革。该标准是国家对合格幼儿园教师专业素质的基本要求，是幼儿园教师实施教育教学行为的基本规范，是引领幼儿园教师专业发展的基本准则，也是师范院校培养合格幼儿园教师的重要依据。该标准明确指出把"游戏活动的支持与引导"作为幼儿园教师应当具有的七大专业能力之一，并从专业理念、专业知识、专业能力三个方面对于幼儿园教师在游戏领域所应达到的标准提出了具体的要求。

一、《幼儿园教师专业标准（试行）》的解读[①]

（一）《幼儿园教师专业标准（试行）》的基本理念

贯穿标准的基本理念是：幼儿为本、师德为先、能力为重和终身学习。"幼儿为本"要求幼儿园教师热爱幼儿，尊重幼儿的主体地位和个体差异，遵循幼儿身心发展规律，促进每个幼儿生动、活泼、主动地发展，全面健康地成长。"师德为先"是幼儿园教师最基本、最重要的职业准则和规范，每一位教师都必须做到热爱学前教育事业，关爱幼儿，尊重幼儿，为人师表，教书育人，担当起幼儿健康成长的启蒙者和促进者的责任。"能力为重"突出了幼儿园教师的教育教学和引导促进儿童健康成长的实践能力，强调幼儿园教师要能以"专业"的意识与行为进行保教工作，具有遵循幼儿成长规律进行教育的能力。"终身学习"的理念适应了国际教师专业发展与教育改革的趋势，同时也适应了教师需要不断学习、提高的职业特别要求，每一位教师都应具有终身学习与持续发展的意识和能力，通过不断的学习、研究与实践，提高专业素质。

---

① 庞丽娟，刘占兰.《幼儿园教师专业标准（试行）》说明[N]. 中国教育报，2011-12-14（3）.

（二）《幼儿园教师专业标准（试行）》的内容

标准的基本内容构架包含了专业理念与师德、专业知识和专业能力3个维度，14个领域。尤其在专业能力方面，充分体现了幼儿园教育的突出特点和保教工作的基本任务，特别强调了幼儿园教师所必须具备的良好环境的创设与利用、幼儿一日生活的合理组织与保育、游戏活动的支持与引导、教育活动的恰当计划与实施能力等。在基本要求层面，更是充分反映了幼儿园教师必须具备的专业态度、知识与能力。教师要掌握和尊重幼儿身心发展的年龄特点和个体特点，重视生活对幼儿健康成长的重要价值，重视环境和游戏对幼儿发展的独特作用，掌握幼儿园环境创设、一日生活安排、游戏与教育活动、班级管理的知识与方法，等等。

（三）《幼儿园教师专业标准（试行）》的特点

第一，对幼儿园教师的师德与专业态度提出了特别要求。幼儿园教师的教育对象是身心发展迅速、可塑性大、同时易受伤害的幼儿，更需要教师师德高尚，具有良好的职业道德修养，富有爱心、责任心、耐心和细心，热爱幼儿，并给予幼儿精心的呵护和教育培养。

第二，要求幼儿园教师高度重视幼儿的生命与健康。充分考虑幼儿发展的身心特点和社会对幼儿安全与健康的热切关注，高度重视幼儿的生命与健康，并从专业态度、知识和能力三个层面相互呼应，全面提出了具体要求。

第三，充分体现了幼儿园保教结合的基本特点。明确提出要"注重保教结合"，不仅将"一日生活的组织与保育"作为重要的专项领域要求，而且对教师提出了多项具体要求，要能合理安排和组织一日生活的各个环节，科学照料幼儿的日常生活，将教育灵活地渗透到一日生活中；能充分利用一日生活中的各种教育契机，对幼儿进行随机教育，以将保教结合原则落到实处。

第四，强调幼儿园教师必须具备的教育教学实践能力。特别强调幼儿园教师要具有观察了解幼儿、掌握不同年龄幼儿身心发展特点和个体差异的能力；要具有环境的创设与利用、一日生活的组织与保育、游戏的支持与引导、教育活动的计划与实施、对儿童的激励与评价等基本专业能力；能根据幼儿的特点和需要，给予适宜的指导，并能引发和支持幼儿的主动活动，引导幼儿在游戏活动中获得多方面的发展。

第五，重视幼儿园教师的反思与自主专业发展能力。强调幼儿园教师要具有不断进行专业化学习、实践、反思和提高的意识与能力。幼儿园教师在教育工作中应"主动收集分析相关信息，不断进行反思，改进保教工作"。同时，应制订个人专业发展规划，通过不断的学习、实践、反思，提高自身专业素质，从而为学前教育质量的提升和幼儿一生的健康发展打下良好基础。

(四)《幼儿园教师专业标准(试行)》中有关游戏的专业能力

标准明确指出，幼儿园教师应具备的七大专业能力不仅是对幼儿园教师专业能力提出的具体要求，也是学前教育专业本科生在"游戏活动的支持与引导"方面专业能力发展的目标与努力的方向，是需要在学前儿童游戏课程学习中获得的专业能力，具体包括："44. 提供符合幼儿兴趣需要、年龄特点和发展目标的游戏条件。45. 充分利用与合理设计游戏活动空间，提供丰富、适宜的游戏材料，支持、引发和促进幼儿的游戏。46. 鼓励幼儿自主选择游戏内容、伙伴和材料，支持幼儿主动地、创造性地开展游戏，充分体验游戏的快乐和满足。47. 引导幼儿在游戏活动中获得身体、认知、语言和社会性等多方面的发展。"

二、《幼儿园教师专业标准(试行)》对学前儿童游戏课程教学改革的支撑

标准是在学前教育发展的新的历史条件下，为推动学前教育事业又好又快发展的前提下提出的，指明了合格的幼儿园教师所应该具备的专业素质，是引领幼儿园教师专业化成长的基本准则。可以说，标准的颁布，标志着我国幼儿教师队伍建设进入专业化阶段，必将大力促进我国幼儿教师队伍专业水平的提高。高师院校作为幼儿教师培养培训的主要阵地，在推动学前教育事业的大发展中要义不容辞地肩负起培养优秀幼儿师资的重任，严格按照标准的要求，加强对学生专业理念和师德、专业知识、专业能力三个维度的培养。[1]

---

[1] 高闰青. 高师院校学前教育专业课程设置改革研究——基于《幼儿园教师专业标准(试行)》[J]. 课程·教材·教法, 2013 (7): 122-127.

标准对学前儿童游戏课程教学改革的支撑力可以大致分成两个方面：一方面是学前教育专业学生综合能力素养在教学改革中按照标准的指引获得全面提升，主要体现在以下论述的前三点；另一方面是学前儿童游戏课程教学的目标、内容、实施与学业评价在教学改革中按照标准的理念发生彻底变革，主要体现在以下论述的后四点。

（一）以学生发展需要为根本

标准从幼儿为本的专业理念，融入社会主义核心价值观的幼儿教师道德规范，与学前教育相关的专业知识与专业能力，终身学习与持续发展的能力四个方面对幼儿教师所要具备的专业素质要求做了详细说明，它体现了对未来幼儿园教师的综合要求。在本次教学改革的过程中，坚持贯彻标准的精神，真正落实以学生为本的理念，科学设置课程教学的目标，不断整合课程教学的内容，优化课程教学的过程，努力以标准的要求促进学生的全面发展，全方位提高学生的专业素质，为学生成为未来卓越的幼儿教师奠定良好基础。

（二）培养学生实践反思、自主、终身学习的能力

自主学习与终身发展的意识与能力是新时期幼儿园教师专业化的重要保障，也是标准予以重点强调的内容。目前，大学生基本形成了被动学习的习惯，自主学习的基础能力很弱，学生普遍缺乏好学、善学、乐学的良好学习品质，因此，自主学习、终身学习的意识与能力应该成为大学培养的重点。[①]所以，在教学改革中大胆借鉴翻转课堂、对分课堂的教学模式，关注学生学习的过程，激发学生学习的积极主动性，培养学生良好的学习品质，以及自主学习与终身学习的能力。

标准也对幼儿教师的实践反思能力提出了具体要求，即"坚持实践、反思、再实践、再反思，不断提高专业能力"。在教学改革过程中应该强化学生对于学前儿童游戏的实践意识，使学生关注学前儿童游戏中的现实问题，发展学前儿童游戏的实践反思能力，形成实践智慧。无论在理论知识的教学中，还是在实践知识的教学中，始终应培养学生对学前儿

---

① 丁金霞，蒋俊华. 基于《幼儿园教师专业标准（试行）》对高师学前教育专业本科人才培养的思考[J]. 教师教育论坛，2015（1）：55-60.

童游戏的观察、组织实施、介入指导的反思能力。总之，教学改革过程中要注重激发学生主动学习的热情，培养学生学习的方法与能力，养成良好的学习习惯，使其能够获得终身可持续的专业发展。

（三）以实践教学提升学生的专业能力

标准明确指出，应把学前教育理论与保教实践相结合，突出保教实践能力；研究幼儿，提升保教工作专业化水平；坚持实践、反思、再实践、再反思，不断提高专业能力。为了让学生具备关于幼儿园游戏的知识与能力，本次教学改革需要增加实践教学的比重，将学生学到的理论知识转化为实践知识。首先，通过课程见习、模拟实践、幼儿园游戏活动观察记录等途径，切实建立起理论与实践转化的桥梁，将幼儿教师所需的幼儿园游戏专业能力落实在课程教学的过程之中；其次，明确每一次实践学习的目标、重点以及任务，从而深化关于学前儿童游戏理论知识的学习，保证课程见习的效果。

（四）教学目标方面

在教学目标方面，要帮助学生树立以"幼儿为本"的游戏观，提升学生的游戏支持与引导能力。标准强调以幼儿为本的教育理念。以幼儿为本，就是充分挖掘游戏对幼儿发展的价值，坚持幼儿园以游戏为基本活动。在学前儿童游戏课程教学过程中，帮助学生树立以幼儿为本的游戏观，让学生关注学前儿童在游戏中的主体性，尊重学前儿童的游戏意愿，保护学前儿童的游戏权利，创造条件满足学前儿童的游戏兴趣与需要。提升学生的游戏支持与引导能力，就是要设置实践目标，把游戏的支持与引导能力具体转化为实践目标，如合理利用与设计游戏活动空间，提供丰富、适宜的游戏材料，支持、引发和促进幼儿的游戏；在游戏活动中促进幼儿身心发展，支持、引导幼儿身体、认知、语言、社会性全面发展；减少对学前儿童游戏的干扰、干预，让幼儿自由、自主、快乐地开展游戏。

（五）教学内容方面

在教学内容方面，要整合教学内容，突显学前儿童游戏的实践性知识与技能。按照标准的要求，以"精要""更新""实用"为原则，整合、充实现有的学前儿童游戏课程的教学内容。把利用与设计游戏活动空间、提供丰富、适宜的游戏材料，鼓励幼儿自主选择游戏内容、伙伴和材料，支持幼儿主动地、创造性地开展游戏，引导幼儿在游戏活动中实现全面发展等"游戏活动的支持与引导"专业能力的具体目标，整合到学前儿童游戏课程的教学内容中，重新划分教学模块，突出标准中的具体要求。

（六）教学实施方面

在教学实施方面，要通过实践教学，培养学生的游戏支持与引导能力。标准重视培养学生的游戏实践能力，强调在教学过程中突出实践目标的落实，为学生提供实操与实训项目，尽可能地创造教学条件来搭建实践教学的平台。目的就是让学生能充分调动感官体验式学习，加深对学前儿童游戏的领悟与理解，提升学生的游戏支持与引导能力。

（七）学生学业评价方面

在学生学业评价方面，应采用过程性评价，全面、客观地评价学生的学业水平。标准中明确划分了幼儿园教师应具备的专业理念与师德、专业知识与专业能力。所以学前儿童游戏课程在考核学生学业水平时，也应该有理念、知识、能力三方面的内容。同时，从注重结果评价转向注重过程评价、从注重知识评价转向注重能力评价、从任课教师单人评价转向多主体评价、从单一评价转向多元化评价。

第三节　学前儿童游戏课程教学改革的研究方法

近年来，教育行动研究日益受到研究人员以及一线教师的重视，它的意义就在于："教育行动研究能够提高教育教学质量和效益，改进教育教学工作，使教师以实际问题为研究对象，在计划—行动—考查—反思的过程中，不断总结经验，进而有意识地改善自己的教育行为；教育行动研究是'教师即研究者'的活动，有利于教师的专业化成长，教师在研究中成长，在研究中提高教学水平和自身的专业素质；教育行动研究有利于沟通教育理论与教育实践,推动教师进行教育科研和促进教育理论向实践的转化。"[1]而本次课程教学改革就是为了提高学前儿童游戏课程的教学质量,改进教学工作。笔者既是课程教学改革的行动者又是研究者,能够在教育行动研究中不断提高自身的课堂教学能力,并获得专业成长。所以,笔者在本次教学改革中运用教育行动研究法开展研究。

一、教育行动研究的内涵[2]

行动研究在教育领域的内涵,主要有以下三种观点:Ebbutt 将教育行动研究视作由众多参与者通过他们的实际行动及其对这些行动结果的反思来提高教育实践的系统研究。Kemmis 认为教育行动研究是由教育情境的参加者,为提高对所从事的社会或教育实践的理性认识,为加深对实践活动及其依赖的背景的理解,而进行的反思研究。庞继贤(1998)认为教育行动研究就是对教学实践中出现的问题进行一定的干预或采取某一"行动",然后观察其效果,以解决实际教学中急待解决的问题。

另有学者对教育行动研究进行了综合定义:定义一,行动研究是指在自然、真实的教育环境中,教育实际工作者按照一定的操作程序,综合运用多种研究方法与技术,以解决教育实际问题为首要目标的一种研究模式;定义二,行动研究是指教师在教育教学实践中,基于实际问题解决的需要,与专家合作,将问题发展成研究主题进行系统的研究,以解决问题为目的的一种研究方法;定义三,行动研究是在教育情境中进行的、与特定问题相联系的一种方法,它旨在对现实世界进行功能性的干预,并检验这种干预的效果。它是从行动出发,通过行动进行并着眼于改进行动的研究思路。

从上述各类定义中,我们可以归纳概括出教育行动研究的核心内容:教育行动研究是一种系统性的反思性的探究活动;在真实的情境中教师针对教学中实际存在的问题进行研究;教育行动研究在一个完整系统的流程中进行;教育行动研究的目的是解决教学实践中存在的问题并不断

---

[1] 杨先花.对教育行动研究的反思——从教育主体角度来探讨教育理论与教育实践的关系[J].湖北民族学院学报(哲学社会科学版),2005(8):69-72.
[2] 黄芳.大学生批判思维能力培养方式实践探索——一项基于商务英语教学的行动研究[D].上海:上海外国语大学,2013:57-58,59.

改进教学效果；行动与研究相结合，教学理论与教学实践同步发展。所以说，教育行动研究其实是"一种教师为解决教学实践中出现的问题或改变教学现状，按照系统的操作程序，综合运用多种研究手段，采取实际行动而进行系统研究的一种反思性的方法"。

二、教育行动研究的特点[①]

教学情境真实性：行动研究开展的环境一般为教师所教授的自然班级，没有人为操纵的因素，具有较强的真实性。行动研究所关注的问题与当时当地的教学实践直接相关，是迫切需要解决的、影响教学效果的问题，因此行动研究也具有明确的目标性。

教师双重参与性：行动研究都是由一线教师直接参与研究，在研究的过程中，教师充当教学的实施者和研究者双重角色，因此具有广泛的参与性。

行动研究反思性：教师在整个研究过程中，需要不断地反思，包括反思教学发现研究问题、反思研究方案、修正研究设计、反思研究结果、确定下一步行动研究的问题等，这些均为行动研究反思性的具体体现。

研究流程系统性：行动研究是一个螺旋式上升的发展过程，每一个螺旋发展圈都包括计划—实施—考查—反思四个相互联系、相互依赖的基本环节，因此具有完整的系统性。

研究结果应用性：行动研究的目的是为了解决教学实践中遇到的问题，进而改善教学效果，那么行动研究的结果对提高教学效果应该有着直接的作用，具有很强的应用性。

三、教育行动研究的适用范围及类型[②]

教育行动研究主要适用于教育实际问题而不是理论问题的研究，以及中小规模而不是宏观的实际研究，是针对教育的实际情境而进行的，

[①] 黄芳.大学生批判思维能力培养方式实践探索——一项基于商务英语教学的行动研究[D].上海：上海外国语大学，2013：57-58，59.

[②] 黄芳.大学生批判思维能力培养方式实践探索——一项基于商务英语教学的行动研究[D].上海：上海外国语大学，2013：61.

要从实际中来又回到实际中去。研究可以采用单个教师的独立行动研究、多个教师的协作行动研究或学校范围内的联合行动研究三种类型。单个教师的独立行动研究的特点是规模小，研究问题范围窄，但易于操作实施；协作行动研究的特点是可以发挥多个教师的集体智慧和力量共同进行行动研究；联合行动研究的特点是可以调动专家、教师、管理人员共同协商研究。

根据参与研究的成员成分不同，行动研究的模式可以分为三种：[①]

（1）合作模式：在这种研究中，学者与教师一起合作，共同进行研究。研究的问题是由学者和实际工作者一起协商提出的，双方一起制订研究的总体计划和具体方案，共同商定对研究结果的评价标准和方法。

（2）支持模式：在这种研究中，研究的动力来自实际工作者。他们自己提出并选择研究问题，自己决定行动的方案，学者则作为咨询者帮助教师形成理论假设，计划具体的行动，评价行动的过程和结果。

（3）独立模式：在这种研究类型中，教师独立进行研究，不需要学者的指导，他们摆脱了传统的研究零散的限制，对自己的研究进行批判性的思考，并且采取相应的行动对社会现实进行改造。

四、教育行动研究的基本步骤[②]

教育行动研究是一个螺旋式上升、无限发展的研究过程，每一轮行动研究都包括计划—行动—考查—反思四个密切关联的环节，具体见图2-1。

（一）计划

计划始于解决问题的需要，它要求研究者从现状调研、问题诊断入手，弄清楚以下问题：① 现状如何？为什么如此？② 存在哪些问题？从什么意义上讲有问题？③ 关键问题是什么？它的解决受哪些因素制约？④ 什么样的设想是最佳的？计划包括总体计划和每一个具体行动步骤的

[①] 郑金洲．行动研究：一种日益受到关注的研究方法[J]．上海高教研究，1997(1)：26-30．

[②] 金哲华，俞爱宗．教育科学研究方法[M]．北京：科学出版社，2011(4)：193-194．

行动方案，尤其是第一步、第二步行动计划。计划必须有充分的灵活性和开放性。

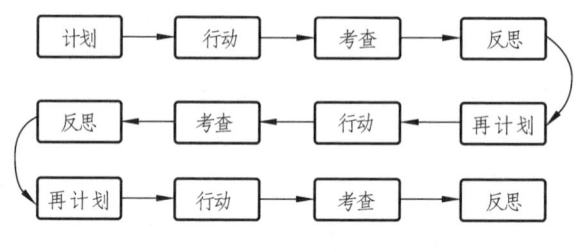

图 2-1　教育行动研究的基本步骤

（二）行动

行动即实施计划，或者按照目的和计划行动。在计划指导下，在研究人员、行动人员的共同协助下，对原行动计划加以干预控制的基础上，不是为了检验某一设想和计划，而是为了解决实际问题。行动是在获得了关于背景和行动本身的反馈信息，经过思考并有一定程度的理解后的有目的、负责任、按计划采取的实际步骤。其特点是，重视实际情况变化，随着对行为及背景认识的逐步加深，及各方面参与者的监督观察和评价建议，不断调整行动。

（三）考查

教育活动受到实际环境中多种因素的影响和制约，许多因素不可能事先确定和预测，更不可能全部控制，因而考查在行动研究中的地位就显得十分重要。考查是反思、修正行动计划，确定下一步行动的前提条件。

考查的内容：① 行动背景因素及其制约因素。② 行动过程，包括确定什么样的人以什么样的方式参与了计划的实施，使用了何种材料，安排了哪些主要活动，预计过程中有无意外的变化、干扰，思考如何排除的策略等。③ 行动结果，包括预期的与非预期的，积极的和消极的。

（四）反思

反思是一个螺旋式的终结，又是过渡到另一个螺旋圈的过渡。其包括：① 整理和描述，即对观察和感受到的与制订和实施计划有关的各种现象加以归纳整理，描述出本循环过程和结果，勾画出多侧面的、生动的行动过程。②评价和解释，即对行动的过程和结果做出判断评价，对有关的现象和原因做出分析解释，找出计划与结果的不一致性，从而形成是否需要修正计划的判断和构想。

第四节　学前儿童游戏课程教学改革的实施

一、学前儿童游戏课程教学改革的参与者

学前儿童游戏课程教学改革行动研究的参与者既包括学习该课程的本科生，也包括讲授该课程的教师。

（一）学前教育专业的本科生

参与学前儿童游戏课程教学改革的学生是学前教育专业的本科生。按照我校学前教育专业人才培养方案的课程安排，该课程一般在大学三年级的第一个学期开设。学生在学习学前儿童游戏课程之前，已经学习了普通心理学、教育学原理、学前教育学、学前卫生学、学前儿童发展心理学等专业基础课，在学习学前儿童游戏课程的同时，学生也要学习中外学前教育史、幼儿教育名著选读、学前儿童家庭教育等专业选修课程。

（二）讲授学前儿童游戏课程的教师

本次课程教学改革的项目负责人樊老师，职称讲师，学历硕士，教龄五年。在兴义民族师范学院工作五年来，一直讲授学前儿童游戏课程，积累了一些教学经验，相对熟悉本科生学习该课程的情况，也对学前儿童游戏课程的教学改革有过思考和尝试。樊老师既是本次教学改革行动研究的行动者也是研究者，即樊老师需要对自己的教学改革进行行动研究。

二、学前儿童游戏课程教学改革的内容

本次学前儿童游戏课程教学改革就是要把《幼儿园教师专业标准（试

行）》中"游戏活动的支持与引导"的专业能力落实在学前儿童游戏课程教学改革的目标、内容、实施与学生评价之中。先结合学前儿童游戏课程的特点与内容进行解读，解读标准中对"游戏活动的支持与引导"专业能力的具体要求。解读如下：

根据标准中"游戏活动的支持与引导"专业能力的第44点"提供符合幼儿兴趣需要、年龄特点和发展目标的游戏条件"。在学前儿童游戏课程中，首先就要使学生明确幼儿的兴趣需要、年龄特点、发展目标究竟是什么；使学生学会观察、辨别哪些游戏符合幼儿兴趣需要、年龄特点和发展目标；进而使学生能够提供给相应的游戏条件，包括游戏的材料、玩具、环境创设，教师的指导等。

根据标准中"游戏活动的支持与引导"专业能力的第45点"充分利用与合理设计游戏活动空间，提供丰富、适宜的游戏材料，支持、引发和促进幼儿的游戏"。在学前儿童游戏课程中，要让学生学会对室内区域游戏与户外游戏活动进行支持与引导，包括：设计、布置游戏活动空间，选择、制作、投放游戏材料与玩具。

根据标准中"游戏活动的支持与引导"专业能力的第46点"鼓励幼儿自主选择游戏内容、伙伴和材料，支持幼儿主动地、创造性地开展游戏，充分体验游戏的快乐和满足"。在学前儿童游戏课程中，要让学生理解游戏中幼儿应该是自由、自主、快乐的，教师对学前儿童游戏的支持更多的是提供游戏的环境与材料，观察记录学前儿童在游戏中的表现，能够发现学前儿童在游戏中出现的问题并予以指导；教师不应是学前儿童游戏的干预者、指挥者。学前儿童才是游戏的主人，教师仅是帮助学前儿童游戏顺利开展的支持者、引导者。

根据标准中"游戏活动的支持与引导"专业能力的第47点"引导幼儿在游戏活动中获得身体、认知、语言和社会性等多方面的发展"。在学前儿童游戏课程中，让学生明确幼儿教师要善于发掘、充分肯定幼儿园各个类型游戏对幼儿身心发展的价值，包括幼儿身体发展、语言表达、交往互动、认知能力、态度品质、审美能力等，从而支持、引导幼儿在游戏中学习，在游戏中发展，实现游戏对幼儿发展的价值。

以上就是对标准中"游戏活动的支持与引导"专业能力的解读，在第一轮教学改革行动研究的计划环节，再把这些具体要求逐一地落实到学前儿童游戏课程教学改革的目标、内容、实施与学生学业评价中。

三、学前儿童游戏课程教学改革的实施步骤

本次学前儿童游戏课程教学改革是按照标准中的专业理念和培养幼儿教师的要求进行的。按照 2016 年贵州省教育厅教学内容和课程体系改革项目的建设时间要求，2016 年立项的项目，需要在 2018 年年底完成。整个课程教学改革预计在 2 学年，4 学期的时间内完成，采用"计划→行动→考查→反思"行动研究的步骤，根据教学改革的研究计划以及该课程实际开设的情况，笔者制定了两轮教学改革行动研究的方案。

第一轮教学改革行动研究预计在 2016 年 8 月底至 2017 年 1 月初完成行动环节，每周 3 课时，18 周共计 56 课时，并且在第一轮教学改革之前先确定好教学的目标、内容、课堂教学方法与学生学业评价。每一轮教学改革行动研究都包括四个环节：制订计划、采取行动、考查评估、自我反思。整个过程呈现出螺旋上升的状态。

第二轮教学改革行动研究依据第一轮行动研究后的反思情况确定第二轮行动研究的计划方案并实施，预计在 2017 年 8 月底至 2018 年 1 月初完成行动环节。2018 年完成对整个学前儿童游戏课程教学改革的回顾反思，整理分析教学改革中的资料，撰写关于学前儿童游戏课程教学改革的论文、书籍，以及汇编学生的作业作品集等。

第三章 学前儿童游戏课程教学改革第一轮行动研究

第一节 计划

教育行动研究中的"计划"应包括预期研究目的、行动研究的步骤与时间安排、行动研究涉及的人、准备收集数据的工具等。本次教学改革的根本目的在于使学生通过学习学前儿童游戏课程实现《幼儿园教师专业标准(试行)》中对幼儿教师"游戏活动的支持与引导"的专业能力。所以,教学改革应根据标准的理念,结合学前儿童游戏课程的特点与内容,首先从整体上全面计划本轮教学改革的教学目标、教学内容、教学实施及学生学业评价,再具体到每个模块的教学目标、教学内容、课时安排,采用合适的课堂教学方法以及学生学业评价。

一、对第一轮教学改革的总计划

第一轮学前儿童游戏课程教学改革行动研究的总计划,是从整体上对本课程教学改革的教学目标、教学内容、课堂教学实施与学生学业评价进行计划。

(一)教学目标

学前儿童游戏课程的教学目标应围绕如何实现学前教育专业人才培养的目标,结合标准与新建地方本科院校的现实情况,来制定本课程的教学目标。具体目标包括以下三方面:

首先,要让学生树立以幼儿为本的学前儿童游戏观、学前儿童教育观,深刻认识学前儿童游戏的内涵、特征、分类、影响因素,理解游戏对幼儿身心发展的重要价值;掌握各类型游戏的特点,能根据学前儿童的年龄特征与发展水平顺利开展不同性质的游戏。在创造性游戏中会观察、介入、指导与评价学前儿童的游戏；在规则游戏中会设计游戏方案，组织开展游戏教育活动，进而在今后的工作中创造条件以满足学前儿童的游戏需要，尊重幼儿的游戏意愿。

其次，要提高学生对游戏活动的支持和引导的能力。具体可从创设幼儿园游戏活动的物理与心理环境；提供丰富、适宜的游戏材料与玩具；操作各类游戏材料的技能技巧；组织开展幼儿园游戏活动的技能；观察、指导、评价学前儿童游戏活动的技能；运用游戏形式进行教育教学的技能；设计与创编幼儿园游戏的技能；对介入游戏的时机、方法的把握。通过以上各个方面来提高学生支持、引导和促进幼儿游戏的实践能力。

最后，通过本课程的学习，学生对与学前儿童游戏相关的知识技能产生学习兴趣，能感受到学前儿童游戏理论知识的实用性，同时获得学习、研究学前儿童游戏的知识与方法，获得自主学习、终身学习学前儿童游戏相关知识与技能的意识和能力。

（二）教学内容

根据本课程教学改革的目标，在参考目前国内已出版的学前儿童游戏教材的基础上，以精简、及时更新、实用为原则改革教学内容。再加之本课程课时有限，需要在相对有限的课时内突出教学的重点、难点，所以，要精简整合学前儿童游戏的基本理论知识；积极关注学前儿童游戏领域中目前最新的研究成果和信息，及时更新陈旧的观念和方法；加强实用性游戏实践技能的比重。综合考虑以上原则，最终将课程内容整合为四大模块，如图 3-1 所示。模块一学前儿童游戏的基本理论，包括学前儿童游戏的基本认识（含义、本质、特征、分类）、游戏对幼儿发展的价值、影响学前儿童游戏的因素。模块二幼儿园各类型游戏的理论，包括创造性游戏（角色游戏、建构游戏、表演游戏）的内涵、特点、价值、指导；规则游戏（五大领域游戏）的内涵、分类、设计与组织。模块三幼儿园各类型游戏的实践，包括学前儿童游戏环境创设与游戏材料准备；各类型、各年龄阶段学前儿童游戏的组织开展；幼儿园游戏的观察、组织实施、指导与评价。模块四少数民族儿童民间游戏的实践探索，包括对贵州省 18 个少数民族儿童民间游戏的收集、整理、改编，探析少数民族儿童民间游戏的幼儿教育价值以及在幼儿园的实践应用。

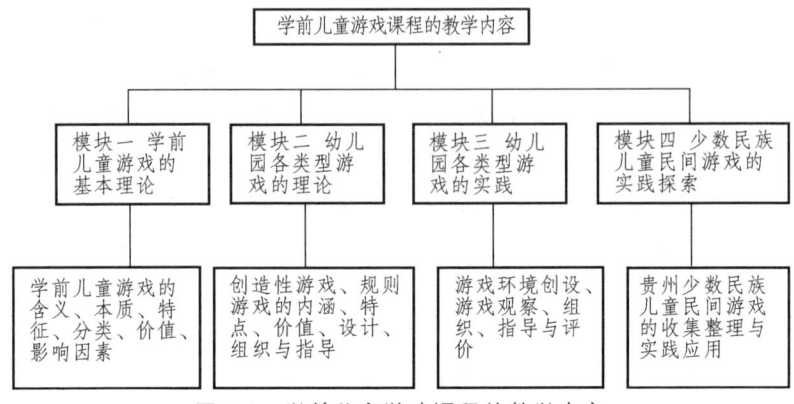

图 3-1　学前儿童游戏课程的教学内容

这四个教学模块突显了标准中"游戏活动的支持与引导"专业能力的教学目标。模块一、模块二的游戏理论教学为模块三游戏专业能力的具备奠定了坚实的学习基础，单独设置模块四来突出贵州少数民族民间游戏的理论与实践研究。因为在某些学前儿童游戏的教材中会涉及民间游戏的内容，而贵州是少数民族聚居地，独具特色的少数民族儿童民间游戏是幼儿园重要的课程资源，同时学校学前教育专业民族性、地方性的专业特色也能够在课程教学改革中得到彰显。

（三）课堂教学实施

为了保证顺利实现本课程教学改革的目标，可以大胆借鉴新兴的课堂教学理念，形成适合本校教学条件与学生特点的教学模式，在课程教学的各个过程应综合运用多种教学方法。具体来说：在运用讲授法时应配合使用多媒体教学媒介，尽可能提供视频资源来丰富教学内容；在运用课堂讨论法时，要给学生提供幼儿园游戏活动的真实案例或是优质、经典案例，在教师的启发引导下，激发学生自由表达、质疑、探究、讨论的欲望，开展合作学习，对具体问题进行讨论分析，提出解决方案；在运用案例教学法时，主要是"使学生理解并掌握某一理论的原理及基本概念；了解实践中相关的典型事例；达成思维的某些技能和习惯；扩大学生的想象力和视野"。[①]在运用实践教学法时，要充分利用学校资源

---

① 胡惠闵. 从个案研究到问题研究：教育行动研究的尝试[J]. 首都师范大学学报（社会科学版），2009（3）：64-67.

开展模拟练习以及幼儿园见习的机会锻炼学生的实践能力。比如，给学生提供幼儿园游戏活动的基础材料，锻炼学生的游戏技能技巧；让学生设计布置幼儿园游戏区角的方案；让学生代入教师角色，模拟幼儿园游戏现场练习组织游戏活动；把实习基地幼儿园作为教学现场，让学生体验真实的幼儿园游戏活动，撰写观察与指导学前儿童游戏的报告，提出实践反思。这样能够充分调动学生的学习积极性，使学生由"要我学"变成"我要学"。除课堂教学之外，还可以组织一些锻炼学生专业技能的比赛活动，如建构游戏技能赛、幼儿园规则游戏方案设计赛，进一步激发学生学习本课程的积极性，增长学习的兴趣与热情。

（四）学生学业评价

对学生的学业水平进行评价，不仅能够反映出学生学习本课程的过程和结果，给出学生学业水平的等级，而且能够反映出课程教学的质量，判定教学目标的实现与否以及课程教学改革的效果。在本次教学改革过程中，采用过程性评价，从学生学习学前儿童游戏的专业理念、知识、能力等方面，全面客观地评价学生的学业水平。考核的方式方法也应灵活多样，具体来说：

在考核学生关于学前儿童游戏的理念、知识方面，可以让学生理论联系实践地进行课堂讨论分析，完成课后习题；还可以让学生讨论分析与幼儿园游戏相关的真实案例，要求学生在案例中发现问题，并运用所学知识解决问题，进而根据老师提供的文字、图片、视频等材料，观察、分析、讨论，写出案例分析报告。

在考核学生关于学前儿童游戏的能力方面，可以让学生做游戏技能技巧的展示，评价学生对建构游戏、表演游戏、规则游戏的实际操作能力；可以让学生创编游戏活动的方案，评价学生对学前儿童游戏理论基础的运用能力；可以让学生观察记录幼儿园游戏，再模拟组织开展，最后设计与指导幼儿园游戏，评价学生的游戏实践能力；可以让学生创设游戏活动环境、制作游戏材料和玩具，评价学生对学前儿童游戏的支持与引导能力。

二、对四个教学模块的计划

各个教学模块的计划，同第一轮教学改革的总计划一样，也是从教学目标、教学内容、课堂教学实施与学生学业评价四个方面展开的。

（一）模块一的计划

模块一"学前儿童游戏基本理论"的教学计划，也是围绕教学目标、教学内容、课堂教学实施与学生学业评价四个方面展开的。

教学目标：①让学生深刻认识学前儿童游戏的本质、特征、分类、影响因素，理解学前儿童游戏对幼儿身心发展的重要价值；②帮助学生树立以幼儿为本的学前儿童游戏观，激发学生学习本课程的兴趣以及学习的积极主动性。

教学内容：学前儿童游戏的定义、特征、三种角度的分类；游戏对学前儿童身体发展、认知发展、创造力发展、语言发展、情感发展与社会性发展的价值；学前儿童游戏的影响因素，包括物理环境、社会环境、个体因素。

课堂教学实施：运用讲授法、讨论法，按照教材顺序学习学前儿童游戏基本理论。

学生学业评价：依据学生课堂表现和完成课后作业情况来评定。

（二）模块二的计划

模块二"幼儿园各类型游戏理论"的教学计划，也是围绕教学目标、教学内容、课堂教学实施与学生学业评价四个方面展开的。

教学目标：①让学生掌握幼儿园创造性游戏中角色游戏、建构游戏、表演游戏的内涵、特征、价值，以及作为教师应如何开展游戏指导；②掌握幼儿园规则游戏中健康领域、语言领域、社会领域、科学领域、艺术领域即幼儿园五大领域游戏的内涵、分类、设计与组织；③根据角色游戏、建构游戏、表演游戏的理论知识，设计幼儿园角色游戏、建构游戏、表演游戏活动方案，实现从理论知识学习向实践能力培养转变；④要求学生在掌握各类型游戏特点与价值的基础上，根据学前儿童的年龄特征与发展水平开展适宜的游戏；⑤利用规则游戏的理论知识设计规则游戏方案，并组织学前儿童开展游戏教育活动；⑥进一步激发学生学习学前儿童游戏理论知识的积极主动性，使学生进一步了解当前幼儿园游戏活动的现状，感受所学理论知识的实践意义，为模块三的实践学习奠定基础。

教学内容：幼儿园角色游戏、建构游戏、表演游戏的内涵、特点、价值、指导以及各个年龄阶段学前儿童角色游戏、建构游戏、表演游戏的特点与指导；幼儿园五大领域游戏即健康领域、语言领域、社会领域、科学领域、艺术领域的内涵、分类、设计与组织。

课堂教学实施：运用讲授法、讨论法、案例分析法先学习幼儿园创造性游戏，再学习幼儿园规则游戏。

学生学业评价：依据学生课堂表现和完成课后作业情况来评定。

（三）模块三的计划

模块三"幼儿园各类型游戏实践"的教学计划，也是围绕教学目标、教学内容、课堂教学实施与学生学业评价四个方面展开的。

教学目标：① 在掌握有关幼儿园游戏环境创设、游戏材料准备的理论知识的基础上，能够设计、布置幼儿园室内游戏环境、户外游戏环境，提供游戏活动相应的游戏材料；② 掌握幼儿园各类型游戏观察与指导的内容与方法，并能完成幼儿园游戏观察与指导的记录报告；③ 掌握幼儿园游戏活动评价的理论知识，能够对幼儿园各类型游戏进行评价；④ 在掌握幼儿园规则游戏组织实施的理论知识的基础上，让学生模拟组织开展幼儿园规则游戏。

教学内容：学前儿童游戏环境的创设与游戏材料的准备；幼儿园游戏的观察、组织实施、指导与评价；幼儿园规则游戏的模拟组织开展。

课堂教学实施：运用讲授法、讨论法、案例分析法、实践教学法先学习相关的理论知识再进行相关实践。

学生学业评价：依据学生课堂表现和课后作业完成情况来评定。

（四）模块四的计划

模块四"少数民族儿童民间游戏实践探索"的教学计划，也是围绕教学目标、教学内容、课堂教学实施与学生学业评价四个方面展开的。

教学目标：① 让学生掌握少数民族儿童民间游戏的概念、特征、教育价值等基本理论；② 让学生掌握少数民族儿童民间游戏的收集、整理、改编的原则与方法，并对改编后的少数民族儿童民间游戏进行价值分析；③ 激发学生对少数民族儿童民间游戏的学习兴趣，鼓励学生大胆分析少数民族儿童民间游戏的教育价值，提高学生编写少数民族儿童民间游戏在幼儿园活动中的应用案例的积极主动性。

教学内容：少数民族儿童民间游戏的概念、特征、教育价值；收集、整理、改编少数民族儿童民间游戏的原则与方法；贵州少数民族儿童民间游戏案例的价值分析；贵州少数民族儿童民间游戏在幼儿园活动中的应用案例分析与编写。

课堂教学实施：运用讲授法、讨论法、案例分析法先学习相关的理论知识再进行相关实践。

学生学业评价：依据学生课堂表现和课后作业完成情况来评定。

三、第一轮教学改革的进度计划

第一轮学前儿童游戏课程教学改革是在 2016 年 8 月底到 2017 年 1 月初期间进行的，教学对象是正在读大学三年级的 2014 级学前教育专业的本科生，教材选用姜晓燕 2012 年编著出版的《学前儿童游戏教程》。按照本校学前教育专业人才培养方案的要求，学前儿童游戏课程每周 3 课时，一学期 18 周，共计 54 课时，学生修完可得 3 学分。那么按照课程教学改革前的计划，需要给每个模块的教学内容合理地分配课时，以制订出第一轮教学改革的教学进度计划（见表 3-1）。

表 3-1　第一轮学前儿童游戏课程教学改革的教学进度计划

周次	月日	教学内容（章节课）
1	8.30 8.31	CH1 学前儿童游戏基本理论 S1 学前儿童游戏的概念 S2 学前儿童游戏的价值 S3 学前儿童游戏的分类 S4 学前儿童游戏的影响因素
2	9.7	CH2 角色游戏 S1 角色游戏的内涵、价值 S2 角色游戏的特点、构成 S3 角色游戏的生成
3	9.13 9.14	S4 角色游戏的组织与指导 S5 角色游戏的案例分析
4	9.21	CH3 建构游戏 S1 建构游戏的内涵、价值 S2 建构游戏的特点、分类、建构技巧

续表

周次	月日	教学内容（章节课）
5	9.27 9.28	S3 建构游戏的生成 S4 建构游戏的组织与指导 S5 建构游戏的案例分析
6	10.5	CH4 表演游戏 S1 表演游戏的内涵、价值 S2 表演游戏的特点、分类、构成
7	10.11 10.12	S3 表演游戏的生成 S4 表演游戏的组织与指导 S5 表演游戏的案例分析
8	10.19	CH5 领域游戏 S1 健康领域游戏的内涵、分类、价值、指导
9	10.25 10.26	S2 语言领域游戏的内涵、分类、价值、指导 S3 社会领域游戏的内涵、分类、价值、指导 S4 科学领域游戏的内涵、分类、价值、指导 S5 艺术领域游戏的内涵、分类、价值、指导
10	11.2	CH6 幼儿园游戏环境创设 S1 幼儿园室内游戏环境创设
11	11.8 11.9	S2 幼儿园户外游戏环境创设 CH7 学前儿童游戏的观察与指导 S1 学前儿童游戏观察的价值、内容
12	11.16	S2 学前儿童游戏观察的方法 S3 学前儿童游戏观察的案例
13	11.22 11.23	S4 学前儿童游戏指导的内容 S5 学前儿童游戏指导的策略 S6 学前儿童游戏指导的案例
14	11.30	CH8 学前儿童游戏评价 S1 学前儿童游戏评价的内涵、意义 S2 学前儿童游戏评价的内容、方法
15	12.6 12.7	S3 学前儿童游戏评价的案例 CH9 幼儿园游戏活动的组织实施
16	12.14	CH10 少数民族儿童民间游戏的理论与实践 S1 少数民族儿童民间游戏概述 S2 少数民族儿童民间游戏的收集与整理
17	12.20 12.21	S3 少数民族儿童民间游戏的应用案例 S4 少数民族儿童民间游戏的改编与创编
18	12.28	机动周：对四个教学模块查漏补缺
19	1.3 1.4	全面复习 课程考查

第二节 行动

教育行动研究最关键的环节是行动。行动是在计划指导下开展的，并不是为了检验计划，而是为了解决实际问题。第一轮学前儿童游戏课程教学改革的行动按照教学模块分成四次教学行动。

一、讲授模块一

根据教学进度计划的安排，笔者计划用 4 课时完成模块一的教学。按照教学计划讲授第一章第一节关于学前儿童游戏的概念、特征、种类的课程。课堂上笔者先让学生自主阅读教材上的内容，再选择重难点内容强调。在讲学前儿童游戏的特征时，笔者要求学生结合教材上的观点用自己的语言表达对学前儿童游戏特征的理解；在讲学前儿童游戏的种类时，笔者强调划分游戏的不同标准依据，让学生通过理解划分依据来认识为什么要这样进行游戏的划分；对于从学前儿童认知发展的角度分类，着重让学生理解这种划分与学前儿童认知发展之间的关系，以及出现的顺序与年龄阶段；对于从游戏社会性的角度分类，着重让学生区分平行游戏、联合游戏、合作游戏；对于目前我国幼儿园游戏的分类，着重让学生理解创造性游戏与规则游戏的区别以及进行这样划分的原因。第二节学前儿童游戏的价值，笔者同样是让学生先在课堂上阅读教材内容，再对这部分内容的重难点进行讲解，让学生充分理解游戏与学前儿童发展的紧密关系，以及游戏如何促进学前儿童发展，最后让学生分组讨论：列举一例你所熟悉的幼儿园游戏，来分析其对儿童发展的价值。第三节学前儿童游戏的影响因素，笔者利用多媒体课件图文并茂地逐一分析了各个影响因素，主要以教材内容为主，补充呈现相关图片便于学生理解，比如游戏场地规划的图片、不同类型玩具的图片；围绕这节内容给学生设置了 3 个讨论问题，即"玩具材料是如何影响学前儿童的游戏行为的？同伴及同伴交往是如何影响学前儿童游戏的？诸如手机、平板电脑这样的新媒体是如何影响学前儿童游戏的？"最后给学生布置的课后作业是 2 道论述题：①传统游戏、传统玩具越来越淡出学前儿童的游戏视野，新媒体游戏已经充斥在学前儿童的生活中，请分析说明新媒体游戏对学前儿童的影响。②笔者提供幼儿园游戏活动的案例，让学生讨论分析其对学前儿童发展的价值。课后，笔者批改了学生的作业，并给作业打分，但是没有讲评学生的作业。

二、讲授模块二

根据教学进度计划的安排，笔者计划用 24 课时完成模块二的教学。按照模块二的教学计划先学习创造性游戏中的角色游戏→建构游戏→表演游戏，再学习规则游戏中健康领域游戏→语言领域游戏→社会领域游戏→科学领域游戏→艺术领域游戏。

（一）讲授角色游戏

按照教学计划讲授教材第三章角色游戏。笔者以学生小时候经常玩的"过家家"游戏导入，让学生感受角色游戏并不神秘，"过家家"就是其中的典型。笔者先让学生自主阅读教材中关于角色游戏的概念以及角色游戏对学前儿童发展的价值，再强调理解角色游戏的概念与价值的关键是理解学前儿童通过玩角色游戏能够大胆模仿、想象、创造周围的生活世界，能够很好地促进学前儿童社会性的发展。但是这样学生对于角色游戏的认识仍很浅显，所以要继续给学生讲解角色游戏的特点及构成要素来加深学生对角色游戏的理解。再进入角色游戏的学习重点，即幼儿园教师对角色游戏的指导之前，需要让学生明确角色游戏属于幼儿园创造性游戏，教师的指导不是干涉、指挥学前儿童游戏，而应充分发挥学前儿童游戏的主体性，按照标准的要求，帮助学生树立以幼儿为本的游戏指导观。

接下来笔者让学生围绕教材中的指导内容讨论"1. 幼儿园可以开展或是生成的角色游戏主题有哪些？2. 教师应从哪些方面对幼儿园角色游戏进行指导？"，即落实标准的要求，帮助学生理解教师对角色游戏的引导与支持能力。各个小组进行充分讨论并逐一发言分享讨论结果，笔者板书记下学生回答的关键要点，然后和学生一起分析，并补充完善，按照角色游戏开展之前、开展过程、开展之后的指导顺序最终确定角色游戏指导的内容。除此之外，笔者还对角色游戏指导的内容进行了相关的扩充延伸，即在让学生讨论分析适合幼儿园开展的角色游戏主题后，笔者进行了总结并分析了各个主题之间的关系（见图 3-2）。幼儿园角色游戏主题可以由"娃娃家"这个家庭生活类主题为中心，与幼儿可能参与的各个类型的社会生活发生联系。在分析教师创设游戏环境，提供游戏材料时，笔者给学生讲解了关于角色游戏的场地布置及其材料投放的新近研究成果，通过图示让学生分析新的变化（见图 3-3）。从图 3-3 可知，幼儿园的角色游戏由原本提前确定游戏主题内容，转变成无固定的游戏主题内容，提供给幼儿开展角色游戏的是低结构性游戏材料，由幼儿自主决定开展的角色游戏主题内容。

图 3-2　各角色游戏主题的关系

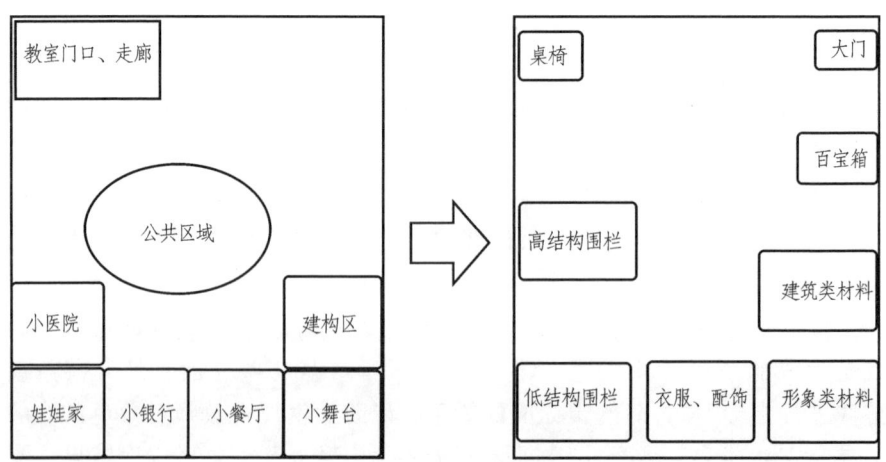

图 3-3　幼儿园角色游戏主题的变化

在讲解教师介入指导时，笔者让学生通过讨论分析幼儿园角色游戏指导的真实案例《小吃店风波》《被冷落的格格》（见下文），来体会目前幼儿园角色游戏指导过程中教师所面临的困境，鼓励学生大胆为教师如何进行游戏指导提出建议。

<h3 style="text-align:center">"小吃店"的风波[①]</h3>

中班"小吃店"游戏正在进行中。服务员童童走到客人青青面前问："你要吃什么呀？"青青说："我要一碗面条。"于是童童走到厨师新新面前说："请煮一碗面条。"这时另外两位客人进来了，他们扯着嗓子大叫："服务员！服务员！"童童没走过去招呼他们，只是远远地喊了一声："请你们学会等待！"童童一直等到把面条送到青青手中，才去理会这两位客人。过了一会儿，童童又过来对新新说："有个客人点了水果，给我一个苹果吧。"新新顺手就拿起一个红色塑料球充当苹果递给她，就在童童要伸手去接时，新新好像忽然想起了什么，说："我们小吃店不卖水果，你让客人去那边的超市买吧。"客人乐乐知道后很不开心，说："你们的服务真不好！太不方便了！"并接着说："你能替我去买一下吗？"童童却说她不能离开店。由于童童一再坚持，双方陷入了僵持状态。这时，我忍不住向童童建议："你们这里好像有点忙不过来，是不是应该再招聘一个服务员呀？"一场风波似乎平息下去了……

在这个游戏中，尽管最后我对孩子进行了一些引导，但我心中仍有些困惑：孩子的游戏行为是与他们的生活经验和认知水平相关联的，对孩子自发产生的角色行为及其发展出的游戏情节，教师应该持什么态度？孩子的游戏水平是有差异的，当孩子的某些游戏行为阻碍了游戏情节发展时，教师是该耐心等待他们自己解决问题还是要加以引导？如果选择等待，眼前的教育契机会不会就此丧失？如果选择介入，会不会有以成人思维代替幼儿思维之嫌？面对孩子的游戏，我们常常感到很纠结，觉得介入也不好，不介入也不好。教师究竟该如何做学前儿童游戏的支持者呢？您遇到过类似的困惑吗？您是怎么解决和处理的呢？

---

① 佚名. 小吃店的风波[J]. 幼儿教育（教师），2014（3）：34.

被冷落的格格[①]

　　自主游戏时间，小班幼儿格格、乐乐和豆豆围坐在一张桌子前一起玩游戏。他们把彩色夹子一个挨着一个有规律地夹到一个大纸盒的边缘。夹完夹子，格格开心地观赏着这个作品，但乐乐和豆豆的兴趣马上就转移了。只见乐乐麻利地捧来一筐乒乓球，"哗"地一下把它们全倒进了纸盒里。豆豆见状，立刻兴奋地把双手伸进纸盒里不停地搅动，乐乐放下筐子后也开心地伸手拨弄起乒乓球来。格格愣了一下，等他反应过来也想伸手和他们一起玩时，乐乐却一把推开了格格。格格站了起来，再次伸手，又被乐乐再一次挡了回去。格格还想伸手过去，但乐乐顺势把纸盒朝自己这边挪了挪，根本不让格格碰。碰了几次壁，格格默默地坐回椅子上，情绪低落。这时，豆豆找来一个小纸盒，开始尝试把大纸盒里的乒乓球放进小纸盒。只见他先把乒乓球铺满底层，然后一层一层往上垒。乐乐立刻领会了他的意图，也加入其中一起垒搭起来。格格坐在一旁看着他俩玩，但豆豆和乐乐神情专注，根本没理会一旁的格格。五分钟后，在豆豆和乐乐的合力垒搭下，一座"球塔"终于完成了，他们笑着拍起手来。忽然，乐乐把盛着"球塔"的小纸盒往格格面前一推，说："送给你的！"然后拍着手唱起了《祝你生日快乐》，豆豆也立刻拍手跟着唱起来。格格似乎还没有从这突如其来的转变中反应过来，只是讷讷地跟着他们一起拍手。唱完歌，他们又一起"吹蜡烛""分蛋糕"，格格的表情渐渐轻松起来，重新融入游戏中。整个过程，C老师都看在眼里。当看到格格因同伴的拒绝而失望、沮丧时，C老师对于自己是否要介入颇有一番挣扎，但她最终还是选择放手让孩子自己处理矛盾。

　　在教研活动中，C老师把这个案例拿出来和大家一起分享，结果出现了两种不同的意见。一种意见支持C老师的做法，认为游戏时教师就是要大胆放手，让孩子自己解决问题，如果教师介入了，说不定就会影响孩子的游戏进程，也可能不会有之后"过生日"带给格格的惊喜了。另一种意见则认为，在这个游戏中，得到愉快体验的是乐乐和豆豆，而格格大多感受到的是来自同伴的排斥、冷落和支配。这对于格格的心理发展是不利的，教师应该及时介入加以引导，或许后面会出现另外的惊喜。面对这两种意见，C老师困惑了。您是如何看待这一问题的？您遇

[①] 佚名. 被冷落的格格[J]. 幼儿教育（教师），2016（2）：62.

到过类似的情况吗？您是如何处理的？

学完角色游戏指导的理论知识后，笔者为学生搭建了把理论知识转化为游戏指导实践能力的桥梁。即把课堂上讨论确定下来的幼儿园可以开展的角色游戏主题，分配给各个小组，让学生参考笔者拟定的幼儿园角色游戏指导方案的框架，小组成员共同完成某一个主题的角色游戏指导方案，这也就是本次学习要完成的课后作业。学生可以选择的角色游戏主题如图 3-4 所示。学生需要参考的角色游戏指导方案框架见下文。这个指导方案的框架相当于学生设计角色游戏指导方案的提纲，方便学生按照框架的思路进行具体方案的编写，既保证了学生设计思路的统一、全面，又不影响学生在设计指导方案时的创新。

图 3-4　学生可以选择的角色游戏主题

_____角色游戏指导方案

一、指导目标

通过该游戏要实现幼儿哪些方面的发展？

1. 认知目标。

2. 情感目标。

3. 动作技能目标。

二、游戏准备

1. 知识经验准备：需要哪些？怎样实现？

2. 物质准备：角色（哪些角色？角色职责？）、材料（需要哪些？怎样实现？）、环境布置（需要配图），可以制作游戏中的材料，以及环境创设需要装饰（需要配图）。

三、游戏过程

1. 如何将幼儿引入游戏？如何激发幼儿的兴趣？

2. 如何分配角色？如何指导幼儿扮演角色？（说什么？做什么？理解内部规则？）

3. 如何丰富情节？（从角色、材料、情节上思考？）

四、游戏评价

1. 游戏过程中存在的问题？（可以从游戏主题、游戏内容情节、游戏运用的材料、角色扮演、游戏规则等方面进行评价。）

2. 幼儿在游戏中的表现？（可以从幼儿的认知能力、语言表达、动作行为、情感体验，以及幼儿的主动性、合作性、创造性等方面进行评价。）

3. 对下次游戏的构想。

一星期后学生交来作业，笔者经过认真批改，总结了学生作业中存在的共性问题，再次让学生讨论修改，最后笔者又帮助学生修改语言表达及统一格式，并发到班级 QQ 群让学生共享。由于课时有限，各年龄阶段角色游戏的特点与指导不同，笔者要求学生在课后自学，下次课再由笔者检查自学情况。

（二）讲授建构游戏

按照教学计划讲授教材第四章建构游戏。笔者以一组幼儿玩建构游戏的照片导入，让学生了解建构游戏就是自己儿时熟悉的玩沙子、捏泥巴、搭积木、拼七巧板之类的互动。建构游戏的第一个讲授重点是让学生理解建构游戏的概念、对学前儿童发展的价值，即学前儿童利用基础的搭建材料一边动手操作一边想象创造。接下来讲解建构游戏的特点与分类，使学生对建构游戏的理解进一步深入，并引出建构游戏第二个讲授重点，即建构的技能技巧，图文并茂地向学生介绍了排列、组合、插接、镶嵌、旋转、围合、盖顶等建构技能，为模块三的实践教学奠定学习基础。接下来讲到建构游戏如何生成，会引出第三个讲授重点——建构游戏与角色游戏之间的关系。笔者查找了华爱华教授对此的论述，作为补充学习材料，呈现给学生以加深学生对两种游戏的认识。

如何正确理解建构游戏与角色游戏的关系？一个前提：幼儿在游戏

时并不会有意识地区分各类游戏行为,一旦想象性情景在头脑中出现,他们的行为就立即具有了象征意义。如滑梯变成了跑道,自己成了向下滑行的飞机;积木变成了榔头,自己成了修建房屋的工人……因此,无论教师如何分类地来组织游戏,处于表征思维阶段的幼儿在任何一类游戏中,其行为都会或多或少带有角色装扮的特征。一种现象:建构游戏中建构行为与装扮行为会交替出现。角色游戏的产生在很大程度上与情景化环境、形象性材料的诱导有关,这一点幼儿年龄越小越明显。而建构游戏搭建出来的作品就是一种形象,能诱导幼儿进入想象性情景。所以,幼儿的结构游戏往往伴随着装扮行为。最初,幼儿主要是用搭建的作品进行装扮活动,比如,将两块不同形状的积木叠加在一起,看上去像一辆车,他们便玩起了开车游戏;将积木平铺,他们联想到一张床,便躺在上面假装睡觉;将积木围合起来,他们联想到游泳池,便用积木替代小人假装在里面游泳……这时候搭建的作品往往比较简单,装扮行为也比较简单且持续时间比较短,他们不断更换作品主题,同时也变换装扮行为。进而,随着搭建目的的增强和搭建水平的提高,幼儿开始越来越多地为装扮而搭建。比如,为了玩游泳游戏而搭建游泳池,为了玩动物园游戏而搭建动物园,为了玩开汽车游戏而搭建停车场或高架桥……这时候的作品开始复杂起来,幼儿往往要花较长时间来搭建,建好以后就玩相应的装扮游戏。玩的过程中如果对作品感到不满意,就会通过搭建来完善作品。这时装扮行为和建构行为仍是交替出现的,但两种游戏行为始终围绕同一主题并保持关联性。最终,建构游戏中的装扮行为会随建构水平的提高而逐渐减少。随着作品的日益复杂,在单位时间里,幼儿的建构行为会增多,装扮行为则会减少并逐渐成为一种点缀,且以建构完善的作品为主要目的。比如,为了搭一座高架桥,幼儿会通过开车这种装扮行为来体验并调整高架桥的高度、宽度,考虑是否增加路灯和收费站等,以完善高架桥作品。当幼儿的结构游戏水平发展到完全没有装扮行为的伴随,幼儿单纯为了建构一件可欣赏的作品时,结构游戏便已转化为一种纯粹的艺术造型活动了。①

第四个讲授重点是引导学生借鉴角色游戏指导的思路与内容,针对

---

① 华爱华. 教师在积木游戏中的观察与指导[J]. 幼儿教育(教师),2014(5):38-41.

建构游戏的指导进行小组讨论，再由笔者补充。通过之前与角色游戏指导的对比，学生得出建构游戏指导的重点在于传授学前儿童建构的方法与技能，鼓励学前儿童大胆想象拼搭，并且能够对学前儿童创作的建构作品给予恰当评价。学生需要像完成角色游戏指导方案一样，完成某一种类型建构材料（如积木类、积塑类、沙石类、废旧材料类、拼板类等）的建构游戏指导方案。建构游戏指导方案框架如下。对于各年龄阶段建构游戏的特点与指导，笔者要求学生在课后自学，下次课笔者再检查自学情况。

_____建构游戏指导方案

一、指导目标

通过该游戏要实现幼儿哪些方面的发展？

1. 认知目标。

2. 情感目标。

3. 动作技能目标。

二、游戏准备

1. 知识经验准备：需要哪些？怎样实现？

2. 物质准备：材料包括主材和辅材（需要哪些？怎样实现？）、环境布置（需要配图）。

三、指导过程

1. 如何丰富幼儿对结构造型的印象？（讲述、讨论、观察图片、实物，进而激发幼儿建构的兴趣。）

2. 如何指导幼儿取材、造型、空间布局、比例、色彩、建构技巧、分工合作？

3. 如何建立游戏常规？

4. 如何对幼儿建构的作品进行展示？

四、游戏评价

1. 游戏过程中存在的问题？（可以从游戏主题、建构技能技巧、建构材料运用、建构作品等方面进行评价。）

2. 幼儿在游戏中的表现？（可以从幼儿的认知能力、语言表达、动作行为、情感体验，以及幼儿的主动性、合作性、创造性等方面进行评价。）

3. 对下次游戏的构想。

（三）讲授表演游戏

按照教学计划讲授教材第五章表演游戏。当学生学习表演游戏的概念时，会发现表演游戏与角色游戏的相似之处，所以有必要帮助学生理解二者的区别与联系，即虽然在两种游戏中都有角色扮演，但学前儿童在表演游戏中扮演的是文艺作品中的角色，而在角色游戏中扮演的是周围生活中的角色，那么，游戏的情节内容、对学前儿童发展的价值自然也就不同。接着笔者利用幼儿园开展表演游戏的图片讲解了表演游戏的特点与分类，让学生了解表演游戏。同时，联系幼儿园表演游戏开展过程中存在的问题，查找了刘焱教授对此的论述（见下文），以帮助学生认识幼儿园组织开展表演游戏的误区，树立正确的表演游戏指导观。

幼儿园表演游戏中存在的问题：第一，歌舞表演活动被当作表演游戏。幼儿园教师通常所说的表演游戏是指幼儿在角区进行的类似于歌舞表演的活动，通常有录音机、音乐磁带、舞台（表演台）等，幼儿随着音乐表演舞蹈、唱歌甚至走猫步、模仿模特儿的时装表演。第二，表演游戏的功能狭窄。在故事教学的末端环节，教师让幼儿进行表演游戏，加深幼儿对故事的印象，帮助幼儿复述故事。在故事教学的开端环节，教师事先让训练好的幼儿来表演给小朋友看，以提高幼儿对故事的兴趣、讲述故事和复述故事的能力。在提问环节，教师让幼儿扮演故事中的角色、进行角色对话和表演角色动作，以提高幼儿回答问题的兴趣，帮助幼儿记忆和模仿故事中的对话。第三，科学与童话的对立。当童话故事与"科学事实"发生矛盾时，教师总是立即用科学事实武装幼儿的头脑，试图用科学知识来替换童话带给孩子们的想象与幻想。第四，表演游戏成为教师指导下的集体活动。教师总是采用集体活动的方式组织幼儿表演游戏，比如以组为单位的分角色对话，以组为单位的故事表演，以组为单位的表演游戏。第五，重表演、轻游戏，表现在无论年龄大小的幼儿都要求"即演即像"，以及教师高控制化的指导。教师一般不给幼儿协商、磨合的时间，而是要求幼儿马上再现故事，而且在表情上要逼真、动作上要到位、语气语调上要合理。教师为追求表演效果的"生动逼真"而"导演"幼儿的游戏，不仅使这种游戏活动丧失了其"游戏性"而仅仅成为一种"表演"，而且教师的要求往往成为一种压力而使幼儿感到紧张。第六，选材上存在的问题：作品的年龄适宜性被忽视。许多儿童文学作品集和现在的一些儿童读物的年龄范围都比较宽泛，教师往往不细加选择，因此造成作品年龄适宜性被忽视，出现了故事选材上过易或过难现象；选择的作品承载了过多的德育成分，主题单一，儿童文学本身所应有的浪漫、幻想、夸张、新奇等特点被有意无意地忽略。①

接着重点学习表演游戏的指导，同之前的角色游戏、建构游戏一样，让学生讨论分析幼儿园表演游戏的指导内容。引导学生抓住表演游戏指导的关键之处，即师幼共同选择既符合幼儿兴趣，又生动活泼、适宜表演的文艺作品；引导幼儿在表演游戏中大胆地表达表演；教师为幼儿创设小舞台、提供道具服装等游戏环境。这样学生自然能将角色游戏指导、建构游戏指导、表演游戏指导区别开来。不管是在不同类型的游戏指导方案设计中，还是在游戏指导的实践中都能有针对性。最后，学生在掌握表演游戏相关知识的基础上也完成某一种类型（如故事类、歌舞类、桌面类、偶人类、影子戏等）的表演游戏指导方案。表演游戏指导方案框架如下文。对于各年龄阶段表演游戏的特点与指导，笔者要求学生在课后自学，下次课笔者再检查自学情况。

_____表演游戏指导方案

一、指导目标

通过该游戏要实现幼儿哪些方面的发展？

1. 认知目标。

2. 情感目标。

3. 动作技能目标。

二、游戏准备

1. 选择哪个故事？（需要附上故事）

2. 知识经验准备：需要哪些？怎样实现？

3. 物质准备：场地布景、服装、道具、化装（需要哪些？怎样实现？并且配图）。

三、指导过程

1. 如何指导幼儿分配故事中的角色？

2. 如何指导幼儿提高表演技能？（教师示范+角色参与）结合所选故事，指导幼儿通过巧妙运用服装道具，通过声音的轻重、快慢、高低、

---

① 刘焱. 幼儿园表演游戏现状的调查与研究[J]. 学前教育研究，2003（3）：32-36.

停顿来表达,通过夸张而典型的动作、传神的表情神态来表演,帮助幼儿成功塑造角色。

3. 如何创造性表演?(引导幼儿做一些大胆的改编,脱离作品自编自演。)

四、游戏评价

1. 游戏过程中存在的问题?(可以从游戏主题、游戏内容情节、游戏运用的材料、角色扮演、表演技能技巧等方面进行评价。)

2. 幼儿在游戏中的表现?(可以从幼儿的认知能力、语言表达、动作行为、情感体验,以及幼儿的主动性、合作性、创造性等方面进行评价。)

3. 对下次游戏的构想。

(四)讲授规则游戏

按照教学计划讲授教材第六章领域游戏。根据教学计划,学完幼儿园创造性游戏后紧接着学习幼儿园规则游戏。根据笔者对教材第六章领域游戏的研读,认为教材中所指的领域游戏本质上就是规则游戏,完全可以让学生把领域游戏理解成规则游戏。首先,让学生按照幼儿园游戏的分类,理解领域游戏与之前所学的创造性游戏的区别,即领域游戏有明确的游戏目标、游戏规则,需要教师的组织,是教师利用游戏形式开展的教育教学活动,属于教学游戏。其次,按照教材顺序逐一讲授健康领域游戏、语言领域游戏、社会领域游戏、科学领域游戏、艺术领域游戏。学生先自主阅读教材中的内容,笔者再讲授每个领域游戏的分类,以及设计、组织、指导的要点。在讲授过程中,笔者紧紧围绕每个领域游戏的案例,让学生体会规则游戏在设计、组织、指导上的要点,以及与创造性游戏的不同之处。除了教材提供的每个领域游戏的案例,笔者还为一些仅有理论讲解,没有案例分析的领域游戏补充了相应的案例以便于学生理解,比如心理健康游戏的案例《雨点变奏曲》,完整的音乐舞蹈游戏的案例《文明游玩大家唱》(见下文)。

雨点变奏曲

游戏目标:帮助幼儿释放压抑情绪或缓解分离焦虑。

游戏玩法:全体幼儿快速搓手,鼓嘴吹气,表示起风了;变搓手为右手食指和中指轻拍左手手心,嘴里发出"滴答滴答"的声音,表示下小雨了;用右手四个手指慢拍左手手心,嘴里发出"嗒、嗒"的声音,表示下中雨了;双手快速拍,嘴里发出"啪啪"的声音,表示下大雨了;在表示大雨的动作中加入跺脚,表示暴雨;再加入口模仿狂风的声音,表示狂风暴雨。

文明游玩大家唱[①]

一、游戏目标

1. 在游戏情景中熟悉歌曲旋律,学唱歌曲,并能唱准附点音符。

2. 在理解歌词的基础上知道外出游玩时要遵守爱护花草、不乱扔垃圾、不乱涂乱画等文明行为规则。

二、游戏准备

1. 幼儿有春游、秋游、参观动物园等外出游玩的生活经验。

2. 将五幅文明游玩的图片布置在自制大转盘上。

3. 用即时贴做的小花一朵,黑板一块,磁铁若干。

三、游戏过程

1. 教师转动盘子,指针指向哪里就把哪里的图片打开。

2. 教师清唱歌曲,边唱边按节奏与幼儿玩"点兵点将"的游戏,最后点到谁,谁就上去玩大转盘的游戏。幼儿转到哪张图片处,教师就揭开图片展示在黑板上,引导幼儿分析图片内容,并有节奏地学念歌词。

3. 学唱歌曲。教师唱,幼儿念,要说得有节奏。师幼交换,幼儿唱,教师念。

4. 完整演唱歌曲。教师可以根据歌词加上动作,帮助幼儿记忆歌词。教师边唱边用手势帮助幼儿理解歌曲中的附点部分。

最后,让学生进行讨论。对于幼儿园规则游戏的构成要素以及指导要点,笔者帮助学生总结概括出一个规则游戏的组成包括游戏名称、游戏目标、游戏准备、游戏过程、游戏规则、指导要点六部分,并按照这六点选择六大领域中任意知识点来设计一例幼儿园规则游戏,作为课后作业。

---

① 张小青. 文明游戏玩大家唱[J]. 幼儿教育(教师),2016(10):20-21.

三、讲授模块三

根据教学进度计划的安排，笔者计划用16课时完成模块三的教学。按照模块三的教学计划先学习幼儿园游戏环境创设，再学习幼儿园游戏的观察与指导，幼儿园游戏的评价，最后开展幼儿园规则游戏的模拟实践，并且进入幼儿园完成游戏观察与指导的实践报告。可以说，模块三是从实践的角度培养学生对幼儿园游戏活动的支持与引导能力。

（一）讲授幼儿园游戏环境创设

按照教学进度计划讲授补充内容幼儿园游戏环境创设。本轮教学改革选用的教材是姜晓燕主编的《学前儿童游戏教程》，该教材中没有关于幼儿园游戏环境创设的内容，所以，笔者选用翟理红主编的《学前儿童游戏教程》的第三章游戏环境规划的内容作为幼儿园游戏环境创设的教学内容。笔者先讲解了幼儿园游戏环境创设的意义，让学生理解为什么要进行游戏环境的创设，然后把游戏环境创设分成室内游戏环境与户外游戏环境，分别讲解了室内与户外游戏环境创设的特点、范围与内容以及创设的要点。笔者一边出示幼儿园室内游戏环境布置的图片，一边给学生分析游戏环境创设的构成内容及创设理由。例如，幼儿园角色游戏的游戏环境创设（见图3-5），笔者就和学生一起分析了该角色游戏环境的空间规划、设施摆放、墙饰布置、游戏材料与玩具的投放等。同样，笔者也选取了户外游戏环境的图片（见图3-6），讲解了幼儿园户外游戏环境创设的特点、范围与内容、要点，分析了器械设备区、集体活动区、沙水区、养殖区、休闲区等户外游戏环境，让学生联系幼儿园游戏环境创设的现实来理解教材中的理论知识。

图3-5　游戏环境创设

图3-6　户外游戏环境的图片

幼儿园游戏环境创设还包括幼儿园游戏的玩具与游戏材料。在讲解这部分内容时，笔者先让学生了解玩具及游戏材料在儿童发展中的作用，让学生结合自己所熟知的儿童玩具分析其作用。比如，有学生分析了布娃娃、积木、呼啦圈等玩具对儿童发展的价值。接着，讲解了玩具的种类。笔者按照幼儿园游戏的分类讲解了各种类型游戏中的玩具及游戏材料，着重让学生理解高结构游戏材料与低结构游戏材料的区别，以及它们在儿童游戏中的不同价值，帮助学生树立大胆利用低结构材料的游戏指导观。最后讲解幼儿园玩具的管理与利用，包括对幼儿园玩具的选择、不同年龄班玩具的投放、玩具的充分利用等。

讲完以上幼儿园游戏环境创设的理论知识后，就可以让学生根据所学的理论知识，设计幼儿园各类型游戏活动的游戏环境方案。笔者让学生把之前小组编写的角色游戏、建构游戏、表演游戏的指导方案中关于游戏准备的内容，利用本章知识进行扩充与完善，进一步优化幼儿园游戏环境、增减游戏材料，图文并茂地展示出来。学生需要找出之前完成的作业，直接补充在上面，再由笔者反馈修改。以下是学生完成的游戏环境创设的作业。

物质准备：

1. 角色扮演：厨师三名、大堂经理一名，迎宾人员两名，清洁人员二名，服务员四名，收银员一名，顾客人数不限，外卖人员二名。

2. 材料准备：用黏土、橡皮泥、卡纸、海绵纸等手工材料，制作出各种各样的食材。

图 3-7 各类材料

3. 服装：厨师、服务员等角色的服装、配饰，如厨师帽、围裙、汗巾。（见图 3-8）

图 3-8　各位小厨师

4. 环境布置：提供给幼儿开展活动区角，可以参照图 3-9 进行布置。

图 3-9　活动区角

（节选自学生作业《娃娃乐餐厅角色游戏指导方案》。）

（二）讲授学前儿童游戏的观察与指导

按照教学进度计划讲授教材第二章学前儿童游戏的观察与指导。把教材中第二章的内容放在模块三讲，是因为学前儿童游戏的观察与指导对学生而言，更偏重对学生游戏观察与指导的实践能力培养。让学生先学习学前儿童游戏观察与指导的理论知识再进行实践探索，有利于学生的理论知识向实践知识的转化，进而再向实践能力的转化。所以，笔者先讲述了为什么要进行学前儿童游戏观察？即学前儿童游戏观察的重要性。笔者让学生联系之前各类型游戏开展的案例，理解幼儿教师对游戏活动进行观察的必要性和重要性。接着，笔者让学生结合教材内容讨论学前儿童游戏观察的内容应该包括哪些方面？观察的内容应涵盖幼儿园各个类型的游戏，而不是针对某种类型的游戏，所以要尽可能地全面，具有概括性。笔者在学生讨论的基础上进行了总结补充，最后确定学前儿童游戏观察的主要内容。

学前儿童游戏观察的内容确定后，学生就需要掌握正确的观察方法。除了让学生掌握常用的观察方法与观察量表，笔者还查阅了有关运用观察法研究学前儿童游戏的文献资料，找出其中应用观察法的案例（见图 3-10、图 3-11），让学生掌握根据所要观察的游戏内容制定观察提纲的思路与方法，从而使学生对幼儿园游戏如何进行观察有具体的认识和理解。由于学生还不具备独立编制幼儿园游戏观察提纲的能力，所以笔者结合学生所学的相关知识，帮助学生编写了幼儿园游戏活动的观察提纲，方便学生去幼儿园实地观察游戏活动的组织开展。

附录二　幼儿园集体结构游戏中教师指导行为观察记录表

观察日期：		观察对象：				年龄班：		
游戏时间		指导内容						
开始	结束	调动兴趣	认识材料	相关经验	结构技能	造型与布局	合作性坚持性	常规
指导方式					评价			
讲解示范	提供结构作品范例	参与游戏暗示幼儿	直接介入指导	其他	评价主体		评价内容	
					幼儿	教师	两者	作品 过程 两者

图 3-10　观察法案例一

附录二：幼儿园角色游戏中教师指导行为观察记录表

日期：		游戏时间：		观察对象：	观察地点：		
空间	时间		目标行为描述（包括动作、语言、表情）		情境（幼儿、关系、环境）		
	开始	结束					
指导身份	教育者		游戏材料	指导方式	动作	指导结果	接受
	搭合		游戏角色		语言		
			游戏规则				
	游戏者		游戏情节		表情		拒绝

（指导主题）

图 3-11　观察法案例二

学前儿童游戏观察是游戏指导的基础，游戏指导对学前儿童游戏水平的提升，学前儿童的发展都具有重要意义。所以，首先要让学生了解学前儿童游戏指导的意义。接着，讲授学前儿童游戏指导的方式、方法，让学生区分不同的游戏指导方式与方法。再让学生讨论如何对学前儿童游戏进行指导。笔者提示学生从游戏准备、游戏开始、游戏过程、游戏结束这四个环节去思考游戏指导的全过程。笔者先让学生充分讨论再总结补充，最终确定学前儿童游戏指导的内容与方法。由于笔者之前对幼儿园教师游戏指导的现状有一定的了解，所以要求学生也要做一次幼儿园教师游戏指导的观察记录，通过观察幼儿园游戏指导的真实情况，加深对幼儿园游戏指导的认识。为了方便学生观察，笔者特意把幼儿园游戏指导的观察提纲与之前幼儿园游戏活动的观察提纲结合起来，合并成一份观察提纲，让学生一起完成。具体的观察提纲如表3-2所示。

表3-2 幼儿园游戏观察记录表

_____游戏观察及指导记录表

观察时间_____ 观察班级_____ 观察地点_____
幼儿人数_____ 指导教师_____
观察者_____

观察内容	幼儿表现	教师指导
游戏主题情节内容	幼儿是怎么选择、确定的？ 对有这方面表现的幼儿进行观察，并描述下来	是如何帮助幼儿选择、确定的？
游戏目标	游戏目标是否达成？怎么达成的？ 对有这方面表现的幼儿进行观察，并描述下来	是怎样实现制定的游戏目标的？
游戏材料	幼儿怎么运用、选择？ 参与制作游戏的材料、玩具？ 对有这方面表现的幼儿进行观察，并描述下来	提供了哪些材料、玩具？ 购买的？还是制作的？ 如何指导幼儿选择、运用？
游戏规则常规	幼儿是如何理解游戏的规则的？ 有没有涉及建立规则？ 又是如何遵守游戏规则的？ 对有这方面表现的幼儿进行观察，并描述下来。 在游戏常规方面同上	如何让幼儿理解、遵守？ 怎样建立规则？ 对违规幼儿怎么处理？

续表

游戏技能技巧	幼儿对游戏技能技巧的掌握怎样？他们会不会运用正确的游戏技能技巧？ 对有这方面表现的幼儿进行观察，并描述下来	如何帮助幼儿掌握游戏技能技巧？
游戏时间	游戏持续了多长时间？	指导了多长时间？分时间段或一整段
游戏环境布置	幼儿是否参与、设计、布置？ 对有这方面表现的幼儿进行观察，并描述下来	教师有没有让幼儿参与、布置甚至设计？
游戏知识经验	幼儿是如何获得、丰富有关游戏的知识和经验的？ 对有这方面表现的幼儿进行观察，并描述下来	教师如何使幼儿获得相关的知识经验？及进一步丰富？
幼儿社会参与水平	幼儿之间的合作、交往怎样？ 对有这方面表现的幼儿进行观察，并描述下来	教师有没有在这方面有所作为？怎么做的？
幼儿自主水平	幼儿是否能自主确定主题？选择伙伴？主动交流、协商？ 对有这方面表现的幼儿进行观察，并描述下来	教师有没有促进幼儿的游戏自主性？描述出来
游戏创新	幼儿在游戏时有无创新的表现？描述出来	教师有没有促进学前儿童游戏的创新性？描述出来
	对学前儿童游戏表现的总结	对教师游戏指导的建议
	对以上各个方面，各自进行一句话的总结。 也可以是你的整体印象，优缺点都可以	针对老师指导时存在的问题提出解决策略。即根据你所学，认为老师不合适之处，提出改革建议

对于学前儿童游戏的观察与指导重点在于创造让学生去幼儿园观察的机会与条件。笔者决定利用学校组织学生去幼儿园见习一周的机会，让学生观察幼儿园的游戏并指导。笔者提前把"游戏观察及指导记录表"打印出来发给学生，并且具体讲解如何观察与记录幼儿的游戏、教师的指导。首先，把 2014 级学前教育本科班的 52 位学生按照幼儿园游戏的不同类型进行分组，10 人观察幼儿园角色游戏、10 人观察幼儿园建构游

戏、10 人观察幼儿园表演游戏、10 人观察幼儿园户外游戏、12 人观察幼儿园室内规则游戏。接下来，给学生讲解如何对学前儿童的游戏活动进行观察与记录。每个学生需要按照观察提纲的要求，观察 5 名左右的幼儿开展游戏和 1 位指导学前儿童游戏的教师，原则上是观察记录每名幼儿在游戏中的表现以及游戏的具体情况，但游戏中相同行为表现的幼儿可以合并记录，如记作 A、B、C 等三名幼儿。

（三）讲授学前儿童游戏的评价

按照教学进度计划讲授教材第十章学前儿童游戏评价。本章主要是让学生学习学前儿童游戏评价的基本理论，并在此基础上对学前儿童的游戏活动进行评价。笔者先讲解了学前儿童游戏评价的含义，指出理解含义的关键在于明确学前儿童游戏评价的标准、掌握评价的方法、评价的内容应该涵盖与学前儿童游戏相关的主要内容，尽可能全面客观；学前儿童游戏评价的类型，笔者主要强调形成性评价与总结性评价各自的特点，在学前儿童游戏评价中要把两者结合起来运用；对于学前儿童游戏评价的原则，笔者让学生结合学前教育领域其他类型的评价原则，来理解目的性、客观性、综合性，避免教师及其他因素对学前儿童游戏评价的影响；学前儿童游戏评价的意义，是让学生理解它是学前儿童游戏指导的重要环节，能够提升教师游戏指导的质量，是支持、引导学前儿童游戏顺利开展的必要步骤，学生要充分认识肯定学前儿童游戏评价的意义。

学前儿童游戏评价的内容范围主要包括三方面，即学前儿童游戏过程中的行为表现、教师游戏指导的过程、游戏环境创设。笔者分别给学生明确了每一方面的具体内涵，如幼儿在游戏过程中的行为表现评价包括幼儿在游戏中的感知觉能力、语言表达能力、记忆能力、思维能力、想象创造能力、情感体验与表达能力、社会交往能力、游戏材料操作能力、游戏动作行为能力、游戏规则遵守能力等；教师游戏指导的评价包括教师对游戏主题、内容、情节、规则、指导方法、与幼儿交往互动等的评价；游戏环境创设的评价包括对游戏物质环境与精神环境的安全性、刺激性、适宜性的评价，具体包括空间的选择、环境的布置、材料的投放与更换，游戏时间的安排、各个区角游戏之间的相互联系等。

在基本理论学习完成后，笔者要求学生结合教材第三节的案例，掌握如何评价学前儿童游戏的方法、步骤，要求学生在学校统一安排的见习周，去幼儿园亲自对一次游戏活动进行评价，完成对学前儿童游戏评价的实践练习。

（四）学前儿童游戏的组织与实施

此部分内容主要是对模块三创造性游戏与规则游戏的补充，培养学生对幼儿园游戏的支持与引导能力。笔者让学生在课堂上模拟幼儿园游戏活动的组织开展，涉及的内容既有创造性游戏又有规则游戏。由于之前已经完成了创造性游戏的指导方案，学生基本上能够把握如何设计、组织、开展，并指导学前儿童进行创造性游戏；也由于课堂教学条件有限，无法模拟幼儿园创造性游戏的开展，因为创造性游戏需要学前儿童自主地开展，教师更多的是观察、记录、评价，这在课堂上模拟显然是不可能的。而规则游戏则更多的是体现教师的设计、组织、实施的能力，在课堂上容易模拟实践，所以笔者让学生把之前自己设计的规则游戏在课堂模拟实践。要求学生准备游戏中所需要的玩具和材料，把自己当成幼儿园教师，把同学们当成幼儿，与自己配合开展游戏。重点在于考查学生是否能够顺利组织实施游戏，以及游戏的目标、过程、规则是否准确、适宜。全班每个学生轮流对自己设计的规则游戏进行模拟实践，课堂时间不够，笔者就给学生补课，尽可能给每个学生提供实践练习的机会。

四、讲授模块四

根据教学进度计划的安排，笔者计划用 8 课时完成模块四的教学。按照模块四的教学计划讲授教材第八章民间传统学前儿童游戏。民间传统学前儿童游戏在少数民族地区就是少数民族儿童民间游戏，所以笔者先让学生学习了教材中民间传统学前儿童游戏的概念。根据教材中的定义，笔者自己界定了少数民族儿童民间游戏的概念，即流行于少数民族地区、产生流传于人民群众，具有一定形式、规则、内容又可因时因地发展变化的、随时随地可以进行的，以玩耍为目的的娱乐活动。让学生理解这两个概念在本质上是一致的，以及少数民族儿童民间游戏的特点与民间传统学前儿童游戏的特征也大致相同，如浓郁的民族特色、丰富的文化内涵、简便易行的游戏玩法是少数民族儿童民间游戏的独特性，同时也具备教材上民间传统学前儿童游戏的特征，如地域性、群体性、趣味性、简易性、随机性等。民间传统学前儿童游戏的现代教育价值同样也是少数民族儿童民间游戏的现代教育价值，能够积极地促进学前儿童的身体、认知、情感、社会性的全面发展。

笔者按照教材内容讲解了民间传统学前儿童游戏的改编原则与方法，除了对科学性、兴趣性、时代性等改编原则，改变游戏的玩法、游戏的儿歌、游戏的场地、游戏的材料、游戏的规则等改编方法做了讲解，还对如何对改编后的民间传统学前儿童游戏的现代教育进行了价值分析。笔者让学生对比教材中民间传统学前儿童游戏"放鞭炮""木头人""老狼老狼几点了"改编前与改编后的不同之处，思考对其改编时运用的方法，以及分析改编后的民间传统学前儿童游戏的现代教育价值的变化。让学生结合模块一对学前儿童游戏价值的讲解，来分析民间传统学前儿童游戏的现代教育价值。接着笔者给学生列举了两个笔者之前收集到的贵州少数民族儿童民间游戏"牛拱背"和"挤油渣"，见下文。让学生分析其现代教育价值，并且尝试对这两个少数民族儿童民间游戏进行改编。

"牛拱背"这个游戏是儿童模仿老牛拱背时的样子，游戏是这样玩的：儿童两人一组，背靠背，双臂夹在腰间。然后，相互用背部、腰部、臀部、胳膊肘顶、拱对方，直到一方蹲在地上认输，游戏才算结束。

"挤油渣"游戏是这样玩的：首先，要选择有一面墙的场地。参加游戏的所有儿童，通过划拳（剪子包子锤）选择靠墙站立的位置。选定位置后，游戏开始。所有儿童靠墙相互推、挤，被挤、推出人墙的则算输，输的人自动往墙的最两边站，游戏不停止，直到大家不愿意玩时，游戏才结束。

对于如何进行少数民族儿童民间游戏的收集、整理，教材中没有涉及，所以笔者查找了有关的资料，补充了收集、整理民间传统学前儿童游戏的原则与方法，当然也适用于少数民族儿童民间游戏的收集、整理。当学完收集、整理少数民族儿童民间游戏的理论知识后，笔者让学生回忆自己小时候或是现在回到家乡观察到的少数民族儿童民间游戏。因为班上的学生大多数都是贵州省内的少数民族地区的学生，学生小时候玩过的游戏或是现在家乡幼儿玩的游戏就属于少数民族儿童民间游戏。要求学生遵循正确的收集、整理少数民族儿童民间游戏的原则、方法，每个小组提交 1 个整理好的少数民族儿童民间游戏。提交的少数民族儿童民间游戏可以是原始面貌，也可以是学生们改编后的，具体包括少数民族儿童民间游戏的名称、过程、规则，以及对学前儿童发展的价值分析。

第三节　考查

教育行动研究的第三个环节是考查。考查主要是针对行动的过程与结果。具体到第一轮教学改革行动研究中，当每一模块的课堂教学完成后，笔者把行动之前的计划与行动过程做对照，找出计划与行动的差距，运用观察法、访谈法收集相关的证据资料，发现行动中存在的问题，为下一步反思计划与行动之间的差距，找出解决问题的途径奠定基础。

一、考查模块一

当模块一的教学完成后，需要对模块一的教学行动过程进行考查，即收集资料发现教学改革中的问题。考查包括把模块一的教学计划与教学行动过程进行对照，笔者对自己的教学进行了反思，观察学生的课堂学习表现以及批改反馈学生的作业。

（一）考查教学行动过程

笔者把模块一的教学计划与教学行动过程做对照，发现认知层面的教学目标基本上达成，但教学过程并没有体现出《幼儿园教师专业标准（试行）》中的理念精神，学生对学前儿童游戏理论的理解不够深刻，学生学习本课程的积极主动性没有被完全激发出来；教学内容按照计划是有重难点地全部涉及；教学过程以先让学生阅读教材，再讲解提问，最后学生讨论的流程进行，教学方法不够灵活多样，容易造成课堂气氛沉闷。学生学业评价体现在：学生在课堂上回答问题，可以加分并计入平时成绩；课堂讨论积极的学生，可以加分并计入平时成绩；课后作业获得的分数也计入平时成绩。

(二)考查教师教学反思

由于在本次教学改革行动研究中,笔者采用的是教育行动研究的独立模式,即笔者既是行动者又是研究者,所以笔者要把自己的教学反思作为考查的内容。在教育行动研究中,教师的教学反思"主要是教师在解决实际教育问题的过程中以自己的实践过程为思考对象,对自己所做出的决策、行动以及由此产生的结果进行审视和分析。它是立足于自我之外的批判地考查自己的行动及情境的能力"①。反思的主要方式有"撰写研究的反思笔记、教育案例、教育随笔、教育论文等。期望教师通过参与行动研究,通过对特定研究问题的反思,逐渐形成以研究的态度、研究的方式对待自己的日常工作"②。

笔者发现对于模块一的教学内容,学生很容易理解,但笔者却花费较多的课堂时间进行讲解,而缺乏对教材内容的深度挖掘,以及学生对知识之间联系的探究。比如,让学生理解学前儿童游戏的特征仅仅局限在对教材内容的理解上,当追问为什么学前儿童游戏的特征是教材所罗列出的四点内容时,教材上并没有提到,笔者也没有对此内容进行深挖,这样就容易造成学生机械记忆。又如,在让学生理解学前儿童游戏的价值时,没有给出幼儿园游戏的案例,而是让学生自己列举案例进行讨论分析,这样会使学生难以深入理解知识,仅停留在肤浅层面。再如,对学前儿童游戏影响因素的讲解时,笔者虽然希望面面俱到,但对于这些因素如何影响学前儿童的游戏还是讲解得不够透彻,需要针对重点影响因素进一步扩充。

(三)考查学生课堂表现及作业完成

笔者观查学生的课堂学习表现,发现学生在学习模块一时,课堂学习态度认真,课堂纪律良好,能积极参与课堂讨论,全班一半左右的学生能够主动回答教师的提问。这都表明,学生能够认真学习本课程,积极配合笔者开展课程教学改革。

笔者批改学生作业时,发现学生分析论述较为肤浅,虽然引用了新

---

① 王娟. 试论教育行动研究中的反思[J]. 当代教育与文化,2009(3):59-62.
② 史静寰,肖玉荣,王阔. 在校本行动研究中提升教师、改进学校[J]. 基础教育课程,2005(3):7-12.

学习的理论观点，但是观点不明确、论证不充分，由此可推断学生对模块一的基本理论理解得不够深入，需要进一步思考揣摩。

二、考查模块二

按照模块二的考查思路与内容，笔者继续对模块二的教学行动进行考查。

（一）考查教学行动过程

笔者把模块二的教学计划与教学行动过程做对照，发现除教学目标4之外的其他教学目标通过相应的教学内容学习基本上都已实现，但是究竟学生掌握得如何，仅通过学生完成角色游戏、建构游戏、表演游戏、规则游戏方案的设计来考查，会过于片面，不能够全面考查学生是否已经掌握了有关幼儿园各类型游戏的理论知识，也不能反映教学目标的实现程度。教学目标4的落实需要在课堂教学中讲解分析各年龄阶段学前儿童游戏的特点与表现，以及不同年龄阶段学前儿童在不同类型游戏中的特点与表现，在此基础上才能根据学前儿童的年龄特征与身心发展水平开展适宜的游戏。而这部分内容教材上仅涉及各个年龄阶段角色游戏、建构游戏、表演游戏的特点与指导，论述也比较零散，更没有涉及各个年龄阶段规则游戏的特点与指导。再加之在教学过程中由于课时有限，这部分内容是学生课后自学的，下次上课时笔者只是让学生勾画重点并没有仔细讲解，这样就使教学目标4难以真正完成。

教学内容按照教学计划都涉及了，重点讲述了幼儿园创造性游戏中的角色游戏、建构游戏、表演游戏的内涵、特征、价值，以及教师如何开展游戏指导；幼儿园规则游戏中的健康领域、语言领域、社会领域、科学领域、艺术领域即幼儿园五大领域游戏的内涵、分类、设计与组织；各个年龄阶段角色游戏、建构游戏、表演游戏的特点与指导是学生课后自学的勾画重点。教学过程：学生先自主阅读教材，教师讲解提问；教师再提供讨论案例，学生讨论分析；最后教师总结提升，学生完成课后作业。由于模块二的教学内容相比模块一的纯理论教学，相对生动丰富得多，也与幼儿园的游戏实践联系密切，所以学生学习的兴趣较高，课堂教学氛围较活跃。学业评价与模块一相同。

（二）考查教师教学反思

笔者对自己的教学进行了反思，发现模块二的教学内容既有理论知识又有实践知识，涉及的知识内容虽然很庞杂，但与幼儿园游戏活动的实践紧密相连。有些知识是学习的重点但教材上的讲解方式却不易被学生理解，比如：如何将建构游戏技能传授给学前儿童？如何对学前儿童完成的建构作品进行评价？笔者也查找了相关资料，但没有合适的内容，所以在教学过程中，笔者也只能帮助学生总结梳理教材中的内容。笔者对教学内容中的重点难点进行了深挖拓展，查找了相关的课外学习资料帮助学生深入理解。比如，在讲授角色游戏、建构游戏、表演游戏的指导时，笔者就参考了5本教材中的内容，尽量使游戏指导的内容全面、准确。在帮助学生实现由理论知识转化为实践知识的过程中，笔者给学生提供幼儿园游戏指导的真实案例，让学生讨论分析教师应该如何介入指导；还引导学生设计角色游戏、建构游戏、表演游戏指导方案，以及规则游戏方案，给学生搭建起理论联系实践的桥梁，在教学过程中培养学生对学前儿童游戏的引导与支持能力。对于各年龄阶段角色游戏、建构游戏、表演游戏的特点与指导，笔者不应该放手让学生自学。上课时仅靠勾画重点而不进行仔细深入的讲解，是难以达成教学目标的。教师还是应该克服课时紧张的困难，或是调整内容或是给学生补课，以保证教学效果。在讲领域游戏时，笔者发现教材着重介绍的是每个领域游戏的分类，而缺少对每个领域游戏的概念界定与价值分析，对每个领域游戏的设计、组织讲解得很少，对每个领域游戏的指导则是一些不够明确的经验总结。笔者虽然发现了教材内容存在这些明显的不足，但是没有针对性地补充相关知识内容，需要在第二轮教学改革中改进此处的教学内容。

（三）考查学生课堂表现及作业完成

笔者观察学生的课堂学习表现以及批改学生作业时，发现学生在学习模块二时，积极主动性较学习模块一时提高了。由于模块二要学习理解的知识内容很多，学生在学习过程中常因为迷惑不解而向笔者提问，在完成作业时也出现了畏难情绪。这有可能是因为学生将理论知识转化成实践知识需要一个过程，而学生在相对短的时间内学习了大量的理论知识还没来得及吸收内化，就又让学生运用理论知识解决实践问题，很多学生一时很难做到,这从学生交上来的角色游戏指导方案就可以看出。同学们所完成的角色游戏指导方案大致按照笔者提供的框架照猫画虎地设计出来,但没有抓住指导角色游戏的关键点,细节问题也较多,尤其是语言表述很不专业。对此,笔者在批改每个小组的角色游戏指导方案时,把存在的共性问题与个别问题都记录下来,反馈给各个小组,让学生再次修改。当学生认真修改完成角色游戏指导方案后,再完成建构游戏指导方案、表演游戏指导方案就容易多了。

三、考查模块三

(一)考查教学行动过程

对模块三的教学行动进行考查,依然是从模块三的教学目标出发。模块三的教学目标主要指向培养学生对学前儿童游戏支持与引导的能力。这种能力以相关的基本理论为基础,所以先在教学中实现了游戏环境的创设、游戏材料的提供、游戏操作技能的培养、学前儿童游戏的观察、组织实施与评价的认知目标。在此基础上再培养学生对游戏环境创设、游戏设计、观察、组织实施与评价的能力,以及介入学前儿童游戏,进行有效指导的能力。要想使学生获得对学前儿童游戏支持与引导的能力,仅在课堂上开展相应的练习、让学生模拟组织开展规则游戏、编写创造性游戏指导方案还不够,需要让学生进入幼儿园观察学前儿童的游戏、教师对学前儿童游戏的指导,尝试对学前儿童的游戏进行指导与评价。但是现实情况是,笔者本想借助学校统一安排的见习周,让学生完成以上实践练习,但由于很多学生在见习幼儿园无法观察到学前儿童的游戏,以及教师对学前儿童游戏的指导,使相关的实践练习无法完成,也就没能完成模块三中的技能目标。这是模块三教学中存在的最大问题,在本轮教学改革中依旧没有突破,没能实现通过实践练习提升学生实践能力的教学目标。

教学内容按照教学进度计划都涉及了,重点讲解了学前儿童游戏观察的内容与方法、学前儿童游戏指导的内容与方法,并结合具体案例让学生进行讨论分析,为学生具备学前儿童游戏支持与引导的实践能力奠定了较坚实的理论基础,不足之处在于缺少为学生转化成实践能力的练习平台。教学方法以讲授法、实践教学法为主，重基本理论的讲解，并对如何观察、指导、评价幼儿园游戏活动进行案例讲解分析；对游戏的组织开展运用实践教学法，让学生对幼儿园规则游戏的组织开展进行模拟实践。

模块三的课后作业，除了每个学生课堂模拟组织开展规则游戏，其他作业都没能按照要求完成，以致模块三教学目标中的能力目标没有完成，必须在第二轮教学改革中想方设法改进。

（二）考查教师教学反思

笔者对模块三的基本理论讲解得比较到位，但留给学生实践练习的时间却相对较少，以致无法突出模块三偏重实践的教学目标。基本理论的讲解还需精简，否则将占用大量课堂教学时间，如学前儿童游戏环境创设、学前儿童游戏评价的基本理论就过多，尤其是游戏环境创设的相关内容很难在课堂上和幼儿园进行实践练习，这也是需要在第二轮教学改革中解决的。更不应该依赖学校统一组织的见习周让学生完成课堂上应该完成的实践练习，以致关于游戏支持与引导能力的教学目标难以落实，师生在见习周都很被动。学生游戏支持与引导能力的获得需要通过顺利完成实践作业来实现。所以，应围绕游戏支持与引导能力，以及本模块的教学内容更多地为学生设计实践练习的任务，通过完成学习任务来提高能力。

（三）考查学生课堂表现及作业完成

全班学生在学习模块三的理论知识时，能够做到认真听讲、做笔记、思考问题。大部分学生能够认真组织实施自己设计的规则游戏，准备了相应的玩具材料，真实地代入教师角色进行模拟实践。当学生完成后，笔者也就学生组织的游戏活动进行点评，也与学生进行交流，帮助学生确定自己设计的游戏目标、游戏过程、游戏规则等。应该说，学生通过这项实践，基本上掌握了如何组织开展一次规则游戏。对于游戏观察、组织实施、指导、评价的作业，由于学生在见习周没有能观察到，所以无法完成，也就无法通过作业来提高学生游戏观察、指导与评价的能力。

四、考查模块四

（一）考查教学行动过程

笔者把模块四的教学计划与教学行动过程做对照，发现模块四的认知层面的教学目标基本达成，学生能够掌握关于少数民族儿童民间游戏的概念、特征与价值，以及收集整理改编少数民族儿童民间游戏的原则与方法，并且能够对少数民族儿童民间游戏进行价值分析。模块四的技能层面教学目标，是让学生通过收集所熟悉的少数民族儿童民间游戏，并按照少数民族儿童民间游戏的名称、游戏过程、游戏规则对其进行整理，进而对收集到的少数民族儿童民间游戏进行改编，分析其现代教育价值。模块四情感层面的教学目标也基本实现，由于很多学生来自贵州少数民族地区，对自己儿时玩的少数民族儿童民间游戏相当熟悉。用现代学前儿童游戏的理论去分析这些传统的少数民族儿童民间游戏，能够激发学生的学习兴趣，学生在模块四的教学过程中学习积极性较高。教学内容按照计划是全部涉及了的，着重分析了贵州少数民族儿童民间游戏的现代教育价值。教学过程以先让学生阅读教材，再讲解提问，最后学生讨论，学生主要围绕如何改编少数民族儿童民间游戏，以及少数民族儿童民间游戏的现代教育价值。学生学业评价同前几个模块一样。

（二）考查教师教学反思

学生比较容易理解模块四的理论知识内容，这是因为很多学生从小就生活在贵州的少数民族地区，对学习儿时玩过的少数民族儿童民间游戏比较感兴趣。但是对于如何分析少数民族儿童民间游戏的现代教育价值时，学生会生搬硬套地把现代学前儿童游戏的教育价值赋予少数民族儿童民间传统游戏，而没有很深入地分析理解少数民族儿童民间游戏对儿童发展的真正价值。当然笔者在这方面的教学过程中有所欠缺，没有把自己对少数民族儿童民间游戏价值分析的案例，作为范例让学生理解，以至于学生在自己分析少数民族儿童民间游戏的现代教育价值时难以把握，所以在第二轮教学改革中要及时改正。还有就是要求学生对少数民族儿童民间游戏进行改编也陷入了教学误区，事实上很多少数民族儿童民间游戏是不需要改编的，原汁原味的少数民族儿童民间游戏更能体现出对学前儿童发展的价值，而笔者在教学过程中过于强调对少数民族儿童民间游戏的改编，使学生走入机械化改编少数民族儿童民间游戏的误区。很多学生在改编完之后也发现了很多少数民族儿童民间游戏被改得面目全非，改了并不好，有画蛇添足的嫌疑。这也反映出，笔者对少数民族儿童民间游戏认识理解的偏颇，在此方面的理论知识不够扎实，以致学生没有很好地掌握该部分理论知识，很难灵活运用知识，这在第二轮教学改革中要注意。

此外，笔者在教学反思时也发现学生在收集整理少数民族儿童民间游戏时具备的优势。他们对于从小玩着长大的少数民族儿童民间游戏，十分熟悉游戏中的语言动作、情节内容，也十分了解游戏的社会文化背景，能够顺利地把少数民族语言翻译成普通话，解释清楚游戏中语言动作的含义。例如，学生在作业里写了黔北地区苗族儿童游戏"柊兑"，学生不仅能够把游戏中的苗语翻译成普通话，而且能很清楚地分析该游戏中语言动作的内涵，在此基础上分析该游戏的现代教育价值。

（三）考查学生课堂表现及作业完成

学生在学习模块四的过程中，能够在课堂上认真听讲，回答问题，学习的积极主动性较高。从学生完成作业的情况来看，学生能够选择较合适的少数民族儿童民间游戏的案例，能够按照游戏的名称、过程、规则，叙述清楚该少数民族儿童民间游戏，但对其现代教育价值的分析还比较肤浅，没能进行深度挖掘；对于少数民族儿童民间游戏的改编也比较牵强，没能真正去掉少数民族儿童民间游戏的"糟粕"，传承少数民族儿童民间游戏的"精华"。可见，学生还需要加深对学前儿童游戏的理解，加深对少数民族儿童民间游戏及其社会文化背景知识的认识，以达到对少数民族儿童民间游戏的深刻认识，在此基础上再谈对其教育价值的分析及对其的改编。

第四节　反思

教育行动研究中的反思是对行动过程、结果的评价与总结，包括分析问题存在的原因，提出下一轮教育行动研究的解决策略。所以，当考查完所有的教学行动后，笔者需要再次反思教学行动以及考查得出的结论，并尝试提出需要在第二轮课程教学改革中解决的问题。

一、反思教学改革之前

（一）了解学生的学习准备

在第一轮课程教学改革之前，笔者没有去了解学生学习本课程的知识、技能、情感态度三方面的学习准备情况。这样就无法保证课程教学改革以学生的学习需要和兴趣出发，也难以落实以《幼儿园教师专业标准（试行）》的理念精神促进学生全面发展改革目标。

这是由于笔者在课程教学改革中更多的是思考教学目标、教学内容、教学实施、学生学业评价的相关问题，而忽视了与学生相关的问题，如学生对本课程的学习预期、学习需要、学习特点等。所以，在第二轮课程教学改革正式开始之前，笔者计划自编调查问卷，从学生已具备的知识、技能和情感态度，全面收集学生学习本课程的学习准备情况。这样既尊重了学生的主体性，保证了课程教学改革的质量，也可以为教学计划提供参考依据。

（二）使学生理解《幼儿园教师专业标准（试行）》

标准是本次课程教学改革的理论支撑，在本次课程教学改革中发挥着重要作用。而在第一轮课程教学改革时，笔者没有给学生详细介绍标准，也没有说明标准与本次课程教学改革的相关性，只是在讲课过程中时不时地提到标准。这样无法引起学生对标准的重视，以及理解它与本次课程教学改革的关系。

这是由于笔者最初认为标准的相关知识属于课程教学改革的背景知识，并不是直接与学前儿童游戏课程教学内容相关，感兴趣的学生可以课后自己了解，也就没有把其作为必讲内容占用课堂时间统一讲解。但是在第一轮课程教学改革中，笔者发现它可以起到指引学生明确学习目标、理解学习内容的作用，还是应该给学生讲解清楚。所以，在第二轮课程教学改革学习学前儿童游戏的知识内容之前，先给学生讲解标准与学前儿童游戏课程之间的关系，以及它在本次课程教学改革中的作用，以帮助学生认真学习标准，使学生明确本次课程教学改革的指导思想和改革方向。

（三）使学生明确教学目标

教师都十分清楚教育目标以及每节课具体教学目标在课堂教学中的重要作用。教师明确教学的方向，学生明确学习的方向；教师监控调节自己的课堂，评价课堂教学的效果等。很有必要让学生了解这门课程的教育目标以及每节课具体的教学目标，以目标为师生教与学的导向，共同努力的方向。

而第一轮课程教学改革时，笔者没有给学生明确学前儿童游戏课程教学改革的总目标，也没有在每节课讲课之前给学生明确具体的教学目标。这是由于笔者在讲课之前没有明确教学目标的教学习惯，还有就是在教材中已经罗列出了每章节的学习目标，笔者让学生自己浏览，就没有强调其重要性，难以引起学生的重视。所以，在第二轮课程教学改革时，应该在课程教学改革之前让学生明确本次课程教学改革的总目标，在学习每个模块之前先让学生明确各个模块的教学目标，在每节课讲课之前明确当堂课的具体教学目标，以使学生明确学习目标和努力方向。

二、反思教学改革的过程

（一）变革课堂教学模式

在第一轮课程教学改革中，笔者虽然综合运用了讨论法、案例教学法、实践教学法，但是教师讲得多，学生表达得少的局面仍旧没有改变，课堂教学气氛较沉闷；学生虽然按照课堂教学要求参与了课堂讨论、案例分析、模拟实践，但是学习的积极性、主动性没有充分发挥出来。

这是由于多年来教师与学生都已经习惯了以教师为主导，学生跟着走的课堂教学模式。即便运用了发挥学生积极性、主动性的讨论法、案例教学法、实践教学法，都很难在以教师为中心的课堂教学模式下发挥作用。所以，本次课程教学改革要打破这种教与学的惯性，彻底变革课堂教学模式，在第二轮课程教学改革中大胆吸收借鉴诸如慕课、微课、翻转课堂、对分课堂的新兴课堂教学理念，提出适合学前儿童游戏课程的课堂教学模式。

（二）提升课堂教学质量

在第一轮课程教学改革中，教学内容基本上以教材为主，但是笔者也补充了用于课堂讨论的幼儿园案例，及教材之外的理论知识；设计了把理论知识转化为实践能力的练习题，创造了让学生模拟练习的机会。当然其中存在着较多的问题，如课堂上花费较多的时间让学生熟悉教材内容；补充的理论知识以介绍为主，学生无法对其进行深入思考；课堂教学的内容较多，很多知识仅是点到为止、匆匆讲解，不利于学生对知识的吸收内化；笔者对知识之间的内在联系，以及课内与课外知识、理论与实践知识的联系把握还不到位，讲解也缺乏深度，以致学生理解困难。

这是由于笔者的教学能力水平有限，专业知识与能力还需提升，对包括教材、补充知识、幼儿园实践案例在内的教学内容还不能完全驾驭。再加上，笔者缺少对课程教学内容的取舍、重难点的突出、课堂教学的监控调节等教学技能和教学智慧；还缺乏给学生营造出积极主动学习、认真思考、大胆发言探索的课堂教学氛围的能力。所以，在第二轮课程教学改革中，笔者要努力提升自己的教学能力，尽可能安排好课堂教学的时间，突出教学的重难点，为学生创造善思乐学的课堂教学氛围。比如，对于教材上容易理解的知识技能，课堂上不再花时间讲解，最好让学生在课前自学完成；课堂上应着重对学前儿童游戏的知识技能进行拓展和深挖，利用教师的深度讲解与学生的充分讨论，加深学生对知识技能的理解与运用。如此变革对教师的教学能力和学生的学习主动性都提出了较高要求，同时对教师和学生也是一次课堂教学变革的挑战。

（三）获得外部条件支持

在第一轮课程教学改革中，为了让学生具备游戏的支持引导能力，需要借助幼儿园为学生搭建实践练习的平台。这不仅是因为校内教学条件的限制，还是因为本课程教学内容的特殊性，必须要学生到幼儿园完成一定的学习任务。比如对学前儿童游戏的观察、评价，对游戏的指导等，需要幼儿园为学生培养游戏的支持与引导能力提供适宜的机会条件。

当笔者讲授完模块三教学内容的理论部分时，恰好学校统一安排学生去幼儿园见习一周,笔者就为学生准备好观察提纲,让学生利用见习周去完成对学前儿童游戏的观察、评价,以及教师对学前儿童游戏的指导。然而让笔者和学生预料之外的是,在见习周有的幼儿园给学生分配了手工制作的任务,让学生协助教师完成幼儿园环境创设,这虽然为模块三游戏环境的创设提供了实践的机会,但这些学生却没有机会利用见习周完成游戏观察的学习任务。有的幼儿园为了迎接上级的评估检查,每天训练幼儿的一日生活常规,几乎占用了幼儿的游戏时间,这部分学生在见习周也根本无法观察到幼儿园游戏开展的现实情况。仅有少部分学生能够在幼儿园开展游戏观察,顺利完成游戏观察的作业,在做作业的过程中提高自己的能力。

所以,在第二轮课程教学改革中,笔者计划采用课程见习的方式,自己联系实习基地幼儿园,确定课程见习的具体时间、内容,以及需要从幼儿园获得的支持与帮助等,以保证每个学生在幼儿园见习中能进行有效地游戏观察,完成相应的实践练习。

三、反思教学改革之后

(一)完善学生学业评价

在第一轮课程教学改革时,笔者按照标准的理念,以过程性评价为主,从学生掌握学前儿童游戏的知识与能力来对学生进行学业评价。但是,对学生的学业评价缺乏全面性,表现在仅从学生课堂上回答问题的次数与正确性、完成作业的次数与质量、模拟实践中的综合表现和学期末的课程论文去评价学生在学习本课程的学业水平这种评价体系有失偏颇;对学生的学业评价缺乏客观性,表现在没有制定或是采用已有的评价学生学业水平的具体评价标准,笔者对学生的学业评价带有强烈的主观性。比如,如何评判学生完成作业的质量?如何衡量学生在课堂学习中的积极主动程度?缺少学生期末论文的评分标准。这些都是在学生学业评价中存在的明显缺陷。同时,笔者也没有保留好学生每次完成的作业,批改完就发给学生修改,到学期末就很难再收回做整理分析。所以,在第三环节考查学生作业完成情况时就只能凭印象,很多当时处理作业时的有效信息就缺失了,以致从学生作业完成情况这个角度来考查教学行动就不够准确，从学生完成作业情况这个角度去评价学生的学业水平也不够准确。

这是由于在传统课堂教学中，教师关注的是如何教学生，以实现教学目标。对学生的学业评价就是考试，一般是笔答试卷。很多教师在学生评价方面思考和实践得很少，都是以单元测验、期末考试为评价工具。笔者也深受这种传统评价观念的影响。所以，在第一轮课程教学改革学生学业评价方面的改革力度不大。而在第二轮课程教学改革时，笔者继续坚持标准的理念，采用过程性评价方法，尽可能克服在第一轮课程教学改革学生学业评价方面的问题，做到全面客观地评价学生的学业水平。笔者设想为每个学生建立学习本课程的档案袋，全面真实地记录学生在本课程学习过程中的收获与进步。此外，为了减少笔者主观臆断的干扰，增加包括学生自己和小组成员在内的评价主体。学生对自我学习过程的评价以及学生之间的互评也需要放入档案袋，到了学期末，档案袋中所有的文字、图片等材料就是评价学生的证据，以及结合相对准确的评价标准，给出学生本课程的成绩。

（二）充分收集教学行动的资料

在第一轮课程教学改革行动研究的考查环节，笔者只能把教学计划与教学过程进行对照，对自己的教学进行反思，对学生的课程表现和作业完成情况凭整体印象进行评估。并没有准确地记录学生每节课的课堂表现和每次作业的完成情况，也没有对学生进行正式访谈来了解学生对课堂教学的反馈。这就无法为教育行动研究的考查环节提供充分的资料，也就不能全面客观地对整个教学行动的过程和结果进行考查。

这是由于笔者对教育行动研究中的考查环节认识不到位，尤其是缺乏对独立模式的教育行动研究中的考查，而相关的研究资料又有限，需要笔者自己进行摸索。所以，在考查环节，笔者才发现很多考查所需的资料都没有收集到。比如，没有记录课堂教学的情况，没有记录学生每次作业完成的情况，没有对学生开展正式访谈，没有写教学反思日志等。这就使很多考查所需的第一手资料落空，直接影响第一轮课程教学改革行动研究的考查质量。所以，在第二轮课程教学改革行动研究之前，笔者又继续查找了独立模式教育行动研究的资料，尽可能正确地理解并实施教育行动研究的考查环节。笔者根据教育行动研究独立模式的特点，即笔者既是行动者又是研究者。只能用观察法来观察学生的课堂行为表现，用访谈法来访谈学生对教学的反馈，并不能直接观察自己的课堂教学行为表现和访谈自己。所以，笔者决定采用日志法来记录自己的课堂教学行为表现、自己的教学反思；同时，记录学生的课堂表现情况与作业完成情况。具体包括：学生回答问题、参与讨论、课堂学习状态，作业完成的优劣、存在的共性问题等。此外，同时使用问卷法和访谈法，围绕课堂教学的效果、教师的教学质量、学生学习的情况，提前编制问卷与访谈提纲，定期对学生进行问卷调查与开展正式访谈，以收集来自学生的反馈与评价。

第四章 学前儿童游戏课程教学改革第二轮行动研究

第一节 计划

一、对第二轮教学改革的总计划

根据第一轮教学改革的反思总结,在第二轮教学改革中依然是围绕教学目标、教学内容、课堂教学实施与学生学业评价四个方面进行计划。第二轮教学改革的重点主要是在课堂教学实施、学生学业评价方面发生新变化,而教学目标基本不变,教学内容在模块二的规则游戏方面做了调整,在模块四的少数民族儿童民间游戏应用方面增加了内容。

(一)教学目标

经过对第一轮教学改革的实践与反思,笔者认为第一轮课程教学改革所制定的学前儿童游戏课程的教学目标符合我校学前教育专业人才培养的目标,而且也充分体现了《幼儿教师专业标准(试行)》对于幼儿园教师游戏支持与引导能力的要求,所以在第二轮教学改革中总的教学目标不变,但具体模块的教学目标做了调整,见下文对具体模块教学目标的论述。

(二)教学内容

教学内容的变化体现在模块一中增加了幼儿园游戏活动与教学活动的关系。这样能够帮助学生辨析当前幼儿园游戏形式的教育活动,理解游戏在幼儿园的真实存在状态,在幼儿园活动中怎样做到"玩中学,玩中教",贯彻以游戏为幼儿园的基本活动,践行标准的精神。模块二中的规则游戏不再讲解五大领域游戏,而是针对幼儿园规则游戏的实践,选择其中有代表性的体育游戏、智力游戏、美术音乐游戏,来讲解其内涵、特点、价值、指导。因为在第一轮教学改革中是用领域游戏来讲解幼儿园规则游戏,而教材中的领域游戏偏重于幼儿园的教学性游戏,是通过游戏的手段进行教学,并不能让学生很好地理解幼儿园规则游戏的本质内涵与真正价值,所以在第二轮教学改革中笔者重新筛选了幼儿园的规则游戏。模块三的教学内容保持不变,但增加了去幼儿园现场教学、实践教学的内容,进一步突出模块三的实践性目标与内容。模块四增加贵州少数民族儿童民间游戏在幼儿园活动中的应用,包括在幼儿园晨间活动、教学活动、区域活动、户外活动等一日生活中的应用,有利于学生全面学习贵州少数民族儿童民间游戏与幼儿园教育活动相结合的理论与实践。

(三)课堂教学实施

课堂教学实施的变化是第二轮教学改革的重点,通过变革课堂教学模式彻底改变教师教学过程和学生学习状态,提高教师的教学水平,激发学生的学习主动性,解决在第一轮教学改革中出现的问题。课堂教学实施变革的思路是借鉴"翻转课堂""对分课堂"等高校课堂教学的理念,在此基础上形成适宜于新建地方本科院校的课堂教学模式。

(四)学生学业评价

学生学业评价的变化体现在按照过程性评价的理念要求,学生在课程教学改革过程中建立自己的课程学习档案袋,可以放入学生的读书笔记、案例分析、课程见习报告、游戏设计方案等各种文字与图片资料,全方位、全过程地记录学生在教学改革过程中的表现与收获。

二、变革课堂教学过程的理论与构想

本轮教学改革的重点就在于彻底变革课堂教学的过程,所以笔者查阅了关于大学课堂教学改革的大量文献资料,决定借鉴近年来课堂变革的热点,即翻转课堂、对分课堂的课堂教学理念,来变革本次教学改革的课堂教学方法,实施课堂教学。

(一)"翻转课堂"的相关理论

1. 翻转课堂的发展历程①

国外有关翻转课堂的实践始于 1990 年哈佛大学埃里克·马祖尔教授创立的同侪互助教学，提出学习的步骤包括知识传递与吸收内化；2000 年美国迈阿密大学莫里·拉吉和格兰介绍"翻转"课堂；2007 年美国林地公园高中两位化学老师纳森·伯尔曼和亚伦·萨姆斯成功实践翻转学习，翻转课堂的教学理念逐渐清晰并在美国中小学广为传播；2012 年伯尔曼与萨姆斯成立非营利性组织（FLN）帮助教师提升成功实施翻转课堂的知识与技能，同时提供相关资源。在该组织成立的一年间，成员就由 2500 人增加到 11 000 多人，可见教育者对翻转课堂的实践热情。在此过程中，全球名校视频公开课、可汗学院微视频等，均成为翻转课堂发展的一股推动力。

国内有关翻转课堂的实践开始于 2011 年重庆市江津聚奎中学对适合本校的翻转课堂基本模式的探讨；再到近期备受关注的山东省潍坊昌乐一中课堂全翻转；2013 年 9 月 "C20 慕课联盟"（C 即 China，中国；20 即 20 余所国内知名高中/初中/小学）的组建，翻转课堂亦成为国内教育信息化的热点。

2. 翻转课堂的实践内涵

美国富兰克林学院的 Robert Talbert 教授提出的以课前、课中为分界的翻转课堂的学习结构最为经典，课前学生观看教师讲课视频，完成针对性的练习；课中包括快速少量的测评、解决问题促进学习、情况简述/反馈。②翻转课堂将知识学习过程中的知识传授与知识内化两个阶段颠倒过来，教学流程的逆序创新带来了知识传授的提前和知识内化的变化。课前，学生通过微课（以教学视频为技术表现形态）等自主学习材料完成"先学"，课堂上和教师一起完成问题研讨，解决了传统教学中学生克服学习重点难点时教师往往不在现场的问题，即分解了知识内化的难度，增加了知识内化的次数，促进了学生的知识获得。③

---

① 祝智庭. 翻转课堂国内应用实践与反思[J]. 电化教育研究，2015（6）：66-71.
② Robert Talbert.Inverting the Linear Algebra Classroom[EB/OL]. [2014-08-01]. http://prezi.com/dz0rbkpy6tam/inverting-the-linear-algebra-classroom.
③ 赵兴龙. 翻转教学的先进性与局限性[J]. 中国教育学刊，2013（4）：65-68.

3. 翻转课堂的实践模式

中观视角下的翻转课堂，根据学习场所的不同，呈现出两种翻转模式：以课前、课中为分界的家校翻转及校内翻转。家校翻转即课前由学生在家学习，完成知识传授，再参与课堂学习活动；此时要求学生回家后仍具备"先学"的技术环境；校内翻转即根据课时安排在校内完成知识传授与知识内化两个阶段，此时"先学"的技术环境由学校保障。对不同学习阶段教与学活动的统计发现，课前活动包括自学教材、微视频/多媒体电子教材、学案助学、课前检测、使用学习平台提出问题等问题诱发的过程。事实上，无论是学案助学还是微视频导学，它们都是以教材内容为中心，都是引导学习者深读教材的一种手段。[1]课内活动聚焦问题解决过程，包括互动质疑、反馈讲评、合作纠错、话题分享等。其中，高中阶段的课堂活动贯穿解题思路与核心知识点，初中、小学阶段则重在对知识要点的理解与掌握。

微观视角下的课内翻转即在一个课时的课堂教学中进行翻转。前半节课由学生借助微视频、学案等自定进度完成学习，并整理学习收获，提出学习困惑；后半节课则通过自主探究、协作讨论、展示交流、巩固练习等活动完成师生交互、问题解决。

（二）"对分课堂"的相关理论[2]

1. 对分课堂提出的缘由

大学教学效果不佳，课堂教学质量低，学生学习动机下降、自律能力不够，青年教师讲课能力不足。学生可以通过网络和教科书等多元渠道获取知识，课堂讲授的吸引力就会大大降低，幽默、风趣、表演性强的讲课风格才能吸引学生。但是，大学教育的主要目标在于对学生思维能力和探索精神的培养。传统课堂教学中教师单向灌输，学生被动跟随，不能主动参与知识构建、尝试问题解决，思维能力和探索精神的培养无法落到实处。

---

[1] 龙宝新，孙峰. 翻转课堂与高效课堂间的异同与整合[J]. 电化教育研究，2014（12）：93-98，120.

[2] 张学新. 对分课堂：大学课堂教学改革的新探索[J]. 复旦教育论坛，2014（5）：5-10.

2. 对分课堂的实践内涵

对分课堂的核心理念是把一半课堂时间分配给教师进行讲授，另一半时间分配给学生以讨论的形式进行交互式学习。类似传统课堂，对分课堂强调先教后学，教师讲授在先，学生学习在后。类似讨论式课堂，对分课堂强调生生、师生互动，鼓励自主性学习。对分课堂的关键创新在于把讲授和讨论时间错开，让学生在课后有一周时间自主安排学习，进行个性化的内化吸收。此外，在考核方法上，对分课堂强调过程性评价，并关注不同的学习需求，让学生能够根据其个人的学习目标确定对课程的投入。对分课堂把教学分为在时间上清晰分离的三个过程，分别为讲授、内化吸收和讨论，因此对分课堂也可简称为 PAD 课堂。

3. 对分课堂的合理性

①增强学生学习主动性，学生要带着作业参加讨论，营造良性竞争的氛围，课下学习会更认真、主动。作业计分，优秀作业得到展示，能促使学生把学习成果外化为高质量的作业。课下学习目标明确，但何时学、学多少、如何学，学生自己安排，自主性强。②减轻教师负担，在对分课堂上，教师只需把握精要，备课量显著减少。讲授时间短，减少了纯粹为吸引眼球的"表演性"教学。分组讨论时，教师在各组间巡回督促但并不介入讨论。作业批改只需粗略分级，简单反馈。③增加生生、师生互动交流，对分课堂把互动交流放到课堂上，学生带着问题来，相互协作共同解答，可以锻炼学生的表达能力，学会借鉴他视角，互相启发、促进，深化理解。④提升考评准确度，把考核分为四个部分，强调平时成绩和多元评价。

（三）对本轮教学改革的启示

由以上翻转课堂、对分课堂的基本理论可以看出，二者共同强调的内容，正是本轮教学改革需要吸收借鉴之处。

1. 肯定学生主体性

强调学生是学习的主体，充分发挥学生在学习过程中的积极性、主动性。如在翻转课堂中，课前学生需要独立完成自学的内容，才能参与到课堂的学习活动中，包括互动质疑、反馈讲评、合作纠错、话题分享等；课堂上需要和老师、同学一起展开讨论、研习，以解决问题。如在对分课堂中，要求学生利用课堂讲授后的一周时间，内化吸收讲授的知识内容，并在接下来的课堂上完成讨论、作业。这些都需要学生在学习过程中有充分的"心力"投入，学生也从被动的知识接收者转变为协作、探究活动的主动参与者，最大限度地激发了学生的学习积极性和主动性，使"以生为本"的教育理念得到充分彰显。

2. 转变教师角色

在翻转课堂"先学后教"的教学中，教师不再是在课堂时间内把整节课内容按教学进度全部讲完，而是通过学案、微视频、课前检测等帮助学生"先学"，引入课堂学习后留给学生更多的思考、发问和讨论时间。在对分课堂中教师相对减轻了教学负担，由大量的课堂知识传授、灌输，转变为对精要知识的讲解、引导。教师的教学负担减轻了，主要是减少了课堂知识的传授负担，但教师仍需要提供丰富的学习资料，与学生一起讨论研习、答疑解惑、评价学生学业水平等，实则是对教师提出了更大的挑战。这样，教师从单纯的知识传授者转变为导学者、助学者、促学者。具体来说，教师需要提供有启发性问题的学案、学习任务单，开发优质的微课、在线检测平台等供学生自主学习的支架，以帮助学生提前学习知识；解难答疑、个性指导，关注学生认知、情感等方面的发展。

3. 颠覆课堂教学流程

课堂教学流程不是一成不变的，可以由"先教后学"转变为"先学后教"，实现了教学流程的逆序创新。学生在课前通过微课等自主学习材料完成"先学"，完成了知识传递的过程。这样教师在课堂上就不再考虑如何传递知识，而是针对学习中的重点难点，帮助学生吸收内化知识，由浅表学习转化为深度学习。具体来说，通过"学、测、研"三个环节，学习者在学习重点难点时，能够得到教师的指导和帮助，顺畅地将每节课上的知识技能进行内化，不断重组、修改和优化自己的认知结构。

4. 过程性评价理念

强调对学生的学业水平进行过程性评价，关注学生学习本课程的全过程，不仅仅以期中、期末成绩评价学生。平时的作业、读书笔记、汇报展示、开卷考试、闭卷考试等多元评价贯穿于学习过程。这方面在对分课堂中体现得较为充分。

（四）本轮教学改革的课堂教学过程

综合考虑翻转课堂、对分课堂教学流程的各自特点，以及本门课程的特点，决定借鉴翻转课堂的先学理念，借鉴对分课堂的讨论、学生学业评定，把课堂教学过程拟定为：自学→回顾→讲授→讨论→总结。即在课前需要学生的自学，课堂中需要积极参与讨论，课后主动内化吸收。这样既能保证在有限的课堂教学时间内，提升教学质量、完成教学目标，又能保证学生的学习效果，在不增加学生学习负担的前提下，使学生充分利用课堂时间、课下时间对本课程展开研习。本次教学改革中的课堂教学流程如图 4-1 所示。

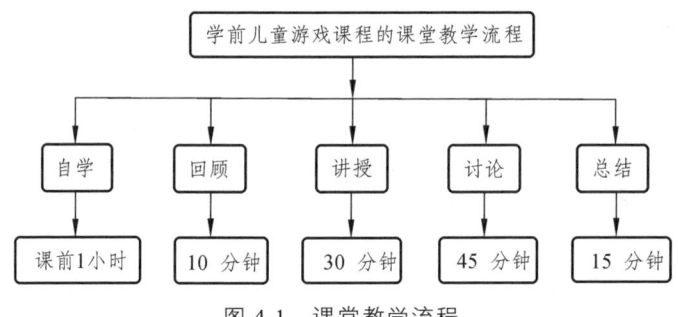

图 4-1　课堂教学流程

1. 自学环节

按照翻转课堂的要求，学生需要学习教师在课前录制的微视频等学习资源，并完成针对性的练习。但是，考虑到本校学生学习的实际情况（大多数学生家庭经济条件较差，课余时间需要勤工助学），以及本课程教学内容的特点（课程知识较容易理解，更多的是需要模拟实践），没有录制微视频资源，而是要求学生在上课前利用 1 小时左右的时间预习教科书上的内容。这样就不再占用课堂时间熟悉教科书所提供的知识，也能够对课堂上所学的内容有初步的理解，最大限度地保障课堂讲授、讨论的效果，完成对所学知识的第一次吸收内化。

2. 回顾环节

回顾环节的设置主要是去掉课堂的导入，直接开门见山地进入教学内容。学生利用刚上课的 10 分钟时间回忆、梳理课前自学的教材内容，并在笔记本上概括性地写出已经明晰的教材内容,以及 2 个以上的疑惑,在接下来的教师讲授、师生讨论中逐步解决。

3. 讲授环节

按照对分课堂的要求,以及充分吸取"讲授法"的优点,教师需要在 30 分钟内完成框架讲授、重点难点分析、学习任务布置等内容。由于教师讲授的时间较短,学生能够集中注意力认真听讲,保证了听课的效果,同时也完成了对所学知识的再次吸收内化。

4. 讨论环节

在讲授完成后的 45 分钟,学生需要按照提前分好的合作学习小组展开讨论。按照翻转课堂和对分课堂的要求,在此环节师生协作讨论、互动质疑、合作学习、解决问题,学生能够克服教学中的重点难点,深化对知识的理解,优化认知结构,进而完成相应的课后作业。通过此环节,学生基本已经完成对所学知识的吸收内化。

5. 总结环节

在翻转课堂和对分课堂中,都没有明确要求对每节课进行总结。但是为了保证课堂教学质量,还是需要再次强调本次授课的知识要点,以及课堂讨论的主要问题、已经解决的问题、开始思考但尚未解决的问题、拟解决问题可能的解决思路等。总结分两步进行,共需要 15 分钟,先由学生围绕自己的学习情况做出本节课的自我小结,再由教师针对全班情况做出全面的总结。

三、各个教学模块计划的变化

模块一"学前儿童游戏的基本理论"的教学内容增加了结合当前学前儿童游戏研究的热点问题,即幼儿园游戏与教学之间的关系、幼儿园课程游戏化等,以达到使学生理解幼儿园游戏活动与教学活动相互整合的教学目标,其余的教学目标、教学内容与第一轮教学改革中模块一的计划一致。

模块二"幼儿园各类型游戏的理论"中规则游戏的教学内容变成体育游戏、智力游戏与音乐美术游戏,相应的教学目标也要变化,使学生掌握幼儿园规则游戏中体育游戏、智力游戏、音乐美术游戏的内涵、分类、设计与组织。这样有利于学生区分幼儿园创造性游戏与规则游戏的同时,不会混淆幼儿园规则游戏与教学性游戏,其余的教学目标、教学内容与第一轮教学改革中模块二的计划一致。

模块三"幼儿园各类型游戏的实践"与第一轮教学改革中的教学目标、教学内容基本相同,但是加大了实践教学、课程见习的比重,具体增加了建构游戏技能技巧的训练、模拟实践表演游戏、完成学前儿童游戏的观察记录、小组汇报幼儿园游戏环境创设、模拟组织开展幼儿园规则游戏,通过以上实训项目确保学生获得各项实践技能,提升学生对幼儿游戏的支持与引导能力。

模块四"少数民族儿童民间游戏的实践探索"中增加了贵州少数民族儿童民间游戏在幼儿园活动中的应用,包括在幼儿园晨间活动、教学活动、区域活动、户外活动中的应用,在每种活动中列举了贵州少数民族儿童民间游戏的应用案例,让学生全面学习贵州少数民族儿童民间游戏与幼儿园教育活动相结合的理论与实践。教学目标相应地也要增加,让学生掌握将少数民族儿童民间游戏案例应用于幼儿园晨间活动、区域活动、户外活动的理论知识,编写应用于幼儿园活动的方案。

四、第二轮教学改革的进度计划

第二轮学前儿童游戏课程教学改革是在 2017 年 8 月底到 2018 年 1 月初期间进行的,教学对象是正在读大学三年级的 2015 级学前教育专业的本科生,教材选用柳阳辉 2017 年编著出版的《新编学前儿童游戏》。按照本校学前教育专业人才培养方案的要求,学前儿童游戏课程每周 3 课时,一学期 18 周,共计 54 课时,学生修完可得 3 学分。那么按照课程教学改革前的计划,需要给每个模块的教学内容合理地分配课时,以制订出第二轮教学改革的教学进度计划(见表 4-1)。

表 4-1　第二轮学前儿童游戏课程教学改革的教学进度计划

周次	月日	教学内容(章节课)
1	8.29 8.30	CH1 学前儿童游戏基本理论 S1 学前儿童游戏的概念 S2 学前儿童游戏的价值 S3 学前儿童游戏的分类 S4 学前儿童游戏的影响因素

续表

周次	月日	教学内容（章节课）
2	9.5	CH2 角色游戏 S1 角色游戏的内涵、价值 S2 角色游戏的特点、构成
3	9.12 9.13	S3 角色游戏的生成 S4 角色游戏的组织与指导
4	9.19	CH3 建构游戏 S1 建构游戏的内涵、价值 S2 建构游戏的特点、分类、建构技巧
5	9.26 9.27	S3 建构游戏的生成 S4 建构游戏的组织与指导
6	10.3	CH4 表演游戏 S1 表演游戏的内涵、分类 S2 表演游戏特点、价值
7	10.10 10.11	S3 表演游戏的生成 S4 表演游戏的组织与指导
8	10.17	CH5 智力游戏 S1 智力游戏的内涵、分类 S2 智力游戏的特点、价值
9	10.24 10.25	S3 智力游戏的组织实施 CH6 体育游戏 S1 体育游戏的内涵、分类 S2 体育游戏的特点、价值 S3 体育游戏的组织实施
10	10.31	CH7 音乐游戏 S1 音乐游戏的内涵、分类 S2 音乐游戏的特点、价值 S3 音乐游戏的组织实施
11	11.7 11.8	CH8 幼儿园游戏环境创设 S1 幼儿园室内游戏环境创设 S2 幼儿园户外游戏环境创设
12	11.14	CH9 学前儿童游戏的观察与指导 S1 学前儿童游戏观察的内容 S2 学前儿童游戏观察的方法
13	11.21 11.22	S3 学前儿童游戏指导的内容 S4 学前儿童游戏指导的策略
14	11.28	CH10 幼儿园游戏活动的组织实施

续表

周次	月日	教学内容（章节课）
15	12.5 12.6	CH11 学前儿童游戏评价 S1 学前儿童游戏评价的意义、内容、方法 S2 学前儿童游戏评价的案例分析 CH12 少数民族儿童民间游戏的理论与实践 S1 少数民族儿童民间游戏的内涵、价值、分类、特点
16	12.12	S2 少数民族儿童民间游戏收集、整理、改编
17	12.19 12.20	S3 少数民族儿童民间游戏在幼儿园的应用
18	12.26	机动周：对四个教学模块查漏补缺
19	1.3 1.4	全面复习 课程考查

第二节 行动

一、讲授前的准备

（一）讲解教学改革的背景知识

在正式讲课开始之前，笔者把本次教学改革的相关背景知识，以课件的方式给学生讲解说明，具体包括本次教学改革的理论支撑《幼儿园教师专业标准（试行）》，本次教学改革的总目标、教学内容、课堂教学的流程以及学生评价的内容与方法。这样可以让学生大致了解本次教学改革的相关情况，以及明确自己在教学改革中需要完成的学习任务和达成的学习目标。在课堂教学流程的讲解中，笔者对学生在课前、课后、课堂上均提出了具体的学习要求，使学生能够明确在课前课后以及在课堂教学的各个环节，究竟应该做些什么以及做的具体要求，而不是像过去那样仅仅听讲做笔记就可以。比如，在自学环节，需要在阅读教材的基础上基本理解教材内容，并完成自学笔记；在回顾环节，需要快速浏览之前自学的教材内容，再次阅读难于理解的知识内容，提出至少 2 个问题；在讲授环节，认真听讲专心笔记；在讨论环节，需要完成教师设置的讨论问题，小组成员之间相互解答疑问，向老师提问，并记录讨论问题的答案；在总结环节，积极发言，记下答案的关键内容。

（二）了解学生学习准备情况

在介绍完本轮教学改革的相关背景知识后，笔者用自编问卷调查了学生学习本课程之前的学习准备情况。这是因为在笔者反思第一轮教学改革时，才意识到应该在教学改革之前先了解学生对于学习学前儿童游戏已经具备的知识、技能和情感态度。这样能够了解学生学习本课程的起点，利于笔者把握学生最初的学习基础、学习动机以及学生学习本课程的期望，从而在今后的教学过程中有所侧重。所以，笔者就围绕学前儿童游戏课程的特点与内容，按照知识、技能和情感态度三个维度来编制问卷，调查学生学习本课程的知识、技能、情感态度的准备情况。

1. 编制问卷

学前教育专业学生学习学前儿童游戏课程前的学习准备问卷，一共包括 8 道问题，其中第 1~3 题是了解学生学习本课程的情感态度，第 4 题是了解学生已具备的游戏技能，第 5~7 题是了解学生已具备的游戏知识，第 8 题是一个开放性的问题，了解学生的学习预期，具体见表 4-2。

2. 调查结果与分析

在第二轮教学改革中，笔者运用此问卷在学期初，即 2017 年 8 月 29 日，调查了 2015 级学前教育本科班的全体学生，了解了该班学生在学习本课程之前的学习准备状态。具体情况如下所述：该班有 48 人，47 人填写了该问卷，1 人请假。其中，少数民族学生 37 人，36 人来自贵州省内，1 人来自内蒙古自治区；汉族学生 10 人，5 人来自贵州省内，5 人来自贵州省外；女生 41 人，男生 6 人，男生都来自贵州省内，且都是少数民族。

第一个问题：你对这门课的兴趣？全班没有学生选择无兴趣，74.5%的学生选择了有一些兴趣，21.3%的学生选择了有浓厚兴趣，仅有 4.2%的学生，也就是 2 人选择了不知道自己对该课程是否有兴趣。第二个问题：你想学这门课吗？全班没有学生选择不愿意，51.1%的学生选择了一般想学，42.6%的学生选择了很想学，6.3%的学生，也就是 3 人选择了不知道自己是否想学本课程。第三个问题：你愿意用功学这门课吗？全班没有学生选择不愿意，85.1%的学生选择愿意，8.5%的学生选择很愿意，6.4%的学生，也就是 3 人选择不知道。从以上第 1~3 题学生回答的情况来看，该班学生对学习本课程的兴趣程度、学习本课程的主动性程度，以及在今后学习过程中的努力程度，基本上处于中等水平。

表 4-2　学前教育专业学生学习学前儿童游戏课程前的学习准备问卷

亲爱的同学，你好：

本问卷仅用于了解你在学习学前儿童游戏课程之前的学习准备情况，不会对你造成任何不良影响，请放心如实填写，在符合自己情况的选项上打钩，并在空白处回答问题。

性别_____　　民族_____

1. 你对这门课的兴趣？
　　A. 无　　　B. 有一些　　C. 浓厚　　　D. 不知道
2. 你想学这门课吗？
　　A. 不想　　B. 一般　　　C. 很想　　　D. 不知道
3. 你愿意用功学这门课吗？
　　A. 不愿意　B. 愿意　　　C. 很愿意　　D. 不知道
4. 选择你会玩的游戏。
　　A. 搭积木　B. 棋类游戏　C. 表演儿童故事　D. 音乐舞蹈游戏
5. 对于儿童游戏你知道哪些？

6. 你知道幼儿园为什么以游戏为基本活动吗？说说理由。

7. 游戏对学前儿童的重要意义，你知道吗？说说有哪些。

8. 你希望通过这门课学到哪些知识，获得哪些技能？

第四个问题：选择你会玩的游戏。该题目是一个多项选择题，在于了解全班学生之前掌握的一些幼儿游戏的技能。全班有 36 人选择了搭积木，27 人选择了表演儿童故事，27 人选了音乐舞蹈游戏，26 人选择了棋类游戏。从学生的回答情况来看，该班学生具备一些幼儿园游戏活动组织开展的技能，可以在今后的学习过程中在此基础上深入拓展。

第五个问题：对于儿童游戏你知道哪些？这道题目属于开放性问题，根据学生的填写，笔者发现学生的回答主要围绕两个方面：一是写出了自己儿时所熟悉的游戏，如老鹰捉小鸡、丢手绢、跳房子、捉迷藏等；二是根据自己去幼儿园见习的经历写出了幼儿园的区角游戏，如角色扮演游戏、搭积木等建构游戏以及音乐舞蹈表演游戏。第六个问题：你知道幼儿园为什么以游戏为基本活动吗？说说理由。学生回答的理由主要有"游戏能够吸引幼儿，满足幼儿活泼好动、好奇心强的天性，符合幼儿身心发展的规律,幼儿注意力易分散上课不适合幼儿"。即从幼儿天性、身心发展规律,以及防止小学化倾向的角度说出了幼儿园以游戏为基本活动的意义。第七个问题:游戏对学前儿童的重要意义,你知道吗?说说有哪些。这道题目是考查学生对幼儿游戏价值的认识水平,学生基本上说出了游戏对幼儿发展的重要价值,如"发展幼儿的智力;在游戏中增加同伴之间的情感,使幼儿学会交往;锻炼了幼儿的组织能力和领导能力;游戏使幼儿建立起规则意识;游戏带给幼儿快乐"。从以上第 5~7 题学生回答的情况来看,该班学生对幼儿游戏的内容、幼儿园以游戏为基本活动的意义、学前儿童游戏对幼儿发展的价值,这三个问题的认知基本正确,看来学生对学前儿童游戏并不陌生,他们已经能够把之前所学的知识迁移到本课程的学习中,为今后学习本课程奠定基础。

第八个问题:你希望通过这门课学到哪些知识,获得哪些技能?这道题目是想要了解学生学习本课程的预期,尽可能在课程教学中满足学生的学习需要。学生对本课程的学习预期主要有"学会指导幼儿的游戏,所学的知识有用;创造出吸引幼儿的游戏;懂得幼儿的游戏,能够走进幼儿的游戏世界和幼儿一起玩耍;根据幼儿的身心发展规律来提供游戏;通过游戏帮助幼儿成长;能够把教学和游戏融合在一起,让幼儿在玩中学、学中玩"。可以把以上的学习预期概括成一句话:懂得幼儿游戏,并能支持与引导幼儿在游戏中发展。同时也可以看出,学生已经不再满足于系统地学习学前儿童游戏的理论知识,而是希望在学习理论的同时,将理论知识应用于实践,做到学以致用。这不仅对课堂教学提出了挑战,而且需要笔者在教学改革中不断思考如何在课堂教学中实现学生的学习预期。

3. 分配小组

根据问卷调查的结果,对学生进行分组,帮助学生创建合作学习小组。主要是依据前 3 个问题的回答结果,即学生学习本课程的兴趣程度、学习本课程的主动性程度,以及在今后学习过程中的努力程度;同时也参考了第 6 个、第 7 个问题的回答结果,即学生的学习基础。分组时,合理调配学习兴趣程度、主动性程度、努力程度、学业基础水平不同的学生,使小组与小组之间的差异较小,保证每个小组完成学习任务的能力相当;同时,小组内部成员之间的差异较大,这样有利于小组成员之间相互配合,优劣势互补,形成取长补短的合力。最终达到"学习者组成的小组有共同的目标，大家同舟共济，为全组组员的成功而努力，使学习效果最大化"①。同时，要求每个小组取一个小组名称，并设计制作一块小组名称的牌子，小组发言时使用。小组名称的牌子利于小组成员凝聚力量，团结协作。

二、讲授模块一

（一）自学与回顾环节

学生利用10分钟的回顾时间，按照笔者给学生提出的回顾要求，即快速地浏览回顾教材，完成对知识框架的梳理；再次阅读之前自学时没有理解的内容，或是阅读自己自学时勾画的重难点；再次思考自学时发现的疑问；如果自学时没有提出问题，那么此时在笔记本上至少需要提出2个问题，并思考相关问题的答案。

教师则利用10分钟的回顾时间，首先给学生强调回顾环节的任务（如上文所述），让学生再次明确在回顾环节应该做什么。接着，笔者行走在学生中间随机抽查学生的自学笔记。这是因为笔者无法观察到学生在课前自学的情况，但可以通过翻看学生课前的自学笔记，来检查学生是否完成自学，以及完成自学的质量，以督促学生在课前认真完成自学。笔者判断学生自学的优劣情况，主要是依据学生在教材上的勾画和笔记记录的内容。笔者从学生的课前自学笔记中发现，学生不怎么会做自学笔记，比如很多学生只是记下了章节的标题，却没有把知识之间的联系标记出来，并不是真正的知识框架；对教材的勾画也很稀少，更没有针对教材疑难之处的发问。所以，针对这些情况，笔者给学生建议了做课前自学笔记的方法。有三种可供学生选择，第一种是在阅读教材的基础上，整理出教材内容的框架，发现知识点之间的联系；第二种是把教材内容的重难点记下来，以便在讲授环节对照着教师的重难点去理解；第三种是采用提问与回答的方式，把教材内容总结成若干个问题，并写出答案。

（二）讲授环节

模块一是讲授学前儿童游戏的基本理论，使学生对学前儿童游戏有

---

① 陈向明. 小组合作学习的组织建设[J]. 教育科学研究，2003（2）：5-8.

基本的认识,笔者安排了 4 课时,学生在课堂之外的学习时间不包含在内。笔者根据这章教学内容的特点(偏理论)以及教学内容的重点、难点,认为要使学生真正理解学前儿童游戏的内涵、本质、特征,需要弄清楚以下 3 个问题:① 游戏是什么?即学前儿童游戏界定;② 区分成人世界的游戏与儿童的游戏,即分析学前儿童游戏的特征;③ 幼儿园游戏与教学之间的关系?这个问题的提出,是因为国内外学前教育机构都有利用游戏开展教育教学的传统,而且我国幼儿园教育也一直大力倡导坚持以游戏作为幼儿园基本活动。所以,需要让学生理解二者之间的关系,以及正确处理二者的关系。在此基础上,再讲解学前儿童游戏的价值,影响学前儿童游戏的因素。

  基于以上认识,笔者在课堂讲授环节,按照学前儿童游戏的定义、特征、本质、分类、价值的顺序进行讲解。由于教材中没有明确给出学前儿童游戏的定义,笔者先让学生根据古今中外对儿童游戏的学说,尝试界定概念,学生找到了自主、满足需要、愉快等有关学前儿童游戏概念的关键词,笔者再补充自己认可的教育大辞典中对学前儿童游戏的界定,最后笔者帮助学生组织语言共同完成对学前儿童游戏的界定。在讲解学前儿童游戏的特征时,帮助学生区分看似互相矛盾的虚构性与具体性,让学生理解虚构性与具体性的不同表现,它们是对儿童游戏不同角度的理解,都反映了儿童游戏的不同特征属性。在讲解学前儿童游戏的本质时,师生都赞同教材中对儿童游戏本质的理解,即游戏是学前儿童的主体性活动,笔者也强调了主体性的内涵。接下来讲解学前儿童游戏的分类,同样强调分类的标准,以及每种类型游戏的内涵、出现的年龄阶段、在整个学前儿童游戏中所占的比重;帮助学生区分平行游戏、联合游戏、合作游戏的不同之处;着重讲解目前我国幼儿园游戏的分类,包括分类的依据,创造性游戏、规则游戏的界定。

  接着,笔者补充了有关幼儿园游戏与教学之间关系的知识,主要是借鉴华东师范大学朱家雄教授对此的论述(见图 4-2 和图 4-3)。让学生理解游戏与教学共同组成了幼儿园的教育活动,每种教育活动既有游戏成分又有教学成分,关键是把游戏与教学融合在每个教育活动中,让学前儿童在玩中学、学中玩,使幼儿园的活动既能顺应儿童的身心发展又能符合社会对儿童发展的要求。

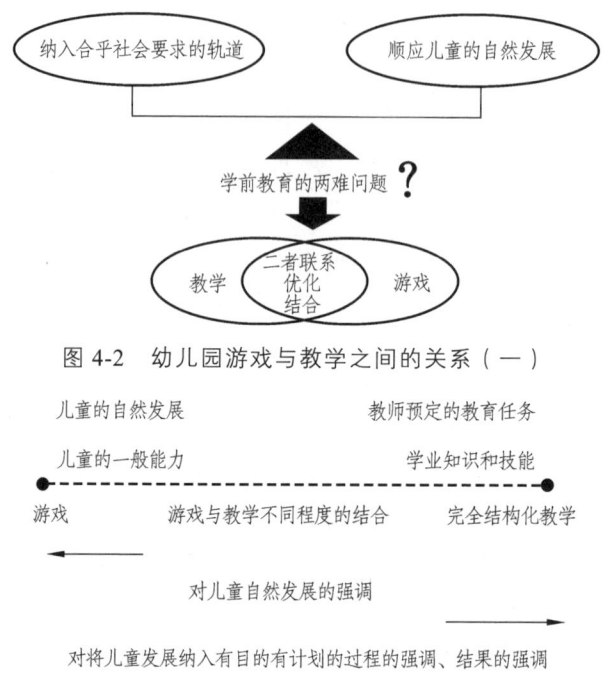

图 4-2　幼儿园游戏与教学之间的关系（一）

图 4-3　幼儿园游戏与教学之间的关系（二）

最后，笔者围绕影响儿童游戏的物理因素、社会因素讲解这些因素是如何影响学前儿童游戏的。具体强调了物理因素中空间密度的概念，如何对室内游戏空间进行布局，图文并茂地讲解了现代游戏场地（见图4-4），让学生理解现代游戏场地与传统游戏场地的区别，以及现代游戏场地如何影响学前儿童游戏。引出"安吉游戏"中的户外游戏场地，让学生在讨论环节继续查找关于"安吉游戏"的图片与文字资料，参与讨论。补充了游戏材料不同的结构对学前儿童游戏的影响，即高结构游戏材料与低结构游戏材料。低结构游戏材料指无固定形状、结构，无操作规律可循的游戏材料，如报纸、布袋、瓶罐、衣服、筷子、棋牌、贝壳、棉花、纽扣等多种可塑性强、不固定玩法原始材料；而高结构游戏材料则相反。再次提到"安吉游戏"中的游戏材料（见图 4-5），让学生理解低结构游戏材料在幼儿园游戏中的运用及其价值。对于游戏时间这个影响因素，笔者给学生出示了幼儿园一日活动的时间安排（见图 4-6），让学生大致推算现实中游戏时间的长短，知道根据不同的游戏来安排游戏时间。对于影响学前儿童游戏的社会因素，笔者围绕每个具体因素去设置讨论题目，具体可见下文。

图 4-4 现代游戏场地

图 4-5 "安吉游戏"的游戏材料

活动名称	星期	一	二	三	四	五
上午	晨间活动	户外活动（水管建构、跳绳、排球、踩高跷等小型多样活动）				
	早 操	《清早听到公鸡叫》《铃鼓操》《星星的眼睛》《熊和小孩》				
	晨 练	今天的运动之星、动物怎样过冬、冬眠的动物、动物的自我保护、蹦蹦跳跳身体好				
	教学活动	语言活动：冬天	数学活动：看图编题	音乐活动：冬冬爷爷的礼物	美术活动：漂亮的围巾	健康活动：鼻子的故事
	体育游戏	游戏：城门几丈高	游戏：红绿灯	游戏：螃蟹夹球	游戏：抢地盘	游戏：连体城门
	区域游戏	绘画活动	美工区：小人变变变、逃家小兔、线条画大树 建构区：我的幼儿园 益智区：规律、简单统计、分豆豆、比轻重、7以内的组合加减 语言区：拼字游戏你来比划我来猜、拼小人			拼图游戏
下午	游戏活动	特色活动：折纸	特色活动：拼图游戏	特色游戏：拼插	科学活动：动物怎样过冬	体育活动：球儿最听我的话
	体育游戏	水管建构 花样玩牌 跨栏 走轮胎 花样玩椅子				
	离园活动	体智能活动	拼图活动	体智能活动	绘画活动	拼桥活动

图 4-6 幼儿园一日活动的时间安排

（三）讨论环节

对于学前儿童游戏的内涵、本质、特征、价值，笔者在课堂讨论环节给学生设置了 3 道题目：① 幼儿园创造性游戏与规则游戏的区别与联系？这道题目是为了让学生彻底理解我国幼儿园游戏的分类,抓住两类游戏的本质区别,以判定各种各样的幼儿园游戏活动。把握这些游戏活动的本质,以便在将来的工作中进行有效的支持与引导。②判断教材中给出的14个游戏案例的类型。这道题目与第一个讨论题目相关,让学生把之前掌握的分类知识运用于判别真实的游戏案例,加深对知识的理解以及理论与实际的联系。③对于学前儿童游戏的每一个价值,分别列举出最能体现该价值的游戏案例,并进行说明。这道题目是因为学前儿童游戏的价值是本模块的重点所在,同时学前儿童游戏的价值也需要结合具体的游戏案例让学生分析理解。让学生自己列举游戏,既能通过游戏案例分析学前儿童游戏的价值所在,又能加深学生对每一个学前儿童游戏价值的理解。

对于学前儿童游戏的影响因素,笔者选出影响学前儿童游戏社会因素中的几个关键因素设置了5道讨论题目:①从"安吉游戏"的相关文字与图片中,探讨游戏场地、游戏材料的特点与价值。"安吉游戏"目前在我国幼儿园游戏实践中备受推崇,用"安吉游戏"独特的游戏场地、游戏材料来理解幼儿园游戏场地、游戏材料对学前儿童游戏的影响非常恰当。②如何理解母亲是儿童游戏时的"安全岛"？这个题目围绕亲子关系这个影响因素,让学生从情感角度去讨论分析母亲与孩子的关系对早期儿童游戏的影响。③论述家长不同的育儿态度如何影响学前儿童的游戏。这个题目围绕成人的育儿态度这个影响因素,让学生分析持有不同育儿态度的家长,会使儿童出现不同的游戏行为表现。④如何理解幼儿园混龄游戏会促进学前儿童社会性的发展？这个题目围绕同伴关系这个影响因素,让学生理解不同年龄阶段的学前儿童在一起玩游戏会如何影响他们的社会性发展。⑤电视、手机、网络等媒体是如何影响学前儿童游戏的？这个题目围绕现代媒体这个影响因素,让学生辩证地看待现代媒体对学前儿童开展游戏的积极影响和消极影响。

学生按照之前安排好的四人小组,围绕问题展开讨论,一边讨论一边记下讨论出的问题答案。为了能够有效督促、引导学生参与讨论,在之前分小组时就已经把爱表达与不善言的学生调配在各个小组,而且在讨论过程中笔者循环参与各个小组的讨论,解答举手发问的小组所提出的问题。学生的问题有一些是课堂上的讨论题,有一些是教材上难于理解的表述,笔者都逐一解答。这再次说明学生对教学内容做了认真地思考与讨论，学习态度端正。

（四）总结环节

在总结环节，笔者先对上一环节课堂讨论的情况做小结，肯定了全班学生都能积极主动地参与小组讨论，讨论气氛非常热烈，甚至很多小组在课间休息时仍继续讨论，这足以说明学生学习的热情和积极性。

采用问答的方式，先请各个小组来陈述对讨论题目的认识，小组成员需要轮流当发言人，笔者再做分析总结，一道题目一道题目的进行。常常出现的情况是，很多小组由于课堂时间有限还没来得及发言，笔者就得对讨论题目做出总结。第 1 道题目主要是让学生理解创造性游戏与规则游戏的本质区别在于，创造性游戏是学前儿童自由自主地玩耍，充分发挥学前儿童的主体性，不受教师的外部控制和约束；规则游戏却有显性的游戏规则，学前儿童在玩游戏时必须遵守规则，教师往往是规则游戏的设计者。第 2 道题目需要学生根据笔者对第 1 题的总结给 14 个游戏案例正确归类，笔者则选取了迷惑性较大的案例让学生分析归类的理由。第 3 道题目需要学生根据学前儿童游戏的价值，列举出具体的游戏案例，笔者又帮助学生总结哪些类型的游戏能够凸显哪些方面的价值，如体育游戏能够很好地促进学前儿童身体的发展，角色游戏能够很好地促进学前儿童社会性的发展等。

对于围绕影响因素的 5 道题目，笔者更多的是让学生自由回答，没有设置明确的答案，而是强调围绕每道题目的关键思路来回答问题，属于开放性题目。第 1 道题目是给学生提供了户外游戏环境创设与游戏材料最具特色的"安吉游戏"，让学生理论联系实践去讨论分析现代游戏场地的创设以及低结构游戏材料在幼儿园游戏中的运用，发现"安吉游戏"亲自然、生态式、自由开放，以及就地取材、善于利用低结构游戏材料的特点。第 2 道题目是强调从情感的依恋与安全感获得的角度，让学生理解儿童游戏时母亲在场的意义。第 3 道题目是学生需要联系身边持有不同类型育儿态度的家长，其子女的游戏行为表现来理解不同育儿态度的影响。比如，持过度保护育儿观的家长，其子女在游戏中往往会表现得胆小、谨慎；持放任育儿观的家长，其子女在游戏中往往表现得独立、胆大等。第 4 道题目是让学生分析年长学前儿童与年幼学前儿童在一起游戏时社会性发展的不同表现。如年龄较大的学前儿童经常成为游戏中的孩子王，善于沟通组织其他学前儿童开展游戏；而年龄较小的往往会模仿年长儿童的游戏行为表现，在游戏中学会与其他儿童交往合作。第5道题目是学生结合新兴媒体充斥在现代家庭中的现实情况，辩证地看待新兴媒体对儿童游戏的积极影响与消极影响，如动画片、手机游戏已成为学前儿童角色游戏、表演游戏主题、情节的主要来源，很多学前儿童玩的游戏都是在模仿动画片中的情节内容。但如果学前儿童每天花费大量的时间看动画片、玩手机游戏等，而没有参与其他种类的游戏，肯定是弊大于利的，非常不利于学前儿童身心的发展。

最后，布置模块一的作业题：① 论述幼儿园游戏活动与教学活动之间的关系。② 从"安吉游戏"的相关文字与图片中，探讨其游戏场地、游戏材料的特点与价值。要求学生在一周后提交电子档作业于笔者的邮箱。

三、讲授模块二

按照模块二的教学计划先学习创造性游戏中的角色游戏、建构游戏、表演游戏，再学习规则游戏中的智力游戏、体育游戏、音乐游戏。

（一）讲授角色游戏

1. 讲授环节

笔者安排了6学时讲授角色游戏。角色游戏主要包括角色游戏的基本理论、角色游戏的指导以及设计角色游戏指导方案。角色游戏的基本理论包括角色游戏的概念、特征、价值、构成要素；角色游戏的指导包括角色游戏主题的选择与生成、指导的内容与方法；设计角色游戏指导方案，包括选择适宜的角色游戏主题、设计角色游戏的指导目标、游戏准备、指导过程、游戏评价等。

笔者提炼出角色游戏概念的关键词即扮演、自主、模仿、想象，这样能方便学生理解记忆；对于角色游戏的特点，学生需要着重理解角色游戏充满学前儿童的想象与创造以及学前儿童的生活经验是其角色游戏的源泉。笔者分别列举了学前儿童生活经验差距较大的城市与农村、山区与沿海地区学前儿童的生活经验的不同，使学前儿童玩的角色游戏差别很大，也让学生好理解学前儿童生活经验是角色游戏的源泉，决定着角色游戏的主题、角色扮演、情节内容、游戏材料等。对于如何让学生理解角色游戏中的想象与创造，笔者是通过出示图片让学生理解学前儿童如何对角色、游戏材料、游戏情境进行想象的。学前儿童在角色游戏中需要对游戏材料进行想象，如图4-7、4-8所示；需要对游戏中扮演的角色、游戏情境进行想象，如图4-9、4-10所示。

图4-7　角色游戏材料（一）

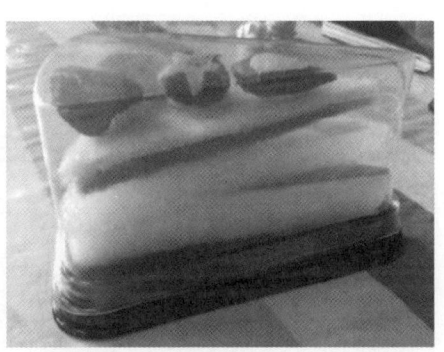

图4-8　角色游戏材料（二）

图4-9　角色游戏角色（一）

图4-10　角色游戏角色（二）

在角色游戏的构成要素时，笔者先讲解了各个要素的关键内涵，包括除了强调学前儿童扮演角色的情感偏向，还给学生补充了学前儿童扮演角色的性别偏向；强调了角色游戏材料的特点是与学前儿童现实生活中的物品相似、相通、低结构性，便于学前儿童作为游戏的凭借物进行想象；对于角色游戏的规则，笔者让学生在接下来的讨论环节，与规则游戏中的规则进行区别。

由于在第一轮教学改革中，各年龄阶段学前儿童角色游戏的表现与指导是让学生自学的，但效果不好。所以，在这轮教学改革中笔者让学生采取列表的方法,明确不同年龄阶段学前儿童角色游戏的表现,以及相对应的角色游戏指导,把二者一一对应起来理解。笔者先让学生自己设计表格,但发现学生设计得不够合理,就把自己备课时准备好的表格(见表4-3),示范给学生看,让学生小组讨论,填写完整表格内容,最后笔者总结。

表4-3 不同年龄阶段角色游戏的特点与指导

	小班		中班		大班	
	特点	指导	特点	指导	特点	指导
主题						
角色						
材料						
规则						
目标						
情节						
幼儿表现						

2. 讨论环节

为了进一步加深学生对角色游戏构成要素的理解,笔者通过展示一些幼儿园角色游戏环境创设的图片和正在开展角色游戏的图片,让学生理解角色游戏的构成要素。这样就能让学生更加了解角色游戏在幼儿园的真实构成,便于理论联系实际地理解角色游戏的构成要素。但这部分内容需要一张一张地展示图片,然后再进行小组讨论,所以没办法在讨论环节一并进行,因此需要灵活地调整讨论环节和总结环节的内容。笔者准备了5张用于讨论的图片,每张图需要5分钟时间讨论和笔者总结,估算了一下共需要25分钟。笔者先做示范,分析其中一张幼儿园角色游戏环境创设的图片(见图4-11)。从图片中推断出玩该角色游戏可能扮演的角色、生成的情节、包含的隐形规则。接下来再让学生按照笔者的要求去分析角色游戏的构成要素,鼓励学生尽可能地增加除常规角色之外的角色,使角色游戏更加丰富而有趣。但在教学过程中,每个小组的讨论与发言的积极性太高了,仅讨论分析了一张图片(见图4-12),就花费了 40 分钟。因为每个小组都想发言，所以笔者马上决定与其草草分析 4 张图片，还不如选择其中 1 张做透彻分析，因为笔者不想打击学生发言的热情，让各个小组都有发言表达的机会。

图 4-11　游戏环境创设

图 4-12　角色游戏的构成要素

接着笔者又给学生布置了 2 道讨论题目：①幼儿园角色游戏中的规则与规则游戏中的规则有什么不同？这道题目是为了让学生理解不同类型游戏的规则内涵不同，区分游戏规则在不同游戏中的作用。②幼儿园可以开展哪些主题的角色游戏？通过这道讨论题目，是为了给学生总结出幼儿园角色游戏的主题、主题之间的关系以及主题的生成路径。对于角色游戏的指导，笔者简略地讲解了角色游戏的指导意义及原则，然后让学生根据教材上的内容讨论角色游戏指导的内容包括哪些？方法有哪些？

同样，给学生补充了角色游戏指导的案例，依然选用第一轮教学改革中的案例《小吃店风波》《被冷落的格格》，让学生围绕这两个案例展开讨论。因为这两个案例给了学生截然不同的情境，利于学生产生两难体验，在两难的境地中体会介入与否，如何指导等重要问题；而且两个案例之间有相互承接的关系，对一个案例的思考利于对第二个案例的理解，进而最终帮助学生得出让学前儿童大胆解决，教师多观察，才能解决问题。

3. 总结环节

除了给学生明确了幼儿园角色游戏中规则与规则游戏中规则的区别，即显性隐性规则的不同，规则在游戏中的作用不同，规则的生成来源不同等；还给学生总结出幼儿园角色游戏的主题、主题之间的关系（已经附在第一轮教学改革中，见图 3-2）以及主题的生成路径，如图 4-13

所示。对于角色游戏指导的内容、方法，笔者先让学生按照角色游戏的准备、游戏过程中、游戏结束的逻辑顺序，来思考作为幼儿园教师如何在班级开展角色游戏。让各个小组来回答每个环节需要指导的内容及可以运用的方法。在学生回答完后，笔者再出示课件做出总结，如图4-14所示。

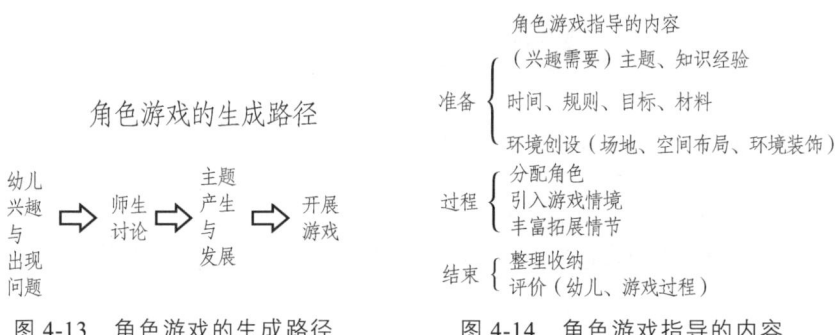

图4-13 角色游戏的生成路径　　图4-14 角色游戏指导的内容

笔者又总结了学生对《小吃店风波》《被冷落的格格》案例中两难问题的回答，肯定了学生对教师是否介入游戏，以及如何进行指导的正确认识，即认为实在不得已再介入，要充分发挥学前儿童游戏的自主性，让学前儿童体验游戏中的多种情感。教师则需要认真观察记录，等到游戏评价环节，再和学前儿童一起分享讨论，以丰富学前儿童的游戏经验，提升学前儿童的游戏水平。

最后，笔者讲解如何编写角色游戏的指导方案，像第一轮教学改革一样，笔者给学生出示了编写指导方案的框架，同时，把上一届学生完成的指导方案让学生讨论分析，提示学生避免出现同样的问题，以及强调在编写中尽可能丰富拓展主题角色游戏中的角色、情节内容等，以及在游戏评价时考虑全面性与可操作性。也像第一轮教学改革一样，让学生从角色游戏的主题中选择其中一个主题，小组间不重复，编写一个角色游戏的指导方案作为一次作业。

（二）讲授建构游戏

1. 讲授环节

笔者安排了6学时讲授建构游戏。建构游戏主要包括建构游戏的基本理论、建构游戏的指导以及设计建构游戏指导方案。建构游戏的基本理论包括建构游戏的概念、特征、价值、建构游戏的基本技能；建构游戏的指导包括建构游戏主题的生成、建构游戏与角色游戏的关系、建构游戏指导的内容与方法；设计建构游戏指导方案，包括选择适宜的建构游戏主题、设计建构游戏的指导目标、游戏准备、指导过程、游戏评价等。

笔者从幼儿园各种建构游戏的图片导入，让学生对建构游戏先有初步的感性认识，再让学生从建构游戏定义的关键词来理解建构游戏的定义，即基础材料、造型、建构技能、作品。建构游戏的特点则结合建构游戏的定义来理解，比如必须有建构材料、操作与造型。建构游戏的类型，教材上划分的较混乱，笔者按照建构材料的性质、建构技能的不同重新划分。这样便于学生清晰地理解建构游戏的分类，而且能在分类中进一步理解建构游戏的内涵与特点，再结合笔者随后给出的相应类型建构游戏的图片，学生能够通过观察图片再次理解不同类型建构游戏的特点。对于建构游戏的价值，笔者让学生从区分建构游戏价值与角色游戏价值的不同，来理解建构游戏价值的独特性，如角色游戏的价值侧重于发展学前儿童的社会性，而建构游戏则侧重于手脑并用地促进学前儿童智力发展。

当建构游戏的基本理论讲解完后，就讲解建构游戏的基本技能。由于建构游戏的基本技能偏重于实践应用，所以笔者将在讨论环节为学生提供建构材料，让学生进行建构技能的实践。

接下来，笔者给学生补充了幼儿园建构游戏中学前儿童的表现（见下文），让学生先了解学前儿童在建构游戏中的行为表现，再学习如何对学前儿童的建构游戏进行指导。幼儿园建构游戏的生成，以及幼儿园建构游戏与角色游戏的联系（见第一轮教学改革中对此部分内容的讲解）。

幼儿建构行为的目的性：遵循"先做后想—边想边做—先想后做"的顺序。所谓先做后想，是指幼儿在初期接触结构游戏材料时对材料进行探索，一旦无意中搭建的作品引发了幼儿的想象，幼儿便会为其形象命名；所谓边想边做，是指幼儿开始有想要搭建某作品的意图，但限于搭建水平，在搭建过程中常常因为搭不好而不断改变意图，直至最后搭成什么算什么；所谓先想后搭，是指幼儿自始至终为实现自己的意图而有计划地搭建，虽然因受制于搭建技能常常搭得不满意，需不断完善甚至推翻重来，但其意图基本不变。

幼儿在建构游戏中的合作能力的表现：同伴之间尽管可以事先协商将要共同建构的作品主题，但如何搭建、建成什么样子，则取决于每个幼儿的已有经验和内在构思。由于建构是一个不断调整想法和做法的过程，每个幼儿的经验、想法和建构水平不同，加上语言表达的限制，合作起来就比较困难。因此，一些幼儿即使在角色游戏中已能较好地进行合作，在结构游戏中也仍然只能处于独自或平行建构的水平。

幼儿在建构游戏中合作能力的发展过程：最初，幼儿只能分别搭建各自的单体作品，随着建构水平的提高，才会产生搭建者和辅助者的初步合作，即以一个幼儿为主搭建，其他幼儿只是帮忙取送材料。直到幼儿能够事先计划和构思一个相对复杂的多体作品或者能看图搭建时，他们才会协商分工建构一个复杂作品的各个组成部分，比如有的搭前楼房，有的搭后楼房，有的搭围墙，有的搭通道，最终联合形成一个相对复杂的多体作品。①

幼儿园建构游戏生成的途径如图 4-15 所示。从幼儿园建构游戏生成的第四种途径中，讲解幼儿园建构游戏与角色游戏之间的密切关系，继续引用第一轮教学改革中华爱华教授对此的论述，让学生理解在整个学前期学前儿童的建构游戏中充满了假想装扮的成分。常常把建构游戏与角色游戏一起进行，随着年龄的增长逐渐在建构游戏中减少想象成分，变成艺术造型的游戏。

图 4-15　建构游戏生成的途径

2. 讨论环节

结合幼儿园建构游戏开展的实践，目前在幼儿园经常运用的建构游

---

① 华爱华. 教师在积木游戏中的观察与指导[J]. 幼儿教育（教师），2014（5）：38-41.

戏技能有插接、镶嵌、排列、堆积、粘合、穿编、螺旋等基本技能。笔者向学生强调了每种建构游戏技能与建构游戏材料的适切性，以及每种建构游戏技能操作的一般步骤与操作技巧。在接下来的讨论环节中，笔者安排学生在这段时间内进行建构游戏技能的实操，利用教学改革的经费给学生提前购买了幼儿园常见的四种建构游戏材料（积木、雪花片、乐高胶粒、太空沙）；要求各个小组成员在课堂上轮流对以上四种建构游戏材料进行操作练习，做到基本上能够掌握建构的技能技巧，并在此基础上进行命题建构，以体验每种建构游戏材料与建构游戏主题的适切性，体会建构游戏的特点与价值。图4-16、图4-17是学生们正在练习建构游戏的操作技能技巧。笔者则循环指导各个小组，启发学生除了练习基本的建构游戏技能外，还要大胆进行命题拼搭，充分发挥想象力，进而思考如何指导学前儿童玩建构游戏。最终，学生在课堂上利用各种建构游戏材料完成了较多的建构游戏作品，而图4-18、图4-19、图4-20是学生在课堂上完成的建构游戏作品中的一部分。

图 4-16　学生练习建构游戏操作技能（一）

图 4-17　学生练习建构游戏操作技能（二）

图 4-18　建构游戏作品（一）

图 4-19　建构游戏作品（二）

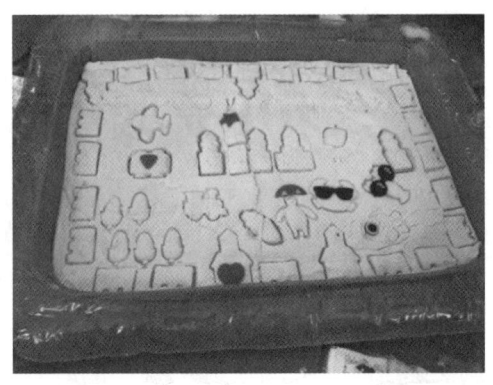

图 4-20　建构游戏作品（三）

对于幼儿园建构游戏的指导，主要是让学生理解幼儿园建构游戏的教师介入以及建构游戏的指导方法。笔者让学生按照建构游戏的准备、游戏过程中、游戏结束的逻辑顺序，来讨论幼儿园教师如何在班级开展建构游戏，以及教师介入建构游戏的时机和指导方法。

3. 总结环节

根据学生对建构游戏材料实践操作后的发言，以及在讨论环节笔者与学生的交流，笔者总结了学生在实践练习建构游戏技能方面主要存在以下五个问题：① 学生普遍反映面对胶粒和积木，竟然很难突破拼搭建筑物的思维局限。尽管笔者启发学生拼搭交通工具、动物、植物、生活用品等，但学生感觉操作起来很难。② 学生一致认为沙子、雪花片几乎不受任何主题限制，属于低结构游戏材料，可以任意塑型搭建。③ 很多学生反映在玩建构游戏时，需要一些已完成的作品作为自己拼搭的支撑，可以说更喜欢仿照着搭建。④ 很多学生都关注自己搭建的作品像不像现实中的物体，"像与不像"成为他们判断自己是否成功搭建的主要依据。⑤ 很多学生感到在搭建时，大家都有各自的想法，即便围绕同一个主题，想法也有很大差异，合作搭建很难实现。

笔者肯定了学生在练习建构技能时的感受（比如上文中提到的前三点），对学生认识的一些误区进行了纠正（比如上文中提到的最后两点），引导学生思考学前儿童在玩建构游戏时需要教师提供的指导帮助，比如一些范例、一些基本的技能技巧，鼓励学前儿童大胆想象创造、学会分工合作等。

笔者根据学生的发言以及教材内容，总结了建构游戏指导的主要内容如图 4-21 所示。又有重点地强调了以下四个方面：

第一，教师介入建构游戏的时机，继续引用了华爱华教授对此的观点："教师介入建构游戏：一是发现幼儿在搭建过程中遇到了问题（比如某种形状的积木不够了），或是发现幼儿在改变和完善原来的搭建方法时遇到了一些困难（比如总要倒塌），在幼儿一时难以自己解决而准备放弃时，教师的介入要赶在幼儿放弃之前。二是发现幼儿的建构行为一直维持在较低水平上，或有明显可改善与提高的空间，教师可以介入，及时提出问题和设置困难，以挑战幼儿的搭建方法。比如，问一句'车库的门在哪''没有楼梯怎么上去'，就能使幼儿提高作品的复杂度；一句'这里轻轻一碰就要倒了'，就能引起幼儿对稳固建筑结构的思考。"[①]让学生理解建构游戏中教师介入的时机与角色游戏中教师介入时机的不同。

第二，教师指导幼儿建构游戏的方法，让学生对比理解了示范法、图示引领法、环境提示法之间的区别，也对游戏情境法、问题情境法进行了案例说明，帮助学生掌握指导幼儿建构游戏的具体方法。

第三，让学生围绕对建构材料的管理、幼儿需要遵守的纪律，对建构游戏的游戏常规进行总结。

第四，让学生围绕幼儿搭建完成的作品，如作品的造型、色彩、布局、比例等，幼儿在建构游戏中的表现，如幼儿对材料的运用、建构过程的目的性、情绪专注力、交往合作能力、创造力表现等，两个方面来对建构游戏的开展进行评价。

图 4-21 构建游戏的指导内容

[①] 华爱华. 教师在积木游戏中的观察与指导[J]. 幼儿教育（教师），2014（5）：38-41.

对于不同年龄阶段建构游戏的特点与指导，笔者是让学生联系之前所讲的建构游戏中学前儿童的表现来理解的，从幼儿在建构游戏中的建构行为的目的性、合作性，建构游戏与角色游戏的密切联系，来思考小班、中班、大班幼儿在建构游戏中的不同行为表现。如：从建构游戏中幼儿建构行为的目的性来说，小班幼儿往往是先做后想，或是只做不想；中班大班幼儿逐渐学会边做边想，或是先想后做。从建构游戏的技能技巧来说，小班幼儿往往是重复操作，仅仅会运用简单的建构技能；而中班大班幼儿操作建构材料的技能水平逐渐提高。从建构游戏中幼儿的合作行为来说，小班幼儿往往独自搭建，平行游戏；而中班大班幼儿的合作意识逐渐萌发，产生了合作行为，那么相应地教师也要针对不同年龄幼儿开展建构游戏时的表现来进行指导。

最后，笔者讲解如何编写建构游戏的指导方案，像第一轮教学改革一样，笔者给学生出示了编写指导方案的框架，同时，把上届学生完成的指导方案让学生讨论分析，提示学生避免出现同样的问题，并强调在编写中尽可能明确如何让幼儿运用建构材料进行物品造型，在游戏评价时考虑全面性与可操作性。也像第一轮教学改革一样，让学生从积木类、积塑类、沙石类、废旧材料类、拼板类等建构材料中选择一种，自拟建构游戏的主题，编写一个建构游戏的指导方案作为一次作业。

（三）讲授表演游戏

1. 讲授环节

笔者安排了6学时讲授表演游戏。表演游戏主要包括表演游戏的基本理论、表演游戏的指导以及设计表演游戏指导方案。表演游戏的基本理论包括表演游戏的概念、特征、价值，表演游戏的环境创设、表演技能；表演游戏的指导包括表演游戏指导中的误区、表演游戏指导的原则、表演游戏指导的内容与方法；设计表演游戏指导方案，包括选择适合幼儿表演的文学作品、设计表演游戏的指导目标、游戏准备、指导过程、游戏评价等。

由于之前讲角色游戏、建构游戏时，笔者会提到表演游戏，所以学生对表演游戏不会陌生。所以，笔者在学生完成回顾环节后，就直接讲解表演游戏的内涵。教材中给出了关于表演游戏的多个内涵,笔者让学生一一判断分析,最后概括总结出表演游戏的内涵。即表演游戏中有文学故事,它是表演游戏开展的基础,但不是戏剧演出,因为表演游戏的本质是游戏。在此基础上对表演游戏的内涵与戏剧演出、角色游戏的内涵进行区别。与角色游戏的区别体现在:角色游戏的角色、情节内容来自幼儿熟悉的日常生活,而表演游戏的角色、情节内容来自幼儿喜爱的文学作品。与戏剧表演的区别体现在:戏剧表演强调演出效果和演员排练,而表演游戏强调幼儿自娱自乐地表演和游戏。

表演游戏的特点也能体现出表演游戏的内涵,既是幼儿的演出又是幼儿的游戏,所以表演游戏的特点是游戏性、表演性与创造性。游戏性体现为幼儿在表演游戏中获得表演的快乐;表演性体现为幼儿的表演离不开文学故事的支撑;创造性体现为幼儿的表演不需要完全依据文学作品而是可以自己演绎。关于表演游戏的类型,教材中划分幼儿表演、桌面表演、木偶表演、影子戏表演,与其他教材中的划分是一致的。为了学生更好地感知各种类型的表演游戏,笔者给学生展示了幼儿园表演游戏区角布置的图片,以及幼儿进行表演游戏的图片。木偶表演和影子戏表演在幼儿园表演游戏中开展得很少,幼儿经常玩的表演游戏主要是幼儿作为演员的表演游戏和拿手偶、指偶或布偶当演员的表演游戏。图 4-22 是进行桌面表演的小剧场和手偶,图 4-23 是幼儿正在玩桌面表演游戏,图 4-24 是幼儿正在扮演童话故事里的角色开展表演游戏。

图 4-22　桌面表演的小剧场

图 4-23　幼儿桌面表演游戏

图 4-24　幼儿扮演童话故事里的角色

　　表演游戏的价值，笔者是让学生对比表演游戏与建构游戏、角色游戏的不同价值，来理解表演游戏价值的独特性的。比如，角色游戏的价值侧重于发展学前儿童的社会性，建构游戏侧重于动手又动脑地促进学前儿童智力发展，而表演游戏则侧重于幼儿在理解文学作品基础上的创新表演。

　　表演游戏的基本理论讲解完后，讲解表演游戏的准备，包括表演游戏的环境创设以及表演技能培养。对于表演游戏环境创设，分别按照幼儿表演与偶人表演的游戏环境创设来讲解，环境创设的内容有舞台、布景、道具、服饰与角色造型。表演游戏的表演技能培养，主要涉及培养幼儿的歌唱表演技能、形体动作表演技能、语言表演技能。对于木偶操作技能和影子戏表演技能由于在现实中幼儿园表演游戏很少涉及，所以留给学生自学完成。

　　笔者继续引用第一轮教学改革中刘焱教授对幼儿园表演游戏存在问题的论述，让学生理解目前幼儿园表演游戏存在重表演轻游戏、教师对表演游戏的高度控制等问题，进而提出解决存在问题的策略，即："把表演游戏看作是游戏而不是表演，按照游戏活动的本质特点来组织和指导幼儿的表演游戏，让幼儿在活动中产生游戏性体验。幼儿有自由选择的权利和可能，活动的方式和方法由幼儿自主决定，活动的难度（任务）与幼儿的能力相匹配，幼儿不寻求或担忧游戏以外的奖惩。给幼儿自主游戏、协商磨合的时间和空间，允许幼儿探索、讨论，尊重他们的理解与表现，扶持、引导而不是指挥、导演。"另外，还有幼儿表演游戏的一般规律即："目的性角色行为逐渐减少，嬉戏性角色行为逐步增加；以一般性表现为主,生动性表现在游戏过程中没有明显增加;同伴交往是表演游戏的重要组成部分。"①在此基础上,再给学生讲解表演游戏的指导,这样学生容易理解表演游戏指导的内容与方法。

2. 讨论环节

结合幼儿园表演游戏开展的实践,需要学生具备幼儿园表演游戏的环境创设与表演技能这两方面的实践能力。笔者在讲解完表演游戏的内涵、特点、价值、分类以及表演游戏的准备后,让学生分小组来表演一个儿童故事,目的是让学生锻炼提高自身的表演技能。因为表演游戏中需要幼儿具备一定的表演技能,表演技能的培养正是在幼儿一次次玩表演游戏中获得的。作为未来的幼儿教师,很多学生其实并没有表演的经历,更谈不上表演的经验,那么如何指导幼儿开展表演游戏呢?笔者查找到20个适合于幼儿表演游戏的文学作品(包括小猪盖房子、狼和小羊、白雪公主、小老鼠上灯台、三只蝴蝶、小兔乖乖、拔萝卜、老鼠嫁女、小熊请客、雪孩子、井底之蛙、狐假虎威、孔融让梨、小马过河、小蝌蚪找妈妈、没有牙齿的大老虎、小熊不刷牙、小红帽、金色的房子、狡猾的狐狸),让每个小组选择其中的一个故事来表演。通过表演,学生可以体会表演游戏的过程,获得表演的技能,积累一些指导幼儿表演游戏的经验。

为了保证表演的效果,学生还需要准备表演游戏中需要的道具和服装,最好还能有表演游戏的环境创设。所以,笔者用教学改革的经费给学生买来了各种颜色的卡纸、皱纹纸、海绵纸、彩笔、颜料、双面胶、彩带等基础材料,需要学生自己动手制作表演中需要的服装和道具。图4-25是学生正在制作表演游戏中用的服装和道具;图4-26是制作好的用于表演游戏的服装和道具。

对于幼儿园表演游戏的指导,主要是让学生理解对幼儿园表演游戏指导的内容与方法。笔者让学生讨论了表演游戏指导的内容与建构游戏指导内容、角色游戏指导内容的区别。学生经过讨论发现,表演游戏指导的重点在于让幼儿在理解文学作品的基础上运用表演技能进行创造性表演,建构游戏指导的重点在于让幼儿运用建构技能进行想象造型、创

---

① 刘焱等. 中大班幼儿表演游戏的一般规律和年龄特点研究[J]. 学前教育研究,2003 (4): 24-25.

新造型，角色游戏指导的重点在于丰富幼儿角色游戏的主题、内容情节。笔者让学生按照表演游戏的准备、游戏过程中、游戏结束的逻辑顺序，讨论幼儿园教师如何在班级开展表演游戏，以及教师介入表演游戏的时机和指导方法。

图 4-25　学生正在制作表演游戏的服装和道具

图 4-26　制作好的表演游戏的服装和道具

3. 总结环节

对于表演游戏的指导重点强调了以下四个方面：第一，在表演游戏开展之前，教师需要帮助幼儿选择和熟悉表演内容，包括选择合适的文学作品和熟悉的文学作品。合适的文学作品指思想健康、内容活泼、情节起伏、符合幼儿生活经验，并且便于幼儿表演的作品。幼儿熟悉的文学作品指幼儿能够理解文学作品中的人物形象、故事情节，并且激发出幼儿表演的欲望。第二，在表演游戏开展之前，教师需要创设适宜的表演游戏环境，包括表演游戏场地的确定、舞台背景的布置、道具服装的准备。创设不必非常精美，但要利于幼儿象征性地表现角色。第三，在表演游戏过程中，教师要帮助幼儿分配角色，并且支持幼儿开展游戏。分配角色可以运用猜拳、轮流、谦让的方式，逐步让幼儿自主分配。支持幼儿游戏则包括教师的示范表演、以角色身份参与表演、以观众身份场外指导表演、鼓励幼儿创造性表演等。第四，表演游戏结束之后，教师要组织幼儿对表演游戏进行评价，一般从表演游戏的开展过程、幼儿在表演游戏中的表现来进行评价。

对于不同年龄阶段表演游戏的特点与指导，笔者让学生联系之前所讲的幼儿开展表演游戏的表现来理解，从幼儿在表演游戏中语言、表情、动作行为的一般性表现到生动性表现，来理解幼儿表演游戏水平的提升是通过从小班到大班一次次的表演游戏来获得的。具体从选择文学作品、创设游戏环境、分配角色、提高表演技能等角度来指导小班、中班、大班幼儿开展表演游戏。如为小班幼儿则选择对话简单、多重复的文学故事，创设一个表演场景就可以，着重指导小班幼儿分配角色以及运用语言动作来表演。中班大班幼儿则逐渐放手让幼儿自主选择感兴趣的文学故事，创设多个表演场景，运用生动形象的语言动作表情来表演，并且鼓励幼儿大胆创新表演。所以，笔者让学生按照小班幼儿指导的内容与重点，自己补充中班、大班幼儿表演游戏指导的内容和重点。

最后，笔者讲解如何编写表演游戏的指导方案，像第一轮教学改革一样，笔者给学生出示了编写指导方案的框架，同时，把上一届学生完成的指导方案让学生讨论分析，提示学生避免出现同样的问题，以及强调在编写中尽可能明确如何提升幼儿的表演技能，如何指导幼儿通过语言、动作、表情来塑造角色，理解文学作品的情节内容和思想感情。也像第一轮教学改革一样，让学生从幼儿表演、偶人表演、影子表演中选择其中一种，可以选择之前表演过的主题编写，也可以自拟表演游戏主题，编写一个表演游戏的指导方案作为一次作业。

4. 表演技能训练

在学完表演游戏的全部理论知识，以及学生制作完成表演游戏的道具服装后，各个小组按提前选好的表演游戏主题组织开展表演游戏。笔者认为，组织这个活动的目的在于让学生通过亲身经历来感受表演游戏的组织开展，提高表演技能，理解表演游戏的价值。学生开展了白雪公主、三只小猪盖房子、孔融让梨、小老鼠上灯台、胖国王与瘦王后、老鼠嫁女、小红帽等表演游戏。学生除了制作表演游戏中用到的服装道具外，还给表演游戏配上了背景音乐、旁白、布置装饰了舞台。图 4-27 是学生用提线偶人表演"三只小猪盖房子"，图 4-28 是学生表演成语故事"狐假虎威"，图 4-29 是学生表演经典童话故事"小红帽"，图 4-30 是学生表演改编过的绘本故事"胖国王和瘦王后"。每个小组表演完后，笔者都要先让"演员"发言，讲讲是如何理解塑造文学作品中的人物的，再让"观众"发言，讲讲通过"演员"的表演你对文学作品的感知，以及讨论分析"演员"的表演技能技巧，进而明确如何帮助幼儿开展表演游戏，提升表演技能。

图 4-27　学生提线偶人表演　　　图 4-28　学生表演"狐假虎威"
　　　　"三只小猪盖房子"

图 4-29　学生表演"小红帽"　　　图 4-30　学生表演"胖国王和瘦皇后"

（四）讲授规则游戏

目前，我国幼儿园游戏分为创造性游戏与规则游戏两大类。创造性游戏包括角色游戏、建构游戏、表演游戏,规则游戏包括智力游戏、体育游戏、语言游戏、音乐游戏、美术游戏、数学游戏、娱乐游戏、亲子游戏、民间游戏等。笔者选取了其中最能代表规则游戏本质特征,而且在幼儿园最为常见的智力游戏、体育游戏、音乐游戏进行详细讲解分析,其他类型的规则游戏则作为补充材料,让学生课后阅读自学。笔者安排了 8 学时讲授规则游戏,按照智力游戏、体育游戏、音乐游戏的顺序讲解,主要包括这三种类型规则游戏的基本理论、规则游戏的创编以及规则游戏的组织与指导。对于规则游戏与创造性游戏的区别,在模块一学前儿童游戏的基本理论中已经做过详细的讲解,此处笔者要求学生回顾,加深理解记忆。

1. 讲授智力游戏

(1)讲授环节。

智力游戏的讲解包括智力游戏的内涵、特点、结构、类型,以及智力游戏的创编与组织指导。对于智力游戏的内涵,笔者强调了两点:一是智力游戏的目的在于发展提高学前儿童的智力水平;二是智力游戏需要有显性的游戏规则来组织实施。对于智力游戏的特点,笔者强调了益智性,即智力游戏的本质特征就在于促进学前儿童智力的发展,挑战性则是激发学前儿童进行智力游戏的重要动因。对于智力游戏的结构,笔者补充了游戏准备这个要素,指出游戏准备既包括物质方面也包括知识经验方面的准备,修改完善了教材中所提到的游戏规则这个要素,最终确定下来。一个智力游戏所包括的五个要素,即游戏名称、游戏目标、游戏准备、游戏玩法、指导要点。

(2)讨论环节。

智力游戏的类型较为丰富,可以分为发展观察力的智力游戏、发展注意力和记忆力的智力游戏、发展想象力和创造力的智力游戏、发展思维能力和操作能力的智力游戏,这是按照人们对于智力概念的界定将智力游戏进行分类的。而教材中对智力游戏的分类讲解得较为省略,笔者参考借鉴了杨枫教授主编的《学前儿童游戏》第六章智力游戏中的内容,给学生出示各个类型智力游戏的图片,让学生观察图中的智力游戏,猜想该类型游戏的玩法,分析该类型游戏的目标,一共讨论分析了十余张各类型智力游戏的图片,图 4-31、图 4-32 是其中的两张图片,在讨论分析中使学生充分了解各类型的智力游戏,为接下来学习智力游戏的创编与组织指导奠定基础。

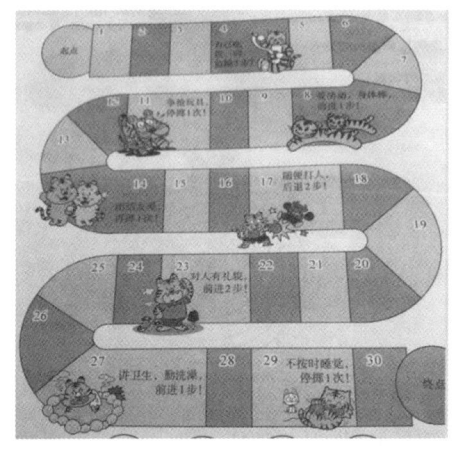 

图 4-31 智力游戏图片(一)　　图 4-32 智力游戏图片(二)

在学习完智力游戏的基本理论后,让学生结合智力游戏创编的原则与方法尝试创编智力游戏。仍然以小组讨论的方式,按照智力游戏的构成要素,选择某一类型的智力游戏(如发展学前儿童观察力、注意力、记忆力、想象力、创造力、思维力等)进行智力游戏创编,作为一次课后作业。

(3)总结环节。

对于智力游戏组织指导的相关知识,笔者考虑到它更加接近模块三幼儿园各类型游戏的实践技能,所以把该内容调整到模块三中学习,这样便于学生学习完理论知识后就可以直接指导实践。

2. 讲授体育游戏

(1)讲授环节。

体育游戏的讲解包括体育游戏的内涵、特点、价值、结构、类型,以及体育游戏的创编与组织指导。对于体育游戏的教学内容,笔者主要参考了杨枫教授主编的《学前儿童游戏》中体育游戏的内容。对于体育游戏的内涵,笔者强调了体育游戏的目的在于通过体育锻炼促进学前儿童的身心发展水平,体育游戏需要有显性的游戏规则来组织实施。体育游戏的特点:一是它深受学前儿童喜爱,而且趣味性很强,体现为情节的有趣、竞赛的有趣；二是体育游戏发展包括走、跑、追捉、跳跃、投掷、滚、爬等幼儿的基本动作；三是体育游戏是幼儿园健康领域教育活动的重要方式。对于体育游戏的价值，它有利于锻炼学前儿童的身体、发展基本动作、提高活动能力，有利于学前儿童智力、意志力、美感的发展。对于体育游戏的结构，笔者补充了包括游戏动作、活动方式、游戏情节、活动条件四个要素。对于难于理解的活动方式，笔者让学生把它理解成组织游戏的方式和练习动作方法，对于游戏情节主要是让学生理解它增加了游戏的趣味性。对于体育游戏的类型，让学生理解分类的标准，以及每种类型游戏的具体内涵，如自主体育游戏的内涵是学前儿童自定运动形式、自选运动器械、自由组合玩伴，体育教学游戏的内涵是为了完成教学目标而组织开展的教学性游戏。

体育游戏的创编，主要是对体育教学游戏进行创编。笔者补充讲解了体育教学游戏创编的步骤方法，包括明确游戏目的、选择游戏动作、构思游戏结构、设计游戏细节、制定游戏规则、确定游戏名称。结合体育游戏的结构着重强调了构思体育游戏的情节和设计游戏的活动方式。游戏细节能够体现出体育游戏的亮点，也能够增加游戏的趣味性。

（2）讨论环节。

在讲解体育游戏的理论过程中，笔者让学生围绕体育游戏的教育价值进行讨论，以充分理解体育游戏对学前儿童发展的价值。如让学生分析体育游戏对学前儿童智力发展的作用，学生就回答出通过体育锻炼，血液循环加快，改善了脑的营养供给，促进了大脑的发育，以及在玩体育游戏的过程中也需要学前儿童动脑筋想办法，如三个字、两人三足等游戏。学生还列举案例来分析如何通过体育游戏锻炼学前儿童的意志力，如接力游戏、争夺游戏能够培养学前儿童勇敢、坚强、克服困难去争取胜利的意志品质。

在学习体育游戏创编的步骤方法时，笔者让学生围绕"爬"这个基本动作，在小组进行讨论，并设计出游戏活动的方式、练习方法，以及游戏的过程。学生能够按照笔者所讲的利用生活事件、幼儿感兴趣的事物、童话故事、生活故事、扮演角色等方法来构思游戏过程，也能够按照接力法、捕捉法、争夺法等不同的竞赛方法来组织开展游戏，对于游戏的细节能够有所创新，以增加游戏的新颖性与趣味性。

在学习完体育游戏的基本理论后，让学生结合体育游戏创编的原则与方法尝试创编体育游戏。仍然以小组讨论的方式，按照体育游戏的构成要素，以及体育游戏创编的步骤方法，对体育教学游戏进行创编，要求包括游戏名称、游戏目标、游戏准备、游戏玩法、指导要点这五个方面，作为一次课后作业。

（3）总结环节。

对于体育游戏组织指导的相关知识，笔者考虑到它更加接近模块三幼儿园各类型游戏的实践技能，所以把该内容调整到模块三中学习，这样便于学生学习完理论知识后就可以直接进行实践。

3. 讲授音乐游戏

（1）讲授环节。

音乐游戏的讲解包括音乐游戏的内涵、特点、价值、结构、类型，以及音乐游戏的创编与组织指导。对于音乐游戏的内涵，笔者引用多元智能理论中的音乐智能，强调了音乐游戏的目的在于通过音乐游戏促进学前儿童的智力、情感、语言、社会性、身体健康的全面发展，音乐游戏同样也需要有明确的游戏规则来组织实施，教师在音乐游戏的设计、组织、指导中发挥着重要作用。音乐游戏的特点：一是它的音乐性，体现为音乐中的节奏、旋律、音高、音色是音乐游戏中的必备要素；二是它的游戏性，体现为能够激发起学前儿童游戏的兴趣，游戏的玩法灵活多样、新颖有趣。对于音乐游戏的价值，它是对学前儿童进行美育的重要途径；有利于学前儿童的右脑开发，增进全脑功能；有利于发展学前儿童的想象力与创造力；在玩音乐游戏中能促进学前儿童的社会交往与合作能力。对于音乐游戏的结构，笔者参照之前讲解的体育游戏的结构要素，补充了音乐游戏的结构，包括游戏音乐、游戏动作、活动方式、游戏情节、活动条件五个要素，这样便于学生对之前学过的知识进行迁移、理解。对于音乐游戏的类型，除了教材中提到的节奏训练、音准训练、动作与协调能力训练、音乐感受力训练这四种，笔者还给学生补充了另一种分类，即节奏游戏、歌唱游戏、舞蹈游戏，让学生理解每种音乐游戏的具体内涵，通过音乐游戏的分类来理解音乐游戏的内涵、特点与价值。

（2）讨论环节。

在学完音乐游戏的基本理论知识后，为了让学生更加全面、真实地感受音乐游戏，以及为之后学习音乐游戏的组织指导、创编奠定基础，笔者给学生找来幼儿园开展音乐游戏的视频，播放给学生观看；也找来教师编写的幼儿园音乐游戏的案例，让学生讨论分析。笔者选择的视频是来自南京的林群谊老师执教的音乐律动游戏《摘果子》，播放完视频后让学生围绕音乐游戏的结构进行讨论分析，让学生感受音乐游戏组织开展的要素。接着笔者又给学生呈现了4个幼儿园音乐游戏的案例，具体案例如下：

小白兔吃萝卜[①]

1. 让幼儿感受并学习小白兔吃萝卜的两种节奏

感受第一种节奏型 | ×0×0 | ×××0 | 。

教师播放音乐，引导幼儿感受并表达：吧唧、吧唧 | 吧唧吧唧吧唧。

教师出示图谱并讲解，小白兔咬一下停一下，又咬一下又停一下，

然后快快地咬了三下。

感受第二种节奏型 | ×××× | ×--- | 。

教师播放音乐，引导幼儿倾听并表达：吧唧吧唧吧唧吧唧 | 吧---。

教师出示图谱并讲解，小白兔快快地咬了四下，然后嚼一嚼。

2. 玩游戏，感受不同节奏。白纸上有四种不同的萝卜，请你们站到自己喜欢的萝卜上面。请扮演小白兔的小朋友一边用"吧唧"声音，一边用肢体动作表现吃萝卜时的动态。

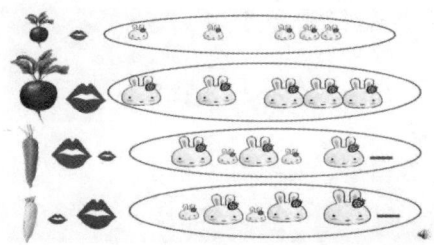

（选自《小白兔吃萝卜》，有改动。）

[①] 徐娇. 小白兔吃萝卜[J]. 幼儿教育（教师），2016（11）：24-25.

纸杯交响乐[①]

1. 幼儿尝试用纸杯敲击出有节奏的声音。

有的幼儿用嘴巴对着杯口发出"嗒、嗒"声,有的幼儿用手拍打杯子发声,有的幼儿用杯子敲击桌面发声。

2. 按照图谱跟着音乐用纸杯有节奏地演奏。

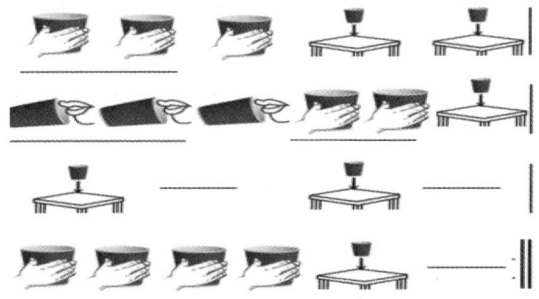

（选自《纸杯交响乐》,有改动。）

吹泡泡

1. 游戏准备：幼儿会唱吹泡泡的歌曲,有一片空地。

2. 在空地上一边唱《吹泡泡》的儿歌,一边"吹出"各种各样的泡泡。幼儿可以用动作比画各种各样的泡泡,教师也可以领着幼儿变化队形,表示吹出的各种各样的泡泡,如一串泡泡是老师好比火车头,幼儿则一个抱住一个的腰好比火车厢,像开火车一样；大泡泡是教师和幼儿手拉拉手合成一个大圆。

（笔者根据《吹泡泡》歌曲创编）

小红帽（废品打击乐）

1. 游戏准备：自制打击乐器,用废旧品铁钉代替三角铁、用塑料大桶代替鼓、用装米的瓶子代替沙锤。

2. 按照《小红帽》歌曲的节奏图谱,练习打击乐器。

3. 用自制的打击乐器演奏《小红帽》。

准备的材料如图 4-33 所示。

---

① 沈娟. 纸杯交响乐[J]. 幼儿教育（教师）, 2016（12）: 28-29.

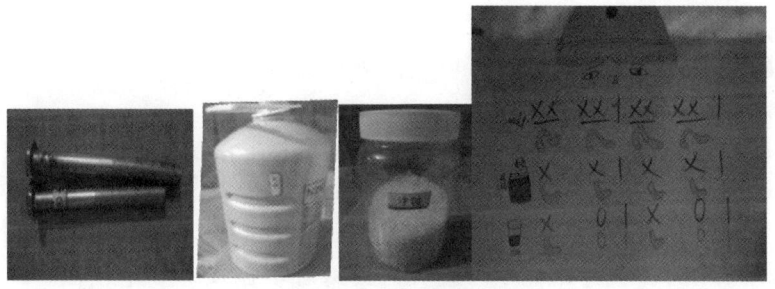

图 4-33 准备的材料

（节选自学生孔兰的作业。）

案例《小白兔吃萝卜》和《纸杯交响乐》是笔者在幼儿园音乐教育活动的基础上修改而成的，其重点在于让学生理解音乐教育活动中的音乐游戏是如何组织开展的。案例《吹泡泡》是笔者根据儿童吹泡泡，按照音乐游戏的构成创编的。游戏的内容十分简单有趣，也是为了让学生理解音乐游戏是如何组织开展的。案例《小红帽》是笔者在学生创编音乐游戏的基础上修改的，目的也是为了让学生理解如何设计组织一次音乐游戏。总之，目的是让学生熟悉幼儿园音乐游戏的组织开展，进而对音乐游戏进行组织、创编。

对于音乐游戏的创编，笔者讲解音乐游戏创编的原则与方法。音乐游戏创编的方法主要有三种：一是从音乐的某些元素中进行创编，如节奏、音高、旋律等；二是从音乐中适合幼儿，或是引发幼儿兴趣的乐段、乐句中进行创编；三是从音乐中伴随的画面、故事中进行创编。笔者让学生结合之前的音乐游戏案例，理解对音乐游戏进行创编的方法。接下来，笔者给出一个音乐游戏的题目"森林音乐会"，让学生讨论如何对该主题的音乐游戏进行创编。如：有的小组是以动物们开音乐会的故事进行创编，各种动物发出不同的声音，让幼儿欣赏这场音乐会；有的小组创编的是收集各种森林中可能发出的声音，让幼儿用身体动作进行表现；有的小组创编的是幼儿扮演不同的小动物唱儿歌，开演唱会。笔者在学生讨论完后，要求学生可以就"森林音乐会"这个题目创编一个音乐游戏，也可以另选题目创编，但要求包括游戏名称、游戏目标、游戏准备、游戏玩法、指导要点这五个方面，作为一次课后作业。

（3）总结环节。

对于音乐游戏组织指导的相关知识，笔者考虑到它更加接近模块三幼儿园各类型游戏的实践技能，所以把该内容调整到模块三中学习，便于学生学习完理论知识后就可以直接进行实践。

四、讲授模块三

根据教学进度计划的安排，笔者计划用16课时完成模块三的教学。按照模块三的教学计划先学习幼儿园游戏环境创设（其中包括游戏材料与玩具的投放、制作），再学习幼儿园游戏的观察（其中包括去幼儿园进行游戏观察的课程见习，完成游戏观察记录表），再学习幼儿园游戏的组织指导（其中包括对幼儿园规则游戏的模拟实践），最后学习幼儿园游戏的评价。可以说，模块三是从实践的角度培养学生对幼儿园游戏活动的支持与引导能力。

（一）讲授幼儿园游戏环境创设

幼儿园游戏环境创设主要包括幼儿园室内游戏环境创设、户外游戏环境创设以及幼儿园游戏材料与玩具投放。

1. 讲授环节

笔者先阐释了幼儿园游戏环境的概念，让学生理解幼儿园游戏环境包括物质环境与心理环境两方面，物质环境主要指幼儿园游戏的场地、空间、材料等，而心理环境主要指幼儿游戏时的人际关系及心理氛围。幼儿园游戏环境创设的意义，主要是让学生理解幼儿园进行游戏环境的创设是为了给幼儿提供开展游戏活动的条件，创造出游戏的氛围，帮助教师树立正确的游戏观，防止小学化倾向。当然，游戏环境还应具有教育意义，满足幼儿全面发展的需要，就像瑞吉欧幼儿教育理念中所提倡的"环境会说话"，让幼儿与游戏环境互动，从游戏环境中获得发展。幼儿园游戏环境创设的原则，主要是让学生理解游戏环境应该能够保证幼儿的安全，能够促进幼儿的全面发展，能够有助于幼儿开展多样化的游戏。

接着讲解幼儿园室内游戏环境创设，首先让学生明确幼儿园室内游戏环境的构成，主要指幼儿园各个游戏区角的环境创设，当然也包括班级外的走廊、栏杆、墙裙、公共区域等；接着明确创设的内容，包括空间的利用，区域材料的安排，墙面和顶面的布置等；进而明确创设的原则，即满足幼儿的发展需要、实用美观、有趣味、安全性，此处还强调了应符合幼儿的心理环境，如安全感。

再讲解幼儿园户外游戏环境创设，首先让学生明确幼儿园户外游戏环境的构成，主要指幼儿园的玩沙、玩水区、自然区、组合运动区、跑道、休闲区、活动材料区；接着明确创设的内容，包括空间的利用，整体的规划，注重绿化、美化，遵循自然结构布局等；进而明确创设的原则，符合幼儿的身心发展需要，即安全卫生、遵循自然、挑战性、整体性。

最后，讲解幼儿园游戏材料的内涵、产生发展、分类、价值、投放、制作。先让学生明确幼儿园游戏材料的内涵，即所有供幼儿游戏玩耍的玩具、物品，包括购买的、制作的、半成品、废旧品以及天然材料。再给学生出示该部分内容的知识图（见图4-34），让学生从整体上先把握知识之间的联系。然后逐一让学生理解游戏材料的产生与发展，如玩具是从人类的生产生活中产生的，玩具中具有鲜明的社会文化的印记，现代工业文明与传统农业文明中儿童玩具的差异。游戏材料的分类有两种视角：一种是从玩具的结构性来分，分成专门化玩具与非专门化玩具；另一种是从玩具的特点来分，分成形象玩具、智力玩具、结构造型玩具、体育玩具、音乐玩具、科学性玩具、表演游戏玩具、娱乐玩具。关于玩具的分类可以从之前学过的各类型游戏中理解，也就是说不同类型的创造性游戏和规则游戏所需要的游戏材料是不同的。游戏材料的价值可以让学生从理解学前儿童游戏的价值方面来理解，因为两者几乎是相同的。关于游戏材料的投放：一是依据幼儿年龄特点的不同，选择不同的游戏材料。如：0~2岁婴幼儿处在感官迅速发展的阶段，一般选择促进感官发展的玩具；3~4岁幼儿处于形象思维发展的阶段，一般选择形象逼真的玩具；5~6岁幼儿抽象思维逐步发展，一般选择建构类玩具、智力玩具等。二是依据游戏材料本身的特性，如低结构游戏材料与高结构游戏材料在不同游戏中的投放。此外，游戏材料的投放还需要遵循全面发展、发展适宜、安全卫生、经济的原则，此外在游戏材料的管理中，需要合理的放置，建立相应的取用常规，并在幼儿使用游戏材料时做到正确指导、动态调整。对于游戏材料的制作，主要讲解了自制玩具的特点、意义，以及如何指导学前儿童制作玩具。

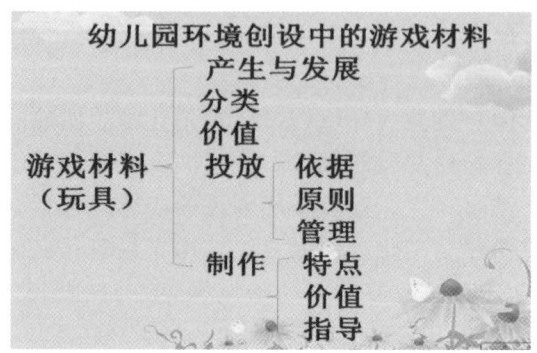

图 4-34　幼儿园环境创设中的游戏材料

2. 讨论环节

笔者一边出示幼儿园室内游戏环境布置的图片，一边让学生讨论分析此图片中游戏环境创设是否符合幼儿园室内游戏环境创设的内容、原则，比如讨论分析图片中游戏环境的空间规划、设施摆放、墙饰装饰、游戏材料投放等，让学生通过十张左右的图片，去理解教材中所讲的幼儿园室内游戏环境创设中存在的问题。如：图 4-35 就存在材料投放不合适，空间布局不合理，空间狭小不适合多名幼儿一起玩耍等问题；图 4-36 就存在环境布置简陋，不能激发幼儿游戏兴趣的问题。同样，笔者也选取了户外游戏环境的图片（见图 4-37），并再次提到了"安吉游戏"中的户外环境创设（见图 4-38），让学生讨论分析幼儿园户外游戏环境的创设，是否符合幼儿园户外游戏环境创设的特点、内容与原则。在不同的图片中分析了器械设备区、集体活动区、沙水区、养殖区、休闲区等户外游戏环境，让学生联系幼儿园游戏环境创设的现实来理解教材中的理论知识。

图 4-35　材料投放不合适

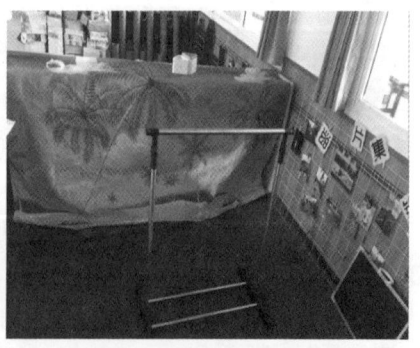

图 4-36　环境布置简陋

图 4-37　户外游戏环境　　图 4-38　"安吉游戏"中的户外环境创设

在讲到玩具的产生源自于人民的生产生活中,源自民间习俗传说中时,笔者引导学生讨论分析自己儿时玩过的玩具与如今学前儿童玩具的不同。学生们积极讨论并发言,并总结出小时候主要是玩大自然中的泥土、沙石、树叶、藤蔓、枝条、竹片。比如:拿棕树叶制作成马蜂包打着玩,拿嫩树枝制作成口哨,拿竹笋皮制作成小伞(见图 4-39),拿泥巴堆火车等;而如今的学前儿童的玩具多是电子玩具、手机游戏,或是塑料制作成的形象类玩具,并引导学生讨论分析了学前儿童游戏玩具发展变化的原因。

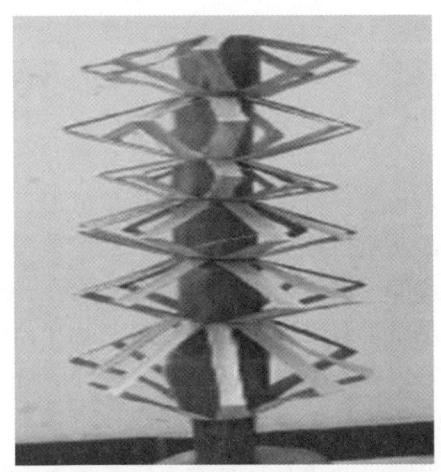

图 4-39　竹竿制作成小伞

3. 总结环节

笔者对于幼儿园游戏环境创设的总结,主要包括两点:一是让学生把关于幼儿园室内游戏环境创设与户外游戏环境创设的理论知识，应用于幼儿园游戏环境创设的观察实践中，在幼儿园见习中观察发现幼儿园游戏环境创设的合理与不合理之处。二是笔者提供制作游戏玩具的基础材料，让学生制作之前所编制的创造性游戏指导方案中游戏准备环节里所需要的游戏材料，或者为要进行模拟实践的规则游戏制作游戏材料。这样既与之前的知识相互联系，又能够锻炼学生制作游戏材料的实践能力，再次培养了学生对学前儿童游戏的支持与引导能力，也能够凸显模块三教学目标中对学生实践能力的培养。

（二）讲授幼儿园游戏的观察与指导

幼儿园游戏的观察与指导，主要包括幼儿园游戏的观察，以及在游戏观察基础上的幼儿园游戏指导。

1. 讲授环节

幼儿园游戏的观察包括幼儿园游戏观察的理论与实践。学生需要先学习幼儿园游戏观察的理论，包括学前儿童游戏观察的含义、意义、计划、观察方法、观察记录整理分析。对于学前儿童游戏观察的含义，笔者让学生对比日常生活中观察的含义来理解学前儿童游戏观察的科学性，包括观察的目的性、计划性、长期性，以及在真实、自然的游戏情境中开展观察。学前儿童游戏观察的意义，即为什么要进行学前儿童游戏观察，重点在于要让学生理解学前儿童游戏观察的重要性，比如通过学前儿童游戏观察可以全面真实地了解每一个幼儿。这是进行学前儿童游戏指导的前提，是正确评价学前儿童游戏的依据，是改进学前儿童游戏的基础。对于学前儿童游戏观察的计划，笔者是按照制订计划的逻辑顺序给学生进行讲解的，具体如下：确定观察内容—选择观察对象、熟悉观察环境—选择观察量表—确定观察方法—整理分析观察记录。对于学前儿童游戏观察的内容，笔者让学生在讨论环节进行讨论补充完善。对于观察对象、观察环境，笔者强调了在选择观察对象时，需要考虑观察对象的年龄、数量、特点是否符合观察内容，也就是说观察对象应与观察内容相符合；观察环境则需要教师在观察之前提前熟悉，使观察环境为学前儿童游戏观察提供便利条件。对于观察量表，笔者也是在讨论环节让学生讨论分析各个观察量表的使用方法。

学前儿童游戏的观察方法主要有扫描法、定点法、追踪法，学生要掌握每种方法的定义、特点以及使用时的注意事项。扫描法是在相等的时间内对每个幼儿轮流扫描观察，适用于了解全体幼儿游戏的总体情况，需要快速地观察与记录；定点法是在固定的地点进行观察，观察进入该游戏区游戏的幼儿，适用于了解某区域幼儿游戏的情况，需要详细观察与记录；追踪法是提前确定一或两名幼儿作为观察对象，观察游戏的全过程，适用于了解个别幼儿的游戏水平，进行个别化指导，需要翔实观察与记录。

学前儿童游戏观察记录的整理，需要学生对收集到的观察资料进行审查、分类、汇编。让学生明确记录的对象包括幼儿的各种作品，相关的游戏材料、玩具，对幼儿游戏行为的描述等；记录的形式包括图画、照片、实物、录音、录像、文字说明等；记录的类型包括表格、文字、符号等。学前儿童游戏观察记录的分析，需要学生掌握从游戏空间、游戏时间、游戏材料、游戏态度、游戏主题这五个角度进行分析。笔者也给学生强调游戏观察记录的分析主要取决于观察的主要内容、观察对象，而教材中从游戏空间、游戏时间等五个方面进行分析。但是只是讲解如何从这五个方面进行分析，不适用于所有的观察记录分析。

2. 讨论环节

笔者让学生结合教材内容讨论学前儿童游戏观察的内容应该包括哪些方面？观察的内容应包括幼儿园创造性游戏与规则游戏中的各个类型，而不是针对某种类型的游戏，所以要尽可能全面、概括。笔者提示学生在讨论学前儿童游戏观察的内容时，要注意理清思路：一是可以围绕幼儿园的游戏本身进行观察；二是围绕游戏中的幼儿进行观察，这样在总结发言时才会条理清晰。学生按照笔者的提示基本上从游戏本身和游戏中的幼儿这两方面，对学前儿童游戏观察的内容做了较全面的回答，笔者又在学生回答的基础上进行了总结补充，最后确定出学前儿童游戏观察的主要内容（见图4-40）。

对于教材中列举出的五种主要的学前儿童游戏观察量表，需要先让学生明白要学习学前儿童游戏观察的量表的原因。这是因为学前儿童游戏观察的量表是科学进行学前儿童游戏观察的良好工具，保证游戏观察的正确性与科学性，进而在游戏观察的基础上进行有效的游戏指导。同时，学前儿童游戏观察的量表使教师在游戏观察前明确游戏观察的目标、观察的内容、观察的方法等，保证了游戏观察的质量。教材中列举出的五种学前儿童游戏观察量表，如游戏发展进度量表、帕顿-皮亚杰量表、豪威斯同伴游戏量表、斯米兰斯基量表、弗罗斯特-沃士曼游戏发展检核表，学生已经在课下自学过了，在讨论环节需要小组成员结合教材附录中的量表内容，来总结各个游戏观察量表的使用方法和记录方法。笔者让学生先来说说如何使用这些观察量表，以及有没有对量表使用不够清楚的地方。这样笔者能够有针对性地给学生讲解了操作性定义、时间取样等核心概念，并且强调了每种观察量表使用时的注意事项和记录方法。接下来，笔者补充了第一轮教学改革中查找到的观察量表（见图3-7、图3-8），让学生像讨论分析之前的五种观察量表一样，讨论这两个观察量表的使用方法。由于这两个观察量表更加贴近目前幼儿园游戏观察的内容与方法，所以便于学生在今后的游戏观察中借鉴使用。

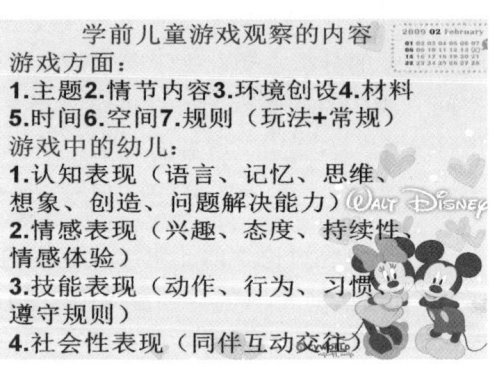

图 4-40　游戏观察的内容

最后，笔者给学生出示了自己根据幼儿园游戏观察内容编制的幼儿园游戏观察量表（见表 4-4），让学生讨论如何使用该观察记录表，其实就是让学生明确针对每个观察项目究竟应该观察哪些具体内容。为了让学生明确讨论的内容，笔者给学生做了讲解示范，如：游戏的主题，应该观察幼儿是怎么选择、确定游戏的主题；幼儿的游戏行为表现是否符合游戏主题；游戏主题是否能够引起幼儿的兴趣；幼儿是否能够投入到游戏主题、情节内容中；幼儿在游戏过程中有没有生成新的游戏主题等。再如：游戏材料，应该观察幼儿是否熟悉游戏材料；是如何选择、运用游戏材料的；教师提供给幼儿的游戏材料是否能满足幼儿的游戏需要；

幼儿是否参与制作游戏材料；幼儿能否爱护、整理游戏材料；幼儿能否分享游戏材料；学生通过笔者的讲解示范能十分清楚接下来的讨论内容。学生花费了整整 40 分钟的时间，围绕 14 个观察内容展开讨论。这个过程其实是让学生明确游戏观察中的操作性定义，这样才能在游戏观察中明确观察的目的与内容，保证观察的有效性。同时，也是教会学生如何记录观察到的现象与事实，即游戏观察记录表记录的方式方法。最后，笔者根据课堂上学生讨论的笔记内容，整理分析了学生对学前儿童游戏观察讨论的具体内容，给学生拟定出学前儿童游戏观察记录表（见表4-5）。

表 4-4 学前儿童游戏观察记录表

观察内容	A 幼儿的表现	B 幼儿的表现	C 幼儿的表现	D 幼儿的表现
游戏主题、情节内容				
游戏目标				
游戏材料				
游戏规则				
游戏技能技巧				
游戏时间				
游戏环境布置				
游戏知识经验				
幼儿交往性				
幼儿自主性				
幼儿想象力				
幼儿解决问题能力				
幼儿创造力				
幼儿情绪体验				

学前儿童游戏观察是游戏指导的基础，游戏指导对学前儿童游戏水平的提升，对学前儿童的发展都具有重要意义。所以，应该先让学生了解学前儿童游戏指导的意义。接着，补充了姜晓燕主编的《学前儿童游戏教程》中关于学前儿童游戏指导的方式，即平行游戏法、合作游戏法，游戏指导的方法即言语指导法、非言语指导法。再让学生讨论学前儿童

游戏指导的内容。笔者提示学生从游戏准备、游戏过程、游戏结束这三个环节去思考游戏指导的全过程。指导的内容应包括对创造性游戏和规则游戏所有游戏的指导，要求学生依据之前所学的各个类型的游戏指导内容做出总结。最终师生达成共识，即游戏观察的主要内容就是教师游戏指导观察的主要内容。笔者在之前游戏观察的记录表上，加上"教师的指导"这一纵列，学生在观察幼儿游戏开展的同时，也就观察了幼儿园教师游戏指导的过程。学生虽然不能亲自指导幼儿开展游戏，但通过对教师游戏指导的观察可以了解幼儿园游戏指导的真实情况，加深对幼儿园游戏指导的认识，为将来的实习工作奠定基础。笔者把对幼儿游戏的观察与对教师游戏指导的观察放在了同一个观察提纲中，增加了对教师游戏指导的具体观察内容，并对第一轮教学改革中总结的观察提纲进行了修改，具体内容如表4-5所示。

表4-5　学前儿童游戏观察与教师指导记录表

_____游戏观察及指导记录表		
观察时间_____　观察班级_____　观察地点_____ 幼儿人数_____　指导教师_____ 观　察　者_____		
观察内容	幼儿表现	教师指导
游戏主题情节内容	游戏的主题情节内容是什么？幼儿是怎么选择、确定游戏的主题情节内容的？幼儿的行为表现符合游戏的主题情节内容吗？有没有生成新的游戏主题情节内容？游戏的主题情节内容是否吸引幼儿？幼儿对游戏的主题情节内容是否投入？ 　　对有这方面表现的幼儿进行观察，并描述下来。幼儿A……幼儿B…… 　　相同的表现写成：幼儿C等3人	教师是如何引导幼儿选择、确定游戏的主题情节内容的？对幼儿不符合游戏主题情节内容的行为表现，教师是如何做的？教师有没有引导幼儿生成新的游戏主题情节内容？教师有没有使游戏的主题情节内容吸引幼儿？教师是如何引导幼儿投入到游戏的主题情节内容的？
游戏目标	游戏目标是什么？幼儿是否达成游戏目标，怎么达成的？哪些目标达成了，哪些目标尚未达成？ 　　记录方法同上	教师是怎样引导幼儿实现游戏目标的？对于没有实现游戏目标的幼儿，教师是如何做的？

续表

游戏材料	游戏的材料、玩具有哪些？幼儿对游戏材料、玩具熟悉吗？幼儿是怎么选择、运用、参与制作游戏的材料、玩具的？幼儿会分享、爱护、整理游戏材料、玩具吗，具体是怎么做的？投入的游戏材料、玩具符合幼儿的游戏主题情节内容吗？符合兴趣吗？ 记录方法同上	教师提供了哪些材料、玩具？是购买的，还是制作的？教师是否引导幼儿选择、运用游戏材料、玩具，与幼儿一起制作游戏材料、玩具？教师是如何引导幼儿分享、爱护、整理游戏材料、玩具的？教师是如何根据游戏的主题内容情节调整、增减游戏材料、玩具的？
游戏规则	游戏规则是什么？幼儿是如何理解、遵守游戏的规则的，以及建立新的规则？ 包括游戏玩法与游戏常规两方面，分两个方面分别记录。 记录方法同上	教师是如何让幼儿理解、遵守游戏的规则？游戏规则是怎样建立的？ 对违规的幼儿教师是怎么处理的？
游戏技能技巧	幼儿掌握了哪些游戏的技能技巧？幼儿是如何运用游戏技能技巧的？幼儿运用游戏技能是生疏的、熟悉的还是创新的？ 记录方法同上	教师是如何帮助幼儿掌握游戏的技能技巧的？
游戏时间	幼儿的游戏持续了多长时间？幼儿游戏的时间充分与否？ 记录方法同上	教师指导了多长时间？
游戏环境布置	布置了哪些游戏环境？游戏环境是否符合游戏的主题情节内容？游戏环境布置是否满足幼儿游戏的需要？幼儿如何参与游戏环境的布置、保护？游戏环境能够带给幼儿什么样的心理感受？ 记录方法同上	教师布置了哪些游戏环境？是如何布置的？教师是如何引导幼儿爱护游戏环境的？
游戏知识经验	幼儿具备哪些游戏的知识经验？幼儿在游戏中可以获得哪些新的知识经验？ 记录方法同上	教师是如何丰富幼儿的知识经验的？
幼儿交往性	幼儿是否能主动进行同伴交往？同伴交往发生的次数？幼儿是如何进行同伴交往的？ 记录方法同上	教师是如何引导幼儿之间的同伴交往的？

续表

幼儿自主性	幼儿是否能自主确定游戏主题情节内容、选择游戏伙伴、组织开展游戏？幼儿是否积极参与游戏、与同伴沟通协商？ 记录方法同上	教师是如何发挥幼儿在游戏中的自主性的？
幼儿想象力创造力	幼儿是如何进行游戏假想的？表现在哪些方面（如角色情节场景）？是否有游戏主题情节内容及游戏技能的创新？ 记录方法同上	教师是如何引导幼儿进行游戏假想装扮的？教师是如何引导幼儿创新游戏主题情节内容及游戏技能的？
幼儿解决问题能力	幼儿在游戏中出现了哪些问题？幼儿是怎么解决问题的？ 记录方法同上	教师是否关注幼儿在游戏中出现的问题？教师是如何帮助幼儿解决游戏中遇到的问题的？
幼儿情绪体验	幼儿在游戏中获得了哪些正向的情绪体验，哪些负向的情绪体验？幼儿的情绪体验是如何变化的？幼儿从游戏中能够培养哪些道德品质？ 记录方法同上	教师是否注意到幼儿的情绪体验？教师是如何引导幼儿获得正向的情绪体验的？教师是如何引导幼儿获得良好的道德品质的？
	对学前儿童游戏表现的总结	对教师游戏指导的建议
	对以上各个方面，各自进行一句话的总结。 也可以是你的整体印象，优缺点都可以	针对老师指导时存在的问题提出解决策略， 即根据你所学，认为老师不合适之处，提出改革建议

3. 总结环节

笔者在课后整理分析了学生对学前儿童游戏观察讨论的内容。经过资料查证最终确定了学前儿童游戏观察与教师指导记录表，并且发给每个学生，让学生再次熟悉并理解每个观察项目具体要观察的内容，明确记录的方法，并解决学生对观察记录表的疑问，以提前做好到幼儿园进行课程见习的准备。笔者与幼儿园领导联系，确定好到幼儿园课程见习的具体时间，要求学生提前做好观察的准备，有目的性、计划性地开展学前儿童游戏与教师指导游戏的观察与记录。

（三）讲授幼儿园游戏组织与指导

幼儿园游戏的组织与指导既包括创造性游戏的组织与指导，也包括规则游戏的组织与指导。创造性游戏的组织与指导在模块二的教学中，笔者已经让学生练习编制创造性游戏的指导方案，而规则游戏的组织与指导包含在模块二的教学中，故直接跳过，留到模块三的这部分内容来讲。其原因在于创造性游戏的组织与指导在课堂上基本上是无法模拟实践的（没有场地、无法布置游戏环境、没有幼儿的互动），只能让学生尝试编制创造性游戏的指导方案，也就是让学生预设如何对某一创造性游戏进行组织与指导。而规则游戏相对于创造性游戏而言，能够在课堂环境中开展模拟实践，可以让学生体验并练习如何组织开展一个幼儿园的规则游戏。所以，笔者先讲解了幼儿园规则游戏组织与指导的理论，再让学生开展规则游戏的模拟实践。

1. 讲授环节

笔者让学生再次回到第七章规则游戏，按照智力游戏、体育游戏、音乐游戏的顺序，讲解每种规则游戏的组织与指导。对于智力游戏的组织与指导，主要是从游戏前、游戏过程中以及游戏结束这三个环节来进行的，以及按照不同年龄阶段幼儿智力发展的特点组织并指导幼儿智力游戏的顺利开展。学生需要明确在智力游戏开展前，需要为学前儿童选择既符合幼儿生活经验、智力发展水平，又有一定难度的智力游戏。同时为智力游戏的开展准备相应的游戏材料与玩具，在智力游戏过程中需要帮助学前儿童掌握智力游戏的规则。教师一般采用示范讲解法，用生动简明的语言和恰当的示范向幼儿介绍说明游戏的目的与玩法，再让幼儿相互学习游戏规则以及开展操作练习。此外，在幼儿开展智力游戏的过程中，教师要督促幼儿遵守游戏规则，按照幼儿玩法认真完成游戏，进而独立进行各种智力游戏。在智力游戏结束后，教师要总结游戏的结果，分析幼儿在玩智力游戏中的收获以及存在的问题。对于不同年龄阶段幼儿智力游戏的组织与指导，学生首先应掌握不同年龄阶段幼儿智力游戏的特点，再有针对地进行组织与指导。指导的要点包括：对智力游戏的选择与创编，在智力游戏中发展幼儿的智力，智力游戏中规则的创新等。

对于体育游戏的组织与指导，主要分为自主体育游戏的组织指导和体育教学游戏的组织指导。自主体育游戏的指导包括给学前儿童提供丰富、安全的游戏玩具；帮助学前儿童建立规则意识、建构规则，这里的规则既包括游戏的玩法，也包括游戏中的常规遵守；观察学前儿童体育游戏的开展，明确介入体育游戏的时机，引导学生类比创造性游戏中的介入时机，思考总结体育游戏的介入时机，如学前儿童在体育游戏时发生冲突、遇到困难、不参与游戏时需要教师介入。体育教学游戏的指导，除了教材中游戏前的准备、游戏中的指导、游戏的结束，笔者还给学生补充了如何对体育教学游戏进行选择，如何组织开展体育教学游戏。比如，在组织开展体育教学游戏时，使用什么样的方法集合学前儿童，如何进行讲解、示范，如何把学前儿童进行分队分组分角色等。在体育教学游戏中的指导，笔者强调了教师如何确定把握游戏的活动量，如何提醒学前儿童遵守游戏规则，如何提醒学前儿童保证身体姿势和动作的正确性，以及在体育游戏中如何让学前儿童玩得尽兴，又能保证安全。

对于音乐游戏的组织与指导，教材中涉及的内容十分有限，而且空洞，笔者主要是让学生结合之前的案例，讨论如何对音乐游戏进行组织与指导。学生在讨论时就参照之前所学过的其他规则游戏的组织与指导的要点，总结出音乐游戏组织指导的要点，如适宜的音乐、幼儿具备音乐相关的知识经验、幼儿明确游戏的玩法、鼓励幼儿用语言动作来感受音乐等。再让学生把教材中关于不同年龄阶段幼儿音乐游戏组织与指导的内容进行对比性理解，如小班幼儿音乐游戏的组织指导偏重感受与欣赏；中班幼儿音乐游戏的组织指导偏重激发喜欢音乐游戏的兴趣，初步理解音乐游戏中的规则；大班幼儿音乐游戏的组织指导偏重培养幼儿的音乐能力，培养幼儿自主开展音乐游戏的能力。

2. 实践环节

在讲完有关智力游戏、体育游戏、音乐游戏组织与指导的理论知识后，笔者让学生把之前创编的规则游戏在课堂上进行模拟实践，一方面是为了让学生在实践中检验自己设计创编的规则游戏在组织实施中是否还存在问题，另一方面是让学生比较真实地体验幼儿园规则游戏的组织与指导。要求组织游戏的学生以幼儿教师的角色代入，其他同学则是以幼儿的身份代入，配合教师组织开展这些规则游戏。由于课堂教学时间有限，一共 12 个小组，每个小组只能选择三种游戏中的一个来组织实施。实施后要求全班学生对该游戏的游戏目标、游戏准备、游戏玩法等方面进行评价反馈，之后再由该小组进行修改完善。

图 4-41 是学生正在模拟组织实施规则游戏。当 12 个规则游戏都模拟组织实施完，学生也对每个游戏进行了评价反馈后，笔者结合学生的评价总结出以下四点：一是学生在游戏前要先把游戏规则尽可能讲解清楚，在语言表达的同时，结合肢体动作进行示范；二是在实践过程中个别规则游戏的游戏性体现不明显，成为教师组织的教学；三是学生在组织规则游戏的模拟实践中显得紧张，还需要多锻炼，尤其是口语表达能力；四是学生在组织部分同学开展游戏时，忽略了对没有参与游戏同学的组织，使这部分同学游离在游戏之外，并没有对游戏的组织开展认真地观察、评价反馈。总之，由于学生在模拟组织开展之前，笔者已经对学生创编的规则游戏进行了修改，所以在规则游戏模拟实施时，游戏目标、游戏过程、游戏玩法基本上没有问题，只是学生个人在组织实施游戏时出现了如上所述的一些问题，这需要学生在今后的幼儿园实习中逐步积累组织开展规则游戏的实践经验。

图 4-41　学生模拟组织实施规则游戏

（四）讲授幼儿园游戏评价

1. 讲授环节

幼儿园游戏评价是幼儿园游戏组织与指导之后的必要环节。这就需要学生先明白幼儿园游戏评价的意义，笔者让学生结合教材中的内容，按照对教师发展、幼儿发展、幼儿园发展这三个层面来进行小组讨论，最后笔者总结出：对教师来说，游戏评价在于提高教师游戏组织与指导的能力；对幼儿来说，游戏评价在于保证各类游戏价值能在幼儿身上得以实现，或者说能够实现游戏对幼儿发展的价值；对幼儿园来说，在于提高幼儿园游戏活动质量。接着，笔者让学生明确学前儿童游戏评价的内涵，强调游戏评价中需要游戏评价的标准、评价的方法以及评价的内容。再让学生简单了解学前儿童游戏评价的类型，重点强调其中的过程性游戏评价，以及定量评价与定性评价，让学生知道学前儿童游戏评价的发展趋势就是定量评价与定性评价相结合。

学前儿童游戏评价的指标体系属于学前儿童游戏定量评价中的重要部分，也是学前儿童游戏定量评价中的难点所在，给学生的理解造成了一定的困难。对于此部分内容笔者要求学生先理解评价指标体系中的每个概念，如什么是评价指标、什么是指标权重、什么是评价标准，然后结合教材中列出的一级指标、二级指标、三级指标的层次结构示意图，让学生理解评价指标体系的结构。但是并不要求学生掌握如何制定学前儿童游戏评价的指标体系，因为编制学前儿童游戏评价的指标体系需要专门的计算公式和扎实的理论功底，学生只要求能理解并运用学前儿童游戏评价的指标体系。所以，笔者给学生提供了学前儿童游戏评价的指标体系，让学生在讨论环节分析每个评价体系是从哪些方面去评价学前儿童游戏的，以及如何使用该评价体系进行学前儿童游戏评价。

2. 讨论环节

对于学前儿童游戏评价的内容，笔者先让学生按照学前儿童游戏评价的对象，即教师、幼儿、游戏本身这三个部分来小组讨论，最后笔者进行总结归纳。学生在讨论过程中就发现与之前讨论的游戏观察的内容、游戏指导的内容都很相近，最后各个小组轮流发言。全班学生集思广益，共同总结出学前儿童游戏评价的内容。经过讨论得出的评价内容，学生印象会更深刻。

学前儿童游戏评价的指标体系，能够体现出学前儿童游戏评价的主要内容，以及对学前儿童游戏评价的过程。笔者要求学生在学习教材中各个学前儿童游戏评价指标体系时先明确以上两点，再来分析如何使用评价指标体系。这些对学生来说都不难，从学生的讨论发言中，笔者发现学生都能完成。所以，笔者只是强调了各个评价指标体系之间的不同之处，如评价的内容、计分的方式；学前儿童游戏评价指标体系中越来越突出定量评价与定性评价相结合，二者结合才能更好地实现对学前儿童游戏准确、客观、科学的评价。

3. 总结环节

笔者要求学生利用去幼儿园进行游戏观察的机会，在观察完幼儿开展游戏后，对该游戏的组织开展情况进行评价。结合课堂上学习的学前儿童游戏评价的内容，先对学前儿童游戏做定性评价。笔者考虑到学生的课业负担较重，所以只要求学生对学前儿童游戏的评价做口头汇报，不再提交书面报告。

五、讲授模块四

根据教学进度计划的安排，笔者计划用 8 课时完成模块四的教学，讲授补充材料少数民族儿童民间游戏的理论与实践。理论部分主要包括少数民族儿童民间游戏的内涵、特征、种类，对少数民族地区儿童发展的价值；实践部分主要包括对少数民族儿童民间游戏的收集整理、改编与创编，以及少数民族儿童民间游戏在幼儿园应用的案例。

（一）少数民族儿童民间游戏的理论

1. 讲授环节

笔者先让学生回忆儿时玩过的民间传统游戏，如滚铁环、跳房子、玩泥巴、过家家、翻绳子、打弹弓等，让学生思考民间传统游戏与之前所学的幼儿园游戏的不同之处。接着，引出理论界对"民间游戏"概念的界定，强调民间游戏"主要是流传于广大人民生活中的嬉戏娱乐活动"[①]。进而引出"儿童民间游戏""少数民族儿童民间游戏"的概念，让学生认识到少数民族儿童民间游戏就是流行与少数民族地区，具有一定形式、规则、内容又可因时因地发展变化的、随时随地可以进行的，以玩耍为目的的娱乐活动。对于少数民族儿童民间游戏的特征，除了具备民间游戏的特征，如游戏材料简便、操作简单，浓烈的地方特色和生活气息，

---

① 乌丙安. 中国民俗学[M]. 沈阳：辽宁大学出版社，1985：373.

开展形式随机灵活、不受限制，还体现了浓郁的民族特色、丰富的文化内涵等少数民族儿童民间游戏的独特魅力。对于少数民族儿童民间游戏的种类，可以大致分为角力类、手技类、投掷类、球毽类、灯火类、骑赛类、滑赛类、跑跳类、斗智类、射击类、杂技类、逗物类、生活类等十三种类型，笔者在讲解时对每个类型的少数民族儿童民间游戏进行了举例说明。对于少数民族儿童民间游戏的价值，笔者是参照游戏对学前儿童发展价值来讲解的，即少数民族儿童民间游戏也能够促进学前儿童的身体、认知、情感、社会性的全面发展。

2. 讨论环节

在讲解完关于少数民族儿童民间游戏的基本理论后，笔者先呈现了四个典型的黔西南地区少数民族儿童民间游戏的案例：冰冻冰冻、请白、挤油渣、牛拱背，这四个案例均是笔者在黔西南地区的布依寨里收集整理而成的，具体游戏内容如下：

"冰冻冰冻"这个游戏名称是根据布依语发音和游戏自身的规则而来的，意思是当快要被抓住时，喊一声"冰冻"并且站住不动，就免于被抓到。所以，冰冻冰冻既沿用了布依语发音，又形象地说明了游戏内容。具体玩法：人数要三个人以上，一个人任意抓住另外一个人为赢。首先，先决定一个人负责追，当被追的人在差点要被追到的时候，喊一声"冰冻"，然后站住不能动；追的人就要继续追另外的游戏者，而刚才喊"冰冻"的人是站着不动的，此时，其他任意一人在不被追着跑的时候，趁机去救活他（两人击个手就行），这样他复活后可以继续跑动起来。直到追到任意一个人的时候，此人没有及时喊出"冰冻"，或者喊出了"冰冻"但仍然跑的话，则被追到的那个人则随即扮演负责追人的角色，将游戏进行到底，直到游戏者们都跑累了，不愿意再玩，游戏则结束。

"请白"这个游戏名称是从布依土语翻译而来的，"白"在布依土语里是爸爸的意思，"请"表示尊敬，布依人习惯说话时把请放在前面以示尊敬。这是一个布依族女孩子常玩的游戏，一边唱歌谣，一边围成圆圈做动作。具体玩法：人数要三个人以上，每人抬起一条腿相互搭好，组成"井"字形状，另一条腿一起边蹦跳边转动，嘴里还要唱歌谣："请白请白，爸爸打我手白，请我跪下来；请白请白，爸爸打我手白，请我伸出手来；请白请白，爸爸打我手白，请我站起来；请白请白，爸爸打我手白,请我转个圈。"歌谣一遍遍重复,一遍遍做跪下、伸手、起来、转圈的动作,直到有人做错动作或是坚持不下来时,游戏才结束。

"油渣"是布依族人民喜爱的食物,布依族儿童把自己想象成一颗颗香脆可口的油渣,在伙伴中间挤来挤去,看谁先"出锅"。具体玩法:首先,要选择有一面墙的场地。参加游戏的所有儿童,通过划拳(剪子包子锤)选择靠墙站立的位置。选定位置后,游戏开始。所有儿童靠墙相互推、挤,被挤、推出人墙则算输,输的人自动往墙的最两边站,游戏不停止,直到大家不愿意再玩时,游戏才结束。

"牛拱背"这个游戏是儿童模仿老牛拱背时的样子。具体玩法:儿童两人一组,背靠背,双臂夹在腰间。然后,相互用背部、腰部、臀部、胳膊肘顶、拱对方,直到一方蹲在地上认输,游戏才算结束。

让学生对这四个少数民族儿童民间游戏进行讨论分析,讨论分析的内容主要围绕少数民族儿童民间游戏对儿童发展的价值,少数民族儿童民间游戏的特点,以及所反映出的少数民族传统文化展开。

3. 总结环节

学生发言后,笔者就以上问题对四个少数民族儿童民间游戏进行了总结,具体内容如下:

"冰冻冰冻"游戏以儿童的奔跑追逐为主,很好地锻炼了儿童的跑动能力、灵敏性和判断力。儿童不仅要在游戏中奔跑追逐,更要随时观察游戏形式,准确地根据游戏形式做出反应。所以,儿童要想在游戏中取胜则需要敏捷的身手和灵敏的判断。

"请白"游戏几乎原汁原味地再现了布依族儿童接受责罚的场景,包括歌谣中的请白,是直接从布依土语而来的,"请"是布依土语说话前的表达习惯,"白"就是指布依语爸爸。游戏者边跳边唱,讲究同心协力,既锻炼了儿童的肢体协调能力与灵活性,又培养了儿童的合作精神。从游戏的歌谣中也可以看出布依族的家庭教育文化,布依儿童做错事,要受到长辈的责罚,有比较严厉的家规。

"挤油渣"这个游戏玩法简单有趣,融入了儿童大胆丰富的想象。首先儿童需要遵守用肩膀、胳膊肘、胯部、腿关节挤、推但不能用手的规则;同时在相互挤推的过程中,儿童要运用一些游戏策略,即如何使自己紧紧贴住墙,而又能很巧妙地把别人挤出来。除了依靠自己的身体力量，儿童还要动脑筋想办法，这样才能在游戏中获胜。

"牛拱背"这个游戏的玩法十分简单，只要有两个人就能玩，场地也没有要求。在游戏中很好地锻炼了儿童的背部、腰部、肘部、腿部力量，以及儿童的持久力、意志力，同时在较量中也考验了儿童对角斗策略的使用。可以说，看似简单的"牛拱背"，蕴含了智力、意志力与体力的多重较量。

（二）少数民族儿童民间游戏的实践

1. 讲授环节

在学生对少数民族儿童民间游戏有了初步认知后，笔者讲解了少数民族儿童民间游戏的收集、整理。由于教材中没有涉及此部分内容，笔者只能查找到其他相关资料，并结合自己在收集、整理少数民族儿童民间游戏时的实践经验，给学生讲解了收集、整理少数民族儿童民间游戏的方法，以及在收集、整理过程中遇到的困难。比如，语言不通，因为了解少数民族儿童民间游戏的多为中老年人，他们往往只会说本民族语言，沟通就比较困难，即便有翻译，也只能意会，难以确切理解；另外，收集到的很多游戏不全面、不完整，只能一知半解，推测着整理。

对于少数民族儿童民间游戏的改编与创编，包括改编与创编的原则、方法，以及改编后的案例分析。学生需要按照科学性、兴趣性、时代性等原则对少数民族儿童民间游戏进行改编，改编的内容包括游戏的玩法、游戏的儿歌、游戏的场地、游戏的材料、游戏的规则等，并且让学生对改编后的少数民族儿童民间游戏进行现代教育价值分析。

对于少数民族儿童民间游戏在幼儿园教育活动中的应用，笔者先讲解了少数民族儿童民间游戏在幼儿园应用的价值，包括以下五个方面：传承贵州少数民族传统文化，从小培养幼儿的民族认同感以及爱家乡的美好情感；丰富幼儿园游戏活动的内容；增强了幼儿园游戏活动的生活性、趣味性；利于幼儿园区域活动因地制宜、就地取材；增强了幼儿园区域活动的灵活性，减少了教师的无效指导。接着，列举了少数民族儿童民间游戏在幼儿园一日教育活动中应用的案例，让学生通过理解分析案例来学习如何把少数民族儿童民间游戏应用于幼儿园晨间活动、区域活动、教学活动、户外体育活动中。以下是笔者选取的少数民族儿童民间游戏在幼儿园应用的具体案例:"划龙舟"游戏应用于幼儿园晨间活动中,"三幺台"角色游戏应用于幼儿园区域活动中,"八音坐唱"应用于幼儿园音乐教学活动中,"甩糠包"应用于幼儿园户外体育活动中。

划龙舟

游戏目标:
  1. 培养幼儿团结协作、互相关爱的精神。
  2. 激发幼儿对中国传统文化、民族文化的热爱和兴趣。
  3. 锻炼幼儿的蹲走能力。
游戏准备:
  宽阔的场地。
游戏玩法(见图4-42):
  1. 教师介绍划龙舟的民间活动并示范游戏玩法。
  2. 幼儿分成五个人一组。
  3. 每组五个幼儿都蹲下,后面的幼儿拉着前面幼儿的衣服往前划,哪一组幼儿先划过去就算赢。
注意事项:
  1. 幼儿之间的合作,幼儿的安全。
  2. 提示幼儿,游戏中不能不顾别人一个人走。

图4-42 幼儿玩"划龙舟"

"三幺台"角色游戏

游戏背景:
  在贵州省黔北仡佬族地区,当地幼儿喜欢玩扮家家游戏,尤其喜欢玩举办"三幺台"宴席的扮家家游戏。"三幺台"是仡佬族的土语,意思是一台宴席要经过三轮席才算结束。"一幺台为茶席,寓意是为远道而来的宾客接风洗尘,二幺台为酒席,寓意是主人和宾客如神仙般快乐,三幺台为饭席,寓意是四方宾客团团圆圆、亲如一家。"① 每当婚丧嫁娶、节日庆典时当地都要举办"三幺台",幼儿从小就跟着大人参加各种三幺台宴席,所以对三幺台宴席十分熟悉,他们在扮家家游戏中便会模仿成人在宴席上的话语以及礼仪行为规范,自然而然地玩起了举办"三幺台"宴席的角色游戏。

游戏内容(见图 4-43):②

一幺台为茶席:每当客人到访,主人都会非常热情地打开堂屋迎接,请客人入座八仙桌的上席,再用土大碗盛满自家做的油茶双手扶碗端给客人,并配果品糕点。客人则以谢茶歌表达对主人的谢意。那么,在一幺台茶席中,可以有如何迎接客人,安排客人入座,如何准备油茶和果品糕点等游戏情节。二幺台为酒席,摆好酒席后主人首先拜祭祖先再把酒言欢。第一杯为敬客酒,主人向客人敬酒表示欢迎。第二杯为祝福酒,客人感谢主人盛情接待并祝福主人。第三杯为孝敬酒,晚辈为长辈祝福,晚辈必须等长辈喝完酒后再喝。那么,在二幺台酒席中,可以有如何拜祭祖先,如何向客人敬酒、向长辈敬酒,并在敬酒中学说敬酒词、学唱敬酒歌等游戏情节。三幺台为饭席,摆上"九大碗",吃菜时晚辈不能随意用菜,每碗菜都必须等长辈先尝后才能动筷,长辈夹菜时也要邀请大家一起用菜。吃完饭后,要平端或合举筷子,示意"各位慢用",直到长辈用毕,才相继退席。那么,在三幺台饭席中,可以有如何摆放饭菜,遵守用餐礼仪等游戏情节。

幼儿分别扮演"三幺台"宴席中的主人、客人、长辈、晚辈等角色,模仿茶席、酒席、饭席中的游戏情节。扮演男主人的幼儿要会迎客陪客,比如,开门迎接,唱敬茶敬酒歌,说祝福的话语等;扮演女主人的幼儿要会备茶备饭,比如自制油茶,用土大碗盛满端给客人,把九大碗摆得均匀美观等;扮演客人的幼儿要会答谢主人的热情款待,祝福主人;扮演长辈的幼儿要先入席,先品尝饭食;扮演晚辈的幼儿要后入席,等长

---

① 周菁. 仡佬族食俗"三幺台"价值探讨[J]. 贵州民族研究, 2015 (5): 114-117.
② 樊婷婷. 融入三幺台文化的幼儿园礼仪教育探析[J]. 教育文化论坛, 2016 (1): 69-73.

辈用完餐，再相继退席。

游戏对儿童发展的价值：

"三幺台"中蕴含了仡佬族人传统而盛大的食俗礼仪文化，在黔北仡佬族当地妇孺皆知，其中的礼仪文化理应成为幼儿从小学习的礼仪行为规范。所以，主要是通过玩"三幺台"角色游戏让幼儿学习食俗礼仪规范，感受"三幺台"所蕴含的尊老敬祖、热情好客、淳朴善良、其乐融融的文化氛围，增强对仡佬族文化的认同感和自豪感。

游戏环境创设：

1. "三幺台"游戏在娃娃家就可以进行，但需要投放"三幺台"中用到的杯盘、酒水、饭食等。最好使用仡佬族土碗、杯碟。

2. "三幺台"中的饭食可在"美工区"制作完成后拿到娃娃家使用，比如用皱纹纸、色卡纸、毛线条、橡皮泥等做出美味可口的"九大碗"。

游戏指导：

1. 教师帮助幼儿正确认识"三幺台"。如"三幺台"有几台席组成，上席的顺序，每台席的名称，在宴席上品尝的菜肴。要遵守的礼仪行为规范：入席的座位、敬酒祝福、长辈先品尝等。

2. 教师讲述三幺台由来的故事传说。

3. 教师帮助幼儿练习学唱敬茶歌，学说敬酒词，来表达对客人的欢迎与敬重。

游戏创新：

1. 不拘泥于传统礼仪行为规范，可以融入现代食俗礼仪。比如，用公筷，少饮酒，以茶代酒，妇女同桌用餐。

2. 宴席中的饭菜可以翻新，引入幼儿喜欢的品种。

图 4-43 幼儿开展"三幺台"角色游戏

八音坐唱

游戏背景：

布依族"八音坐唱"是其民族传统文化之精髓，因用直箫、月琴、竹筒琴、牛腿骨（或马腿骨）、三弦、短笛、芒锣、葫芦等8种乐器合奏而得名。黔西南州兴义市巴结镇的南龙古寨便是八音坐唱的发源地之一，古寨的八音坐唱有"盘江奇葩""凡间绝响，天籁之音""声音的活化石"以及"南盘江畔的艺术明珠"等美誉。

游戏目标：

1. 了解布依族八音坐唱的民族传统文化。
2. 简单认识直箫、月琴、竹筒琴、牛腿骨（或马腿骨）、三弦、短笛、芒锣、葫芦等8种乐器。
3. 陶冶幼儿的音乐情操。

游戏准备：

直箫、月琴、竹筒琴、牛腿骨（或马腿骨）、三弦、短笛、芒锣、葫芦等8种乐器。

游戏玩法（见图4-44）：

1. 让幼儿介绍各种乐器，并让幼儿辨别各种乐器所发出的声音。
2. 教给幼儿各种乐器的基本弹奏方法，让乐器发出声音。
3. 选择较为简单的八音坐唱的曲目，带领幼儿配合弹唱八音坐唱。
4. 启发幼儿自主运用已有乐器创新配乐，弹唱感兴趣的曲调。

注意事项：

幼儿教师必须对相关乐器有详细的了解，能掌握基本的弹奏方法。

图4-44 幼儿开展"八音坐唱"游戏（由兴义市百春幼儿园提供）

甩糠包

游戏背景：

"甩糠包"是布依族的传统活动之一。每年正月初3至15、7月半等节日，青年男女都聚集在风景优美的处所或草坪上，开展"甩糠包"活动。"糠包"用多色花布缝制而成，形如四方小枕头，四角系有2厘米长的五色洒须，内装棉籽或粗谷糠。"甩糠包"，有顺甩和倒甩两种：顺甩是右手拿包从上向前绕三转，甩出去；倒甩是右手拿包从上向后绕三转，倒身向前甩出去。甩时，脚不离地，接时要在三步范围内单手接住，才算技艺高超。游戏进行到高潮时，会有几十个糠包在空中飞舞，令人眼花缭乱。"甩糠包"也是布依族青年谈情说爱的方式之一，青年自选心爱的人对甩，传递爱情信息。

游戏目标：

1. 锻炼儿童手部、腿部、脚部肌肉的协调发展。
2. 培养儿童的反应能力。
3. 让幼儿了解少数民族的民俗民风。

游戏准备：

长方形布料一块，针、线、稻子壳若干。用针线把长方形布料缝合成口袋，将稻子壳装进口袋里并把口袋缝合。

游戏玩法（见图4-45）：①

图 4-45 幼儿玩"甩糠包"的游戏

---

① 梁小丽. 黔西南少数民族传统教育习俗研究[M]. 北京：现代教育出版社，2016：37-38.

1. 有两个或两个以上的人一起来玩，首先在地面上画一条直线，在直线两边分组，一边为 A 组；另一边为 B 组，A 组和 B 组相距一定距离。

2. 先由 A 组用手将糠包抛向 B 组，B 组接到糠包后又立刻将糠包反抛给 A 组，就这样反反复复地抛掷，但在游戏过程中，如有一组没有立刻接到糠包而掉在地上，那么，这组就为输，同时输组还会受到相应的惩罚。

2. 讨论环节

因为班上的学生大多数都是贵州省内少数民族地区的学生，学生小时候玩过的游戏就属于少数民族儿童民间游戏。所以，在讨论环节，笔者让学生回忆、记录下来自己小时候玩过的少数民族儿童民间游戏，并对其价值、特点进行分析，对其文化背景进行溯源。之后再按照所学的改编与创编的原则、方法，对少数民族儿童民间游戏进行改编或创编，以及对改编或创编后的少数民族儿童民间游戏进行现代教育价值分析。在此，笔者把自己做过的对少数民族儿童民间游戏改编的案例分享给学生，作为范例以启发学生对自己收集到的少数民族儿童民间游戏进行改编。

侗族儿童民间游戏"猜芭 mei"

游戏背景：

在贵州黔东苗族南侗族自治州的侗族村寨里，当地的幼儿从小就玩一种斗草的游戏，侗话叫作"猜芭 mei"。这个斗草游戏不是草与草的比试、较量，而是对别人手里的草的猜想。所以，从它的侗话游戏名称上才好理解。"猜芭 mei"中的"猜"就是玩这个游戏的关键，即猜想、推测的意思；芭可以理解成以芭蕉叶为代表的各种各样的植物叶茎、藤蔓等；那么"猜芭 mei"就是指幼儿在玩游戏时要大胆推测猜想别人手中的草，看谁猜中得多，谁就获胜。

游戏玩法：

两个或者两个以上幼儿一起参与游戏，每个幼儿各自朝着一个方向去摘自己的草，大约摘 10 种草，不许偷看别人摘的草。摘好后大家围成一个圈，其中一人先拿出一种出来，其他幼儿就看看自己手中有没有他的这种，如果有一样的草，那么这个幼儿就赢了。哪个幼儿手里的草成功配对的对数最多就算赢。

游戏的改编与指导：

拓展游戏环节，比如碰到无法配对的草时，幼儿一起说说它们的不同之处；遇到正好配对的草时，幼儿一起说说它们的相同之处。拓展游戏材料，幼儿不仅可以选择收集草，还可以收集各种植物的叶片、藤蔓、花朵、果实玩猜芭 mei。

在摘草时，教师帮助幼儿尽可能收集不同种类的草，同时引导幼儿大胆推测其他幼儿可能摘的草。在斗草时，教师要鼓励幼儿大胆说出草与草的不同之处。并在游戏中不断激发幼儿喜爱植物、热爱大自然的情感。

游戏对幼儿发展的价值：

首先在摘草环节，幼儿要仔细观察每种草，以确定摘哪些种类的草，这样在随后草与草的比较配对时，能够准确地知道结果，锻炼了幼儿仔细观察的能力；幼儿在摘草时除了要思考自己摘哪些草，还要猜想其他幼儿可能摘哪些草，这就培养了幼儿的判断、推理能力。其次在斗草环节，幼儿需要相互比较各自手中的草，发现各种草的异同，这样就很好地锻炼了幼儿比较分析的能力。总之，幼儿在摘草、斗草的过程中，其实是认识各种植物、探索发现不同植物的过程，这样就激发了幼儿对大自然各种植物的好奇心、探究欲望，同时能培养幼儿亲近大自然、热爱大自然的美好情感。

3. 总结环节

要求每个小组收集、整理一个少数民族儿童民间游戏，首先对其进行价值分析和文化溯源，再对其进行改编或创编，并对改编或创编后的少数民族儿童民间游戏进行现代教育价值分析。本次作业由两部分构成：一是原汁原味的少数民族儿童民间游戏，包括游戏的名称、玩法、价值分析和文化溯源；二是改编或创编后的少数民族儿童民间游戏及其现代教育价值分析。

第三节　考查

教育行动研究的第三个环节是考查，考查主要针对行动的过程与结果。由于本次教学改革采用的是教育行动研究中的独立模式，即笔者既是行动者又是研究者。考查的方法包括观察法、访谈法、日志法等。笔者运用观察法时，无法以第三人的身份来观察自己的课堂教学情况，只能观察学生的课堂表现、作业完成情况；在运用访谈法时，也无法以第三人的身份来访谈自己，只能访谈学生对课堂教学的反馈。所以，笔者计划运用日志法来记录自己的课堂教学情况，以及自己的教学体会、教学反思，并作为考查的第一手资料。具体到第二轮教学改革行动研究中，当课堂教学过程完成后，笔者利用自己对整个教学过程记录的教学日志，把行动之前的计划与行动过程做对照，找出计划与行动的差距，以及用观察法、访谈法收集与学生相关的证据资料，发现行动中存在的问题，为下一步反思计划与行动之间的差距，找出解决问题的途径奠定基础。

一、考查模块一

（一）考查教学行动过程

首先，笔者对照了模块一的教学计划与教学行动，发现在认知层面的教学目标已达成，也帮助学生初步建立了正确地学前儿童游戏观，如正确地认识学前儿童游戏的价值，防止幼儿园活动小学化；熟悉幼儿园可以开展的游戏活动类型，为幼儿园游戏实践奠定基础。但部分学生学习本课程的主动性积、极性不够，因为他们在课堂上对笔者的教学没有什么回应，与笔者也没有眼神和表情的互动，个别学生没有按要求完成课前自学。教学内容按照教学计划全部完成，也按照教学计划中的课堂教学流程开展教学；在讲授环节学生能做到认真听讲记笔记，在讨论环节能积极参与讨论；对于不能投入的学生，笔者也询问了解了情况，一般是因为他们没有完成自学或是自学不到位就自然无法开展讨论，或是小组分工各自完成相应的部分，笔者要求学生一定要讨论用集体的智慧来解决问题，而不是个人找答案。在总结环节，学生以小组为单位举起写有小组名称的牌子来发言，全班12个小组都做到了积极发言，很多小组由于课堂时间有限还没来得及发言，笔者就得对讨论题目做出总结。对学生的评价包括：自学是否完成，以及完成自学笔记的质量。没有完成的扣分，按照笔者要求认真完成的加分；学生个人在讲授环节发言，可以给个人加分；学生个人在讨论环节向老师提出有价值的问题，可以给个人加分；学生个人解答其他学生提出的疑问，可以加分；小组在总结环节发言，全组成员都要加分；所有加分计入平时成绩。

（二）考查教师教学反思

采用新的课堂教学流程后，笔者发现确实可以节省很多课堂上让学生熟悉教材内容的时间，避免了教师在课堂上照本宣科，这样就可以把更多的课堂教学时间用于讲授理解难度较大的知识点和知识之间的内在联系，帮助学生建立知识结构；同时也能把更多的课堂教学时间用于学生讨论，让学生在小组讨论中内化吸收笔者刚刚在讲授环节讲解的重难点，而不是局限于教材知识，还能相互解答疑问、生成新的认识等。笔者认为，这样的课堂教学流程很适合学前儿童游戏课程，因为这门课程的教材内容相对简单好理解。这样在讲授环节和讨论环节都能对教材内容有所加深，学生也能深入浅出地理解，同时也调动了学生的学习积极性。

笔者认为模块一的教学目标达成，对于教学内容，笔者每次在讲授环节都能突出本节课的重难点，但对于知识之间的联系以及一些难点问题，笔者还没有完全把握，讲解得就不够透彻，比如儿童游戏与成人游戏在目的方面的区别，就没能讲明白；还有儿童游戏非功利性的特征，事实上在很多游戏中儿童也想赢，就无法给学生解释；还有在讲解时，容易就某个问题扩展得较远，如在讲幼儿园游戏与教学的关系时，就在结构化活动与非结构化活动上花费了较多的时间，但它并不是理解游戏与教学关系的关键，只是相关的知识而已；还有些内容笔者没有讲清楚就让学生讨论，以致讨论时学生易迷惑，如创造性游戏与规则游戏的区别；还有对于开放性讨论题目，笔者给学生很大的自由讨论的空间，但缺少对问题最后的总结提升，比如让学生讨论"安吉游戏"的场地与玩具材料，应该在总结环节里展示典型的"安吉游戏"图片和文字，提升各个小组对"安吉游戏"的认识程度，以便完成游戏零散经验的积累。这就说明笔者对教学内容的理解把握还存在很多问题。

（三）考查学生课堂表现及作业完成

笔者在回顾环节会检查学生完成自学的情况，发现有 3 人没有完成的模块一课前自学，一半左右的学生自学笔记记录简单，没有按照自学要求去做。每次回顾环节笔者都会提醒学生按照回顾要求去做，学生应该也能做到。讲授环节几乎所有的学生能做到认真听讲，但极个别学生会走神（如看看手机）。讨论环节小组成员都能参与，大家一边各抒己见，一边记下问题的答案，甚至很多小组在课间休息时仍在继续讨论。在总结环节各小组能积极回答讨论的题目，每个讨论的问题，很多小组都愿意回答，但由于时间有限，不能一一回答。学生回答简单的问题基本上正确，难一些的问题能回答出部分答案，笔者纠正补充。

模块一的作业是2道论述题，要求学生按小组完成作业，共提交12份小组作业。对于第一道作业题，论述幼儿园游戏活动与教学活动之间的关系。学生能围绕问题展开思考论述，并且能结合笔者在课堂上补充的相关要点，如学生的作业中写道：

游戏与教学的关系，是一条线段上的两个端点，而截往中间就会偏向教学或者游戏或者是教学与游戏的结合。现在幼儿园开展的游戏虽然都是游戏但不是幼儿自己想玩的"游戏"，其游戏是教学的辅助工具被赋予了一定的性质，而不是自发自为的活动形式。游戏与教学是有内在联系的，游戏与教学虽然具有本质区别但是其目的和作用都是一样的，都是为了促进幼儿的全面发展。通过游戏，儿童能将内在已有的知识、技能及情感主体活动表现出来。而系统的学习科学文化知识和技能，形成一定的审美观和道德观，是通过教学活动得以实现的。

（节选自"卧薪"小组的作业）

学生也查阅了其他相关资料，补充了对二者关系的进一步认识，如学生的作业中写道：

目前只要谈到幼儿园游戏与教学活动的关系，总会有五花八门的说法，但总的来说，基本上就归为三种观点：分离平行、相互包容、包含关系。分离平行关系：该观点强调的是游戏与教学活动是并列互动的两类活动，游戏强调的是幼儿主体性的发挥，是一种内在的、无目的或目的性不强的活动，且强调"兴趣、表现、过程"，是一个以已有知识经验为基础的活动，而教学是一种外在教育目的的规范，以使幼儿掌握一定的知识技能、社会性活动，强调的是"目标、计划、效果"的活动过程，具有社会强制性,是从无知到知的活动过程。相互包容:这种观点认为,幼儿园游戏与教学的界限不再有明确的分明,教师已经开始意识到幼儿所喜爱的游戏具有独特的教育价值,因此他们开始借助游戏来吸引幼儿的注意力,激发幼儿的兴趣,把教学游戏化和游戏教学化,目的是为了提高教学效率和质量。包含关系:幼儿园游戏和教学是包含关系,游戏是幼儿园教学的途径之一,但不是唯一的途径。刘焱教授提出"任何游戏活动时间都是教育活动"的观点,说明教学活动与游戏活动是整体与部分的关系。因此,幼儿园以游戏为基本活动,就要以游戏这种主体性活动为中心,并将它的主动性、独立性、创新性扩散到教育教学活动体系的方方面面,其主要目的仍然是为了教学活动。

是的,经讨论后,我们组认为幼儿园游戏与教学活动的关系是即平行、相容亦包含,至于划分则要根据幼儿的年龄特点和活动目标来确定。其中最关键的一点是幼儿园游戏与教学活动的共同价值追求应注意以下几点:① 幼儿园游戏与教学活动应该也必须统一于素质教育中的促进幼儿全面和谐的发展中;② 幼儿园游戏与教学活动的有机整合是促进幼儿发展的有效途径;③ 幼儿游戏不仅仅是教学的重要手段和方法,也应是教学的内容。游戏正是这样一种幼儿的主观需要,它不仅能促进幼儿的个性发展,更是幼儿获得全面发展的重要保证。只有通过游戏,才能满足幼儿在成长过程中的身心发展需求,使幼儿身心各个方面的需求得到更好的发展。

(节选自"bingo"小组的作业)

从学生的作业中可以看出,学生通过小组讨论共同完成作业,在完成作业的过程中加深了对二者关系的理解。

对于第二道作业题,"安吉游戏"的游戏场地、游戏材料的特点与价值。学生能够按照要求,图文并茂地论述"安吉游戏"在游戏场地、游戏材料上的独特性,如学生的作业中写道:

安吉游戏在游戏场地上,其一做到了贴近生活实际。主要以户外场地为主,并且场地活动空间较大。其二在场地方面实行依托自然资源。场地上的创设和合理利用有利于幼儿更好地进行各种集体活动。对于我们组讨论而言,游戏场地就是一个能让幼儿开展活动的场所。场地的选择首先应该以安全为第一原则,并且应该考虑场地的大小,合理科学地设置适合幼儿户外活动的开展。

安吉游戏在游戏材料和环境创设方面,促使了幼儿自主探索性和实践性相结合,让幼儿置身于自然环境之中,做到了让幼儿自然发展并能找到童年的乐趣。以前的幼儿在童年时期,因为游戏资源的缺乏,常常是在生活中发现游戏,创造游戏。安吉游戏的创设很大方面满足了幼儿的心理需求,让幼儿真正感受到了快乐。

安吉游戏利用木头和其他一些生活中常见的物品为主要活动材料,从而进行游戏环境的创设。从我们组的讨论和交流来看,我们认为安吉游戏有很大的优势,但同时也存在一定的安全问题,在游戏活动中安全问题是最不可控的,它具有突发性。安吉游戏中的一些游戏,例如,让幼儿在高低不一样的木制通道上通过整个通道,还有就是上图中让幼儿在这样一个难度较高的游戏中活动。(见图4-46、图4-47)

总而言之,没有什么东西是完美无缺的。我们认为在游戏的材料选择上:其一应该要安全无毒,在这一点上安吉游戏多以木制东西为主体现了这一点。其二我们要做到材料符合幼儿的身体发展特点和能充分让幼儿会玩能玩。其三在材料的选择上应该多样化、多元化。由于各个幼儿的兴趣和个性差异,我们应该做到满足各个幼儿的需求。

(节选自"鸢尾"小组的作业)

图4-46 幼儿在沙地中进行游戏　　图4-47 幼儿进行有难度的平衡性游戏

从以上的作业中就可以看出,学生把关于"安吉游戏"的零散知识经验系统化、条理化。通过这次作业,学生对幼儿园游戏场地、游戏材料对学前儿童游戏的影响有了较深刻的认识。

二、考查模块二

（一）考查教学行动过程

模块二的教学目标包括理论知识目标、技能目标与情感目标，对照在计划环节制定的模块二的教学目标，可知模块二的教学目标已经达成。首先，学生能够掌握创造性游戏的基本理论，因为笔者在讲授环节紧紧围绕每种创造性游戏的内涵、特点、类型、价值，以便让学生深入理解创造性游戏的本质内涵以及对学前儿童发展的价值，并能够在此基础上理解学前儿童在创造性游戏中的行为表现、游戏水平，进而对学前儿童创造性游戏的开展进行有效的支持与引导。在提升学前儿童游戏水平的同时，提高学生游戏指导的能力，这也是笔者讲授模块二的教学思路，能够有效地保障模块二教学目标的实现。对于教学目标中的技能目标，笔者让学生练习建构游戏的技能技巧，设计角色游戏、建构游戏、表演游戏的游戏指导方案，将学生学习到的理论知识转化为学前儿童游戏的支持与引导能力。对于教学目标中的情感目标，学生在课堂上能够积极主动地回答问题，对很多教学内容学习兴趣浓厚，比如在课堂上练习建构游戏的技能、讨论创造性游戏的指导方案，全班学生都能积极主动地参与其中，说明学生学习本课程的兴趣与积极性没有削减，依然保持积极主动地学习状态。

教学内容按照教学计划全部完成，也按照教学计划中的课堂教学流程开展教学。在回顾环节，笔者都要抽查学生完成自学的笔记，就是给学生一点压力，督促学生自觉完成，当然还会有个别学生出现没有完成课前自学的情况，笔者会询问其原因，提醒下不为例，否则就要做扣分处理。在讲授环节，全班学生能够集中注意力听讲做笔记。在讨论环节，笔者巡回参与各个小组的讨论：一是为了解答学生在学习过程中产生的疑问；二是为了督促学生围绕讨论题目进行讨论，保证课堂讨论的质量。在总结环节，学生能够再次集中注意力听笔者对讨论问题的总结分析，获得对理论知识的建构，加深对理论知识的理解。

（二）考查教师教学反思

笔者能够较好地把握模块二的教学目标、教学内容。对于幼儿园创造性游戏与规则游戏，笔者能够围绕其内涵、特点、类型、价值，让学生充分理解这两类游戏在幼儿园活动中的重要性，并且为学生搭建了将理论知识转化为实践能力的练习平台，即设计创造性游戏指导方案、规则游戏活动方案，通过此项练习让学生全面地学习如何在幼儿园组织开展、指导学前儿童的游戏活动。

1. 反思创造性游戏的教学

由于笔者对模块二的教学内容十分熟悉，理解得也比较透彻，所以在备课、讲课中能够突出重难点，把宝贵的课堂时间用于重难点的学习，并且对学生的困惑之处能够有针对地解答。当然，创造性游戏理解的难点不是创造性游戏的基本理论，而是如何理解学前儿童在创造性游戏中的行为表现与开展过程，因为学生并不十分了解学前儿童在幼儿园如何开展创造性游戏。每学期学校统一安排一周时间让学生去幼儿园见习，学生对幼儿园开展的游戏活动仅有大概印象，之前也没有学过关于学前儿童游戏的专业知识，所以对学前儿童的游戏不甚了解。同时，在编写创造性游戏指导方案时，也需要学生具备相关的幼儿园创造性游戏开展的知识经验，这些都给学生带来了挑战。如果能在学习创造性游戏指导方案之前，让学生在幼儿园多观察、多参与学前儿童创造性游戏，这样学生编写时就不会感到摸着石头过河。但想要实现这种教学模式的变革，不是任课教师所能实现的，需要学校层面的人才培养模式发生根本改变。

学生在编写创造性游戏指导方案时，难点在于不能够很自如地把学过的理论知识转化为实践技能，不能恰当地表述游戏指导方案，尤其是表述建构游戏方案，学生不知道如何把支持引导学前儿童开展建构游戏准确地表述出来，比如如何描述指导学前儿童运用建构技能的过程。其实困难还是在于学生并不是很熟悉幼儿在建构游戏中的表现与建构能力，只能猜测想象幼儿如何玩建构游戏，并在此基础上预设建构游戏指导方案。所以，如果学生在学习创造性游戏的同时，能去幼儿园观察幼儿在开展角色游戏、建构游戏、表演游戏的表现，那么在设计创造性游戏指导方案时就会容易很多，设计出的游戏指导方案也会更加适合学前儿童。

还有就是笔者提供创造性游戏指导方案的框架给学生，虽然降低了学生编写指导方案的难度，保证学生按照同一思路去设计指导方案，但是学生很可能在随后选择不同主题编写方案时，不会再进行问题思考。因为框架不是学生经过思考讨论得出的，而是笔者直接提供给学生的。此外，学生在编写指导方案时还遇到了其他困难，如学生不好把握创造性游戏的指导目标，而正好在"学前儿童语言教育"这门课中刚刚学过目标编制的理论知识，笔者就引导学生把编制语言教育活动目标的方法迁移到编制游戏指导方案的目标上来，比如如何划分三维目标（认知、情感、动作技能），如何突出目标的重难点，如何做到目标的表述一致。其实，学前教育领域的课程知识是相互联系的，作为教师要能够善于引导学生进行知识的迁移，这样既能节省课堂讲授的时间，又能让学生学会知识的运用与迁移。

2. 反思规则游戏的教学

在讲解规则游戏时，笔者适度延长了讲授环节的时间，增加了讲授的内容，这是因为正值教学中期阶段，有学生向笔者反映他们希望课堂上讨论的时间能少些，更愿意听笔者讲课，学生感觉这样能学到更多知识。笔者就此和全班学生进行了沟通，向全体学生再次说明了课堂讨论环节的意义所在，最终和学生们商量适度缩短一些讨论的时间，减少讨论内容，所以在讲授规则游戏时，笔者增加了 1/3 的讲授时间，缩短了 1/3 的讨论时间。

对于三种典型的规则游戏，笔者在讲智力游戏时侧重地是智力游戏的类型，因为通过智力游戏的类型可以让学生充分地感受智力游戏究竟是如何在幼儿园组织开展的，以及智力游戏对学前儿童发展的价值，所以笔者对每种智力游戏的类型都选择了 3 个左右的案例，让学生进行充分的讨论分析。笔者讲授体育游戏的侧重点是把体育游戏的组织与指导系统化、条理化，因为很多教材中对体育游戏讲解得丰富详细，内容会有重复，就需要笔者把大量的内容进行整合，最终按照体育游戏的内涵、特征、价值、结构、分类、组织与指导、创编这条思路进行讲解，对一些内容进行增加，如自主性体育游戏的指导，对一些内容进行删减，如体育游戏创编的细节，这样才能保证学生掌握的知识更系统化、应用性更强。笔者在准备音乐游戏的教学内容时，发现不同版本的教材中对于音乐游戏的讲解，仅涉及一些基本理论知识，如内涵、特点、创编的原则、指导的注意要点等，而十分缺少对幼儿园音乐游戏案例的介绍，从而使学生难以把握幼儿园音乐游戏是如何组织开展的。所以,笔者就认真收集整理,甚至是创编了简单音乐游戏,让学生感受幼儿园音乐游戏的组织开展,以及为下一步的创编音乐游戏奠定基础。

(三)考查学生课堂表现及作业完成

1. 考查学生课堂表现

在学习模块二的过程中,笔者依然在每节课的回顾环节检查学生完成自学的情况,全体学生能够完成课前自学,有些学生的自学笔记较简单,可以推测其在自学时花费的时间较短,自学态度不够认真。而有些学生的自学笔记十分详细认真,不仅能够把教材中的内容认真理解,还做了进一步的认知加工,融入了自己的认识理解,切实做到了对知识的初次建构,图4-48、图4-49都是学生完成的较好的自学笔记。

在回顾环节笔者依然会反复提醒学生按照回顾要求来做,学生也确实一边翻看教材内容,一边回顾自学笔记,有的学生还会把一些问题记在笔记本上。

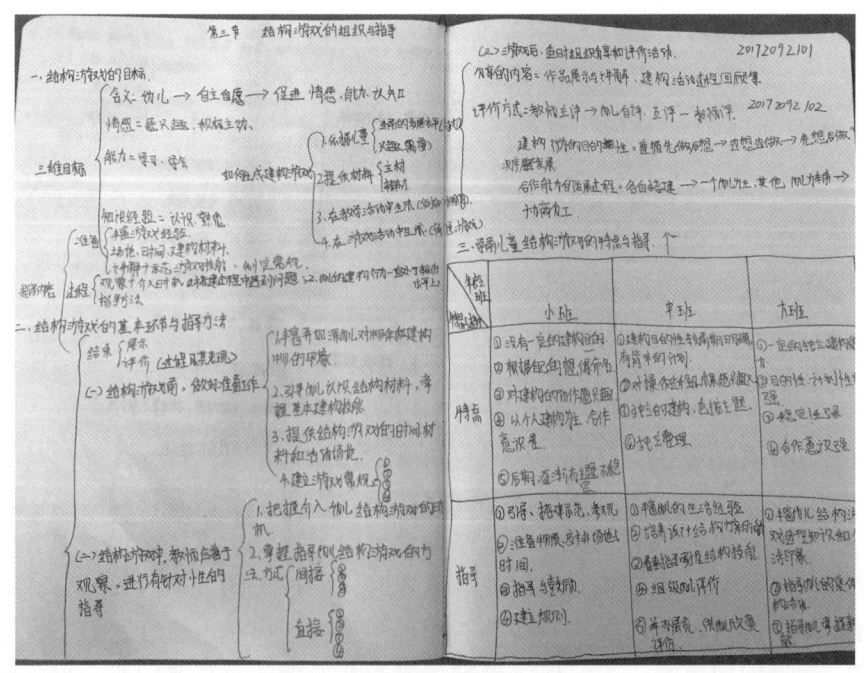

图4-48 学生自学笔记(一)

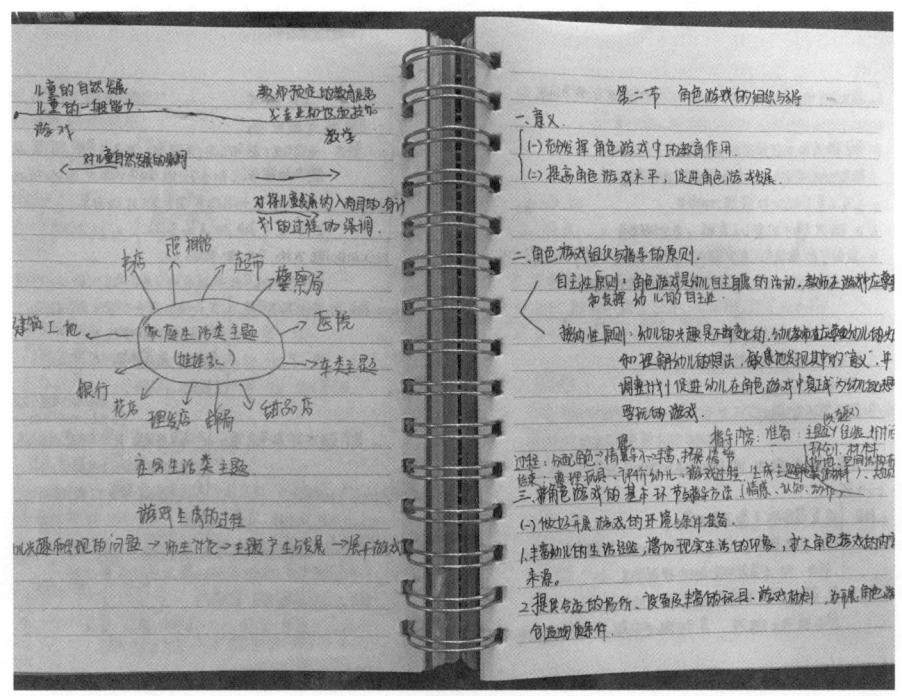

图 4-49 学生自学笔记（二）

在讲授环节，几乎所有的学生都能认真听讲，当然笔者也会根据学生的学习状态调整讲授环节的时间：当学生都在认真听讲思考时，笔者会适当延长讲授的时间，补充或是加深讲授内容；而当学生精神状态不佳或是没有和笔者发生互动交流时，笔者就会适当缩短讲授时间。

在课堂讨论环节，各个小组都能积极开展讨论，往往是一边进行讨论，一边把问题的答案记下来，便于小组发言时做参考。当然笔者也会根据学生讨论的情况，灵活调整讨论环节的时间，以保证学生讨论的效果。如果讨论已不再热烈，笔者就会提前结束讨论；也会在讨论过程中询问学生是否完成讨论，以判断讨论是继续还是结束。

在总结环节，各小组都能积极回答讨论的每一个题目。但课堂时间有限，每个小组不能都发言，只有部分小组争取到作答机会。为不伤害学生回答问题的积极性，笔者更多时候是把发言机会轮流交给每个小组。对于学生的回答，笔者也不明确回答对与错，而是让全班学生来分析判断，目的是让学生在不同的认识理解中，得到相对正确、全面的问题答案。当然，笔者在肯定学生观点想法的同时，对于不正确的认识理解会给予一定纠正，对于不完善的认识也会给予补充。

2. 考查学生作业

（1）创造性游戏指导方案的作业。

模块二的作业是编写创造性游戏的指导方案，要求每个小组要编写一个角色游戏指导方案、一个建构游戏指导方案和一个表演游戏指导方案。在编写角色游戏指导方案时，学生基本上能够按照笔者提供的指导方案框架进行编写，只不过编写的内容比较空洞，缺乏具体化的描述。所以笔者给学生强调了在编写角色游戏指导方案时，要对角色游戏的主题、情节内容进行扩充，使学生尽可能编写出一个主题下的多种情节、多种角色，或是多个主题下的多种情节多种角色，以使角色游戏丰富生动起来，真正做到在角色游戏中实现幼儿的发展。当角色游戏的指导内容扩充好后，笔者又特意修改了一份作业格式和语句，让其他小组按照笔者修改好的语句和格式修改自己小组的作业，以保证全部作业按照统一的框架、格式、语言来编写。以下是学生经过三轮修改，最终编写好的角色游戏指导方案：爱心医院角色游戏指导方案。

"爱心医院"角色游戏指导方案

指导目标：

1. 幼儿知道生病时要看医生，并积极配合医生的工作。

2. 幼儿清楚看病的基本流程，了解医院的几个主要部门及其作用。

3. 幼儿初步了解医生护士的工作（如看病、动手术、取药等），认识医护人员工作的辛苦，并根据游戏发展生成新的游戏情节或主题（如网上预约专家号，医保刷卡等）。

4. 培养幼儿参与角色游戏的兴趣，从中体验游戏的乐趣，丰富幼儿的生活经验。

5. 提高幼儿的团队合作与交往能力，促进幼儿社会性发展。

游戏准备：

一、知识经验准备

1. 准备视频让幼儿了解医院医护工作人员的角色职责与分工，以及患者去医院就医的流程。

2. 准备绘本、图书等，丰富幼儿对医生职业和医院工作流程的认识（就医流程：导诊处→挂号→到各科室就诊→缴费→检查或取药→遵医嘱和多询问相结合等）。

3. 开展谈话活动，让幼儿回忆去医院的经历，或通过与社区合作，组织幼儿去社区医院参观其工作流程等。

二、物质准备

1. 角色扮演：医护人员、导诊台、收银员、病人陪护者、病人。

2. 材料准备：听诊器、体温计、注射器（去针头）、药品、消毒水、纱布、输液瓶、病床、纸笔、小病床等医用相关物品。

3. 科室分类：内科、外科、儿科、五官科、急诊室、住院部等。

4. 服装：白大褂、帽子。

5. 环境布置：使用成品或半成品及废旧材料布置医院游戏环境，如图 4-50 所示。

图 4-50 幼儿玩"爱心医院"角色游戏

游戏过程：

一、引出游戏主题

导入：通过播放就医卡通视频或开展谈话活动，开展小医院主题的角色游戏。

二、角色分配

1. 角色介绍：教师先向幼儿介绍医院各个工作人员的职责，即每一位医护人员应该做什么（如医生负责看病、动手术，护士负责打针、输液，药剂师负责取药等），引导幼儿扮演好所选择的角色，医护人员应该了解整个就医流程，以及如何与患者交流。（首先要尊重患者；其次要有职业道德以及服务意识，对待病患及家属要有爱心和耐心，以良好的态度和精神面貌与患者及其家属沟通。）

2. 角色分配：幼儿自由选择或以轮流的方式让幼儿体验每一种游戏角色，也可让幼儿通过谦让、猜拳、抽签等方式选择游戏角色。

三、幼儿游戏，教师观察指导

1. 创设游戏情境：救护车拉来病人，医生和护士进行救护，送到相关科室，陪护人员缴费等。

2. 在幼儿游戏的过程中，教师观察、适当地介入，以帮助幼儿更顺利地进行游戏。

（1）以医护人员的身份参与游戏进行指导。（引导幼儿如何问诊，给患者介绍所用药的药效，维持秩序等。）

（2）以患者的身份参与游戏进行指导。如：医生，你好！这几天我有点流鼻涕、咳嗽、喉咙痛。你能帮我看一下吗？我生的是什么病呢？吃药我要注意一些什么呢？即服药的禁忌。再如：医生，我的手被划破了，能帮我处理伤口吗？（引导幼儿自己思考包扎的方法。）

（3）以陪护人员的身份参与游戏。如：护理过程中要注意什么？病人情况如何？

四、游戏结束

师生共同整理游戏材料，打扫卫生。

游戏评价：

1. 教师总结整个游戏活动，并对幼儿在游戏中的表现（语言、行为动作、情感、合作等）进行评价，对表现好的幼儿给予鼓励和表扬。

2. 教师指导幼儿之间进行互相评价，指出哪些幼儿表现不足，应该怎么做才对，点评谁今天表现得最好等。

3. 可组织幼儿评选出"最佳护士"与"最佳医生"。

4. 根据游戏活动中观察到的情况，了解幼儿的兴趣与疑问，积极开展围绕医院主题的相关活动。

（选自"书海拾贝"小组的作业）

从这份作业中可以看出，该小组基本上按照笔者指出的编写角色游戏的要点进行编写，格式和语言的表述基本规范，但是还可以进一步扩充医院主题下的游戏角色与游戏情节内容，这需要学生在之后的幼儿园实习过程再揣摩再补充，并逐渐完善。

学生在编写建构游戏指导方案时，可以借鉴编写角色游戏指导方案的方法和语言表达，但建构游戏指导方案编写的重点在于选取建构游戏材料、运用建构技能技巧，如何进行造型、布局、色彩搭配等，以及在此基础上发展幼儿的想象力、创造力。以下是学生按照笔者的格式及表述要求，经过数次修改最终编写而成的建构游戏指导方案："磁性画板拼拼乐"建构游戏指导方案。

"磁性画板拼拼乐"建构游戏指导方案

指导目标：

1. 幼儿通过自己的探索，能够发现并了解磁力玩具的特性，掌握磁性游戏的基本技能；进而学会利用材料的特性，使用不同的方法和材料拼凑完整的图案，完成游戏。

2. 激发幼儿参与建构活动的兴趣，能和同伴友好合作，体验与伙伴一起玩的乐趣，促进幼儿社会性发展。

3. 在教师的鼓励、帮助下，幼儿在游戏中大胆参与建构活动，并富有创造性地搭建物品，发展自身的想象力和思维能力（幼儿根据材料的特点，结合自己的想法创作出自己的作品，如幼儿可以利用画笔在磁性画板上辅助作画，为拼图添加色彩）；最后能清楚地用语言表述自己的作品。

游戏准备：

一、经验准备

1. 知道有关磁铁工具在生活中的应用。

2. 对磁铁同极相斥，异极相吸的特性有所了解。

3. 对建构造型有初步认知，能够掌握简单的建构方法。

二、物质准备

1. 材料准备：

各种形状的磁性画板，以及拼搭成的范例，如图 4-51 所示。

2. 环境创设：

教师在进行游戏环境布置时，可在建构区的墙上挂上一些拼好的磁性画板，或是将材料成功造型的图片，作为幼儿拼搭时的范例。

图 4-51　拼搭范例

3．游戏常规：

（1）游戏期间，不能随意打闹，不得干扰其他幼儿。

（2）爱护游戏材料，按需取材，游戏结束时摆放整理好材料。

游戏过程：

一、引出游戏主题

在我们生活中是不是有一个神奇的东西不用胶水就能粘在一起？下面老师给大家展示一件神奇的宝贝——磁铁。

出示磁性板拼出的各种造型，包括动物、植物、人物等，引导幼儿发现磁性板神奇的地方，让幼儿猜测磁性板的材质。教师示范如何把一块块有磁力的图案拼搭在磁性板上。

二、教师讲解示范

教师选择合适的磁性物贴在画板上，完成相应的造型，让幼儿模仿，并鼓励幼儿进行拼搭。

1．选材：幼儿可以根据兴趣选择画板类型（有动物造型的图案、植物造型的图案、人物造型的图案、建筑物造型的图案等）。

2．造型：幼儿根据所选材料相应的图案，进行拼图；也可以根据自己的想象利用画笔与图案相配合，完成拼图。

3．空间布局：教师引导幼儿对磁性板上拼出的造型进行合理的空间布局，如在磁性板的上中下、左右位置上各安排哪些事物。

4. 比例：幼儿在拼图时，根据拼图主题合理安排各个物体在磁性板上的比例，做到大小适中，位置适当。（如果是拼一艘船，船就是磁性板的中心，应该在最中间，船下面有海洋，可以用画笔画出波浪线来表示，也可以利用材料拼出。）

5. 色彩搭配：根据幼儿喜好自由创作，鼓励幼儿用多种色彩，力求色彩搭配美观。

6. 建构技巧：磁性板拼图游戏中，主要运用拼接、组合、造型等建构游戏的技能，可以让幼儿参考范例进行拼图，也可以根据想象进行创造性拼图。

三、游戏分配

1. 合理分工。

小组成员之间分工明确、相互配合、相互帮助。小组先选定主题，然后根据主题拼图或根据材料进行再创造。（如果主题是春天来了，先讨论春天有哪些动植物，然后分工拼图，有的拼花朵、有的拼蜜蜂、还有的拼小草等。）

2. 幼儿自由拼图，教师巡回指导。

教师仔细观察，当幼儿遇到困难时，教师适时给予指导，以免幼儿失去拼图兴趣，捣乱其他幼儿游戏或做与游戏无关的事等。

四、游戏结束

1. 作品展示。

教师组织各小组依次向其他小组及老师介绍小组的拼图成果，并拍照保存。

2. 整理区角。

教师指导幼儿收拾拼图材料，并将材料归纳放回原处，保持区角卫生整洁。

游戏评价：

1. 教师评价。

教师针对今天的游戏对幼儿进行总体评价，对表现好的幼儿做出鼓励和表扬；然后再指出幼儿游戏中表现不足的方面（有些幼儿在游戏过程中没有遵守游戏常规，破坏秩序），鼓励幼儿下次努力做好。

2. 幼儿自评及互评。

幼儿先说说自己在游戏过程中的感受（幼儿在游戏过程中发现了哪

些有趣的现象，在遇到困难时是如何解决的，在其他小组遇到困难时是如何帮助他人的）；然后同伴之间进行互相评价，可以让幼儿互相指出哪个小组的作品做得最好（比如色彩搭配、整体布局、造型等），对表现好的小组予以奖励（可以是物品奖励，也可以是口头奖励）。幼儿相互讨论和相互学习，说出自己的想法，问问他们觉得游戏还可以怎么玩，鼓励幼儿在下次磁性拼图游戏时拼出自己心中的物品，并且加强小组成员间的配合，做出更美丽的作品。

（选自"甘霖"小组的作业）

　　从这份作业中可以看出，该小组基本上是按照笔者指出的编写建构游戏的要点进行编写的，格式和语言的表述基本规范。建构游戏指导方案编写的难点在于如何把建构游戏对幼儿发展的价值体现在指导过程中，比如如何利用建构游戏的材料进行造型，以及一些建构技能技巧的运用，这些都是容易动手操作，却不容易用语言表达出来的部分，再加上学生并不是十分熟悉幼儿在建构游戏中的实际表现，所以，在编写过程中学生更多的是凭借猜测完成的，需要学生在之后的幼儿园实习过程再揣摩再补充，并逐渐完善。

　　学生在编写表演游戏指导方案时，可以借鉴编写角色游戏、建构游戏指导方案的方法和语言表达，但表演游戏指导方案编写的重点在于选取合适的儿童文学作品，提前准备服装道具，引导幼儿在表演游戏的过程中运用表演技能塑造角色，包括生动地表演出角色形象的语言、动作、思想感情等。以下是学生按照笔者的格式及表述要求，经过三次修改最终编写而成的表演游戏指导方案："狐假虎威"表演游戏指导方案。

"狐假虎威"表演游戏指导方案

指导目标：

　　1. 幼儿了解并熟悉《狐假虎威》的故事内容。

　　2. 幼儿进一步掌握角色间的对话，并能用相应的语言、动作、表情等来反映角色的形象特征。

　　3. 幼儿学会自制简单的服装道具（如树的形状、小动物的头饰等），并能合理使用各种游戏道具，游戏后也能自觉地收拾玩具。

　　4. 能根据《狐假虎威》的情节内容展开想象，并创造性地进行表演。

5. 幼儿对表演游戏产生兴趣，体验表演的乐趣，并能在表演过程中正确地评价自己和别人。

6. 培养幼儿有爱心、善良和憎恶善恶的情感。

游戏准备：

一、知识经验准备

1. 对《狐假虎威》的故事内容有一定的了解。游戏开展之前教师可向幼儿讲述《狐假虎威》故事，让幼儿了解故事中人物有老虎、狐狸、小白兔、小鹿、小鸟、小熊猫和大熊等。

2. 在图书角可放一些《狐假虎威》故事书或连环画，让幼儿自行翻阅加深对故事情节的了解。

3. 幼儿事先学习一些舞蹈歌曲，如兔子舞，以便丰富故事情节。

二、物质准备

1. 准备皱纹纸、海绵纸、卡纸等，制作表演游戏中的服装道具（制作老虎、狐狸、小白兔、小熊猫等的头饰）。

2. 就地取材，布置出森林场景。利用枯树枝做树干，用皱纹纸或海绵纸剪出树叶的形状，并黏在树干上（见图4-52）。

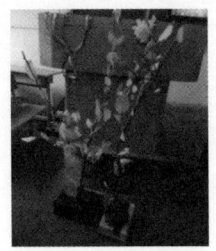

图 4-52　布置森林场景

3. 一张"狐假虎威"成语的背景图（见图4-53）。

图 4-53　"狐假虎威"成语的背景图

4. 准备开场音乐和兔子舞的音乐。

游戏过程：

一、旁白导入

小朋友们，你见过茂密的大森林吗？那儿有许许多多的参天大树，有红得像太阳的花，还有青绿的草，还有各种各样的小动物，小动物们发生了很多奇奇怪怪的小故事。

二、角色介绍与分配

1. 角色介绍：教师引导幼儿说出在《狐假虎威》故事中需要哪些人物角色，如有老虎、狐狸、小白兔、小熊猫、小熊、小鸟、小鹿等，并让幼儿明白哪些角色是好的，哪些角色是坏的，需要如何扮演。

2. 角色分配：可让幼儿根据故事内容，自己协商选择角色分配，也可以用轮流、抽签的方法。如果出现同一个角色争执，教师可适当介入引导让幼儿轮流扮演角色体会故事人物，并鼓励幼儿之间要谦让。

三、游戏进行，教师观察指导

1. 在游戏开展的过程中，虽然道具已经准备齐全，但是幼儿可能会因为经验不足无法把握角色的表达，也需要教师适当引导。

（1）第一幕森林里。

（小动物们在森林里开心地玩耍）

小兔子：（随着欢快的歌声跑着）小熊、小鹿大家快来玩啊！（这时动物们都跑了过来）（幼儿自由组队跳兔子舞）

（2）第二幕森林里。

（老虎来了，小动物们都躲了起来）

老虎：（愤怒地吼叫着）今天什么也没抓到饿死了。

旁白：狐狸昏昏沉沉地走过来。老虎突然一下扑到狐狸。

老虎：哈哈，真肥啊。（老虎口水都流了下来）

狐狸：（眼珠一转，计上心来）你不能吃我，老天爷让我管理动物，你吃了我，是违反老天爷的命令，如果你不信，你就跟我后面走，看看动物们见了我怕不怕。

（3）第三幕森林里。

（老虎信以为然，就跟在狐狸后面走）

小白兔：（狐狸大摇大摆地走了过来）看，狐狸那么神气，去看看。

小鹿：（动物们都去看了）大家快看，老虎跟在狐狸后面。

旁白：这时动物们都飞快地跑掉了。

（4）第四幕森林里。

（小动物都跑了以后）

狐狸：你看，动物都跑了。

老虎：（垂头丧气）你是我的首领，你让我干什么，我就干什么。

狐狸：（小声地在心里念）我还是先走吧，再不走就要被老虎吃了。（狐狸悄悄地走了）

旁白：小朋友们，你们可不要像老虎一样上坏人的当，最重要的是不要像狐狸一样骗人。

2. 在游戏顺利开展过一段时间后，教师可以以角色的身份加入其中，适当提升幼儿的表演能力，可让幼儿适当改变一下故事情节。（如果故事中老虎没有抓到狐狸，那么老虎会怎么办，或者如果老虎抓住狐狸，狐狸能不能用其他方式逃走。）

3. 教师可引导幼儿，根据幼儿自己的生活经验，创编另外一种故事结局。（如狐狸带着老虎出现在其他小动物面前时，有小动物指出它们怕的是老虎，狐狸就无法逃脱了。在幼儿掌握这个表演游戏后，教师可完全让幼儿自行改变故事情节，不要干涉幼儿的创作。）

四、游戏结束

教师引领幼儿一起整理区角，收拾玩具。

游戏评价：

1. 自评：游戏结束，教师组织幼儿一起讨论今天的表演感受，询问幼儿在表演中玩得开心吗？并对自己的表演做出评价，让幼儿自己说出在表演中遇到的困难与疑问等。

2. 互评：让幼儿与同伴相互评价说说看，有没有在表演过程中获得快乐以及用了哪些创意（自己的想法）来表现人物。

3. 教师评价：教师针对游戏中每一位小朋友的表演做出评价，并让幼儿说说在下次表演中应该怎样更好地表演这个故事人物，让幼儿思考是否可以改变故事情节，等等。

（选自"学霸"小组的作业）

从以上三份作业中可以看出，学生不仅能够按照课堂上所学的角色游戏、建构游戏、表演游戏指导方案的编写框架，选择游戏主题，按照规范的语言进行编写；还收集到有关于游戏环境创设、游戏材料投放的图片，使指导方案更具体、更清楚。在编写各个主题的指导方案时，学生做到了遵循基本编写框架、参照基本理论、语言表达规范，同时还尽可能查找资料，使编写的指导方案更加科学、更加丰富。虽然学生在编写创造性游戏指导方案中付出了较多的时间精力，但从中也收获了很多。

（2）规则游戏的作业。

模块二的另一项作业是编写三种类型的规则游戏，即要求每个小组要编写一个智力游戏、一个体育游戏和一个音乐游戏。在编写规则游戏时，学生要按照游戏名称、游戏目标、游戏准备、游戏玩法、注意事项这五分部构成要素来编写。同时，笔者强调了在编写游戏名称时，要注意限定好游戏适用的年龄阶段，以及游戏名称的趣味性和吸引力；在编写游戏目标时，要注意从认知、情感、动作技能三维目标来思考；在编写游戏准备时，既要考虑所需的游戏材料又要考虑幼儿的知识经验，做到物质与知识经验的双重准备；在编写游戏玩法时，既要使游戏过程条理化，又要明确游戏规则；在编写注意事项时，要考虑游戏中容易出错、混淆的地方，以便能引起游戏者（教师及幼儿）的注意。各小组按照笔者强调的规则游戏编写时的注意要点，先进行小组讨论再进行规则游戏创编。以下是学生经过修改后的智力游戏、体育游戏、音乐游戏。

中班智力游戏：哪个动物躲起来了

游戏目标：

1. 发展幼儿的记忆力。

2. 鼓励幼儿大胆说出"哪个动物躲起来了"的句子，并且能模仿相应动物的声音或动作。

游戏准备：

小兔、小猫、小狗、小蛇、小猪、小牛、小羊、小鸟等图片。

游戏玩法：

老师把动物的图片贴在黑板上，请幼儿观看动物，并要求幼儿记住有哪些动物。一分钟后，请幼儿闭上眼睛，教师拿走一个动物，再请幼儿睁开眼睛，说出是哪个动物躲起来了？如果是小兔，幼儿就说小兔躲起来了。教师说小兔怎么叫？或是小兔怎么走？如果幼儿能模仿小兔声音，或是学小兔蹦蹦跳跳，小兔就出来。不能模仿，就表演一个节目，小兔才出来。以此类推，继续游戏。

注意事项：

在教师拿走动物之前，幼儿要遵守规则闭上眼睛。

小班体育游戏：小狐狸快跑

游戏目标：

1. 发展幼儿追逐奔跑的能力，提高幼儿追逐躲闪的技能技巧和灵敏性。
2. 萌发幼儿对体育运动的喜爱。

游戏准备：

1. 物质准备（长尾巴若干条，小树5棵，猎人头饰若干，画有大、小圆圈的平整场地）。
2. 知识经验准备（幼儿会说游戏儿歌"花狐狸馋嘴巴"）。

游戏玩法：

1. 幼儿齐说："花狐狸馋嘴巴，专门爱吃小鸡娃，猎人猎人抓住它，揪掉它的长尾巴。"当说到"揪掉它的长尾巴"时，猎人出现，狐狸妈妈和宝宝就赶快逃跑，跑时可以绕过小树躲闪，但不能跑出"森林"即"大圆圈"。(事先规定好大圆圈的范围，幼儿跑的时候不能超出这个大圆圈。)

2. 游戏持续30~40秒后狐狸妈妈喊"小狐狸钻洞啦"（如果小狐狸在钻洞时被猎人捉到，被捉到的小狐狸就要扮成小猎人。）。小狐狸们跑向妈妈所在的小圆圈里蹲好。(小圆圈可以让狐狸妈妈和宝宝们休息，以及商量对付猎人的对策。)

3. 狐狸妈妈讲解刚才逃跑时小狐狸们出现的问题并和小狐狸们商量逃跑时的注意事项，狐狸妈妈提醒：猎人变多了，我们要更加小心！

注意事项：

1. 小朋友们要知道遵守规则，不能跑出"森林"即"大圆圈"。当狐狸妈妈喊钻洞的时候，小狐狸跑到妈妈在的小圆圈蹲好。
2. 当说到"揪掉它的长尾巴"时才开始跑，在跑的过程中要主要安全，不准推他人，要分散开，不能挤成一堆。

小班音乐游戏：拍拍手，找朋友

游戏目标：

1. 跟随着音乐，感受与同伴互动的乐趣。
2. 感受音乐的节奏，并能够按照音乐节奏做动作。

游戏准备：

歌曲（拍手舞）音频。

歌词：拍拍手，走走走；拍拍手，走走走；走过去，找朋友；找到一个好朋友。

游戏玩法：

1. 先听音乐，感受它的音乐节奏。

2. 老师教与歌词相应的动作。（如：拍拍手，手在胸前拍手；走走走，单膝跳着走，间奏，OK手势放在眼睛上画圆。）

3. 小朋友们站成一个圆圈，前奏部分，手在胸前拍手，脚随着顺时针方向往前跳着走，然后跟着歌曲歌词提示做出相应的动作。如：歌词"拍拍手，走走走"，我们就顺时针方向跳着走并拍手；"走过去，找朋友"，我们就跟同伴互相抱抱。间奏部分，换方向（逆时针）做同样的动作。

注意事项：

1. 跟着音乐节奏跳，不可乱跳，以免推到或踩到小伙伴。

2. 找朋友时，首先说明自己想要去找哪个小朋友，然后去找，不能随便乱跑，以免撞到其他小伙伴。

3. 听音乐时，跟着音乐节奏做与歌词相应的动作。

（选自"四重奏"小组的作业）

从该小组的作业中可以看出，学生在创编时能够紧紧围绕游戏的目标来编写，比如智力游戏突出了促进幼儿记忆力发展的目标，利用幼儿所熟悉的动物叫声和动作激发幼儿的游戏兴趣，并且让幼儿练习说完整的话。同时，该小组的学生也确实做到了认真思考讨论后的创编，比如体育游戏"小狐狸快跑"和音乐游戏"拍拍手，找朋友"，就是学生选择好童谣和音乐，在此基础上进行游戏玩法的创编，做到了真正的原创。

三、考查模块三

（一）考查教学行动过程

模块三的教学内容涉及学前儿童游戏的环境创设（包括游戏材料与玩具的制作）、学前儿童游戏的观察与指导、学前儿童游戏的评价以及幼儿园规则游戏的组织开展。从以上教学内容可知，在教学过程中不仅需要有相关理论知识的讲授，更需要为学生创造理论知识转化为实践能力的实践教学，在实践教学中培养学生的学前儿童游戏支持与引导的能力。所以，在模块三的教学行动中一定要突出实践教学，以实践教学培养学生的游戏实践能力。

1. 考查幼儿园游戏环境创设的教学行动

在讲授幼儿园游戏环境创设的教学行动中，笔者首先让学生明确了本章的内容由幼儿园室内游戏环境创设、户外游戏环境创设及游戏材料三部分内容组成。由于游戏材料属于游戏环境创设中最为重要的部分，所以，笔者把它专门作为一节内容来讲解。接着，笔者讲解了幼儿园游戏环境创设的内涵、创设的意义及原则，强调了幼儿园游戏环境的创设在于激发幼儿开展游戏，营造幼儿园以游戏为主的环境氛围，防止幼儿园教育小学化倾向。再讲解幼儿园室内、户外游戏环境创设的构成部分、创设要求，并让学生通过幼儿园室内、户外游戏环境创设的图片讨论分析幼儿园室内外环境创设中的问题。最后，笔者讲解幼儿园游戏环境创设中的游戏材料与玩具，从幼儿园游戏材料的产生发展、价值、类型讲到了游戏材料的投放、管理与制作。教学目标是让学生掌握幼儿园游戏环境创设的理论知识，并能够在幼儿园课程见习中对幼儿园游戏环境创设进行观察与分析，进而创设出符合要求的幼儿园游戏环境，同时能够按照幼儿园游戏需要投放或是制作出适宜的游戏材料与玩具。教学目标既有认知目标又有技能目标，而且基本达成，教学内容条理清楚、重点突出，让学生利用幼儿园游戏环境创设的理论知识，充分讨论分析幼儿园游戏环境创设的特点与要求，为去幼儿园进行游戏环境观察分析奠定基础；给学生提供去幼儿园观察游戏环境的机会，使学生能够理论联系实践地学习幼儿园游戏环境创设。教学方法既有讲授法、讨论法，又有实践法，能够保证教学目标的达成。课后作业主要是去幼儿园观察分析幼儿园游戏环境是否符合幼儿园游戏环境创设的要求，加深对幼儿园游戏环境创设的认识，为将来工作中对学前儿童游戏环境的创设打下基础。

2. 考查学前儿童游戏观察与指导的教学行动

在讲授学前儿童游戏观察的教学行动中，笔者不仅引导学生梳理了幼儿园各类型游戏观察的主要内容，让学生充分讨论了每个观察项目的具体观察内容，帮助学生明确观察时应该观察的具体内容、观察的方法以及记录的方法。在讲授学前儿童游戏指导的教学行动中，让学生回顾之前所学的创造性游戏与规则游戏的指导内容，再次总结出幼儿园所有游戏指导的共同点，引导学生发现教师游戏指导的内容与幼儿游戏观察的内容是一致的，也可以将教师游戏指导的内容合并到幼儿游戏观察的记录表中，在观察幼儿游戏的同时也观察教师对幼儿游戏的指导，使观察的内容更加丰富。最后，让学生在到幼儿园观察幼儿游戏及教师游戏指导前，再次对观察记录表提出疑问，以便能准确地理解观察记录表的每一项内容，并按照观察要求完成游戏观察。该部分内容的教学目标是让学生掌握幼儿园游戏观察与指导的理论知识，并能够在幼儿园课程见习中利用学前儿童游戏观察记录表，按照观察的方法，采用正确的游戏记录形式，完成对幼儿园游戏观察及教师游戏指导的观察。教学目标是达成的，教学内容中突出游戏观察记录表制定的过程，并让学生在讨论中充分理解每一个观察项目的具体内涵，为到幼儿园进行游戏观察奠定基础。教学方法既有讲授法、讨论法，又有实践法，能够保证教学目标的达成。课后作业主要是到幼儿园对幼儿游戏及教师的游戏指导进行观察与记录，完成观察记录表，并通过对学前儿童游戏的观察记录以及对教师游戏指导的观察记录，加深对幼儿园游戏观察的意义、观察的内容、观察的方法、教师游戏指导的理解，为将来工作中对学前儿童游戏的观察与指导打下基础。

3. 考查规则游戏组织开展的教学行动

在讲授学前儿童规则游戏组织开展的教学行动中，笔者先让学生学习了规则游戏组织开展的理论知识，即智力游戏、体育游戏、音乐游戏的组织开展与指导的相关理论。对于智力游戏的组织与指导，笔者是从游戏前、游戏过程中以及游戏结束这三个环节来讲解的，强调了游戏前如何选择智力游戏、准备游戏的材料，游戏过程中如何帮助幼儿理解智力游戏规则，游戏结束后如何进行总结评价，也讲解了不同年龄阶段幼儿智力游戏的组织与指导。对于体育游戏的组织与指导，笔者是从自主体育游戏的组织指导和体育教学游戏的组织指导这两方面来讲解的。自主体育游戏的组织与指导，主要有提供玩具、约定游戏常规、观察与介入游戏；体育教学游戏的指导，主要有游戏前的准备、游戏中的组织开展、游戏的结束。对于音乐游戏的组织与指导，笔者总结出音乐游戏组织指导的要点，并且结合了较多的音乐游戏案例让学生来理解如何组织开展音乐游戏，以及不同年龄阶段幼儿音乐游戏的组织指导。然后让学生将创编的规则游戏在课堂上进行模拟实践，即组织游戏的学生以幼儿教师的角色代入，其他同学则以幼儿的身份代入，配合教师组织开展这些规则游戏。该部分内容的教学目标是让学生掌握幼儿园规则游戏组织与指导的理论知识，并能够在课堂中模拟组织开展幼儿园规则游戏，初步体验幼儿园规则游戏的组织与指导，为今后在幼儿园实际组织与指导规则游戏奠定基础。教学目标是达成的，教学内容中既突出幼儿园规则游戏组织与指导的理论知识，又提供给学生模拟实践的机会，保证学生能够对规则游戏的组织与指导进行练习体验。教学方法既有讲授法、讨论法，又有实践法，能够保证教学目标的达成。课后作业主要是让学生在课下自己模拟练习，并修改规则游戏方案，之后再到课堂上进行模拟实践。

4. 考查学前儿童游戏评价的教学行动

在讲授学前儿童游戏评价的教学行动中，笔者先让学生明确学前儿童游戏评价的概念、意义与分类，接着让学生讨论学前儿童游戏评价的主要内容。学生按照笔者提出的从游戏本身、游戏中的幼儿、游戏中的教师三个角度来思考讨论，讨论同时明确幼儿游戏结束后从哪些方面进行正确的评价。这部分内容是教材上没有的，而学生经过之前对学前儿童游戏观察内容、指导内容的讨论学习，能够把相关的知识迁移到学前儿童游戏评价中，所以讨论分析得既全面又透彻。如：对游戏本身的评价涉及游戏材料的投放、游戏主题的适宜性、游戏时间的充足与否、游戏内容的价值实现与否等；对游戏中幼儿的评价涉及幼儿的认知发展、语言表达、行为表现、情绪情感体验等；对游戏中教师的评价涉及教师组织开展游戏的能力、与幼儿游戏互动的能力、介入游戏的时机、指导游戏的方法等。在明确了学前儿童游戏评价的内容后，教师需要引导学生学习学前儿童游戏评价的方法，即利用学前儿童游戏评价指标体系进行定量评价与定性评价。笔者先让学生理解教材中列出的一级指标、二级指标、三级指标的层次结构示意图，再把教材中典型的学前儿童游戏评价指标体系的评价指标、指标权重、评价标准一一让学生明确，并思考讨论这些学前儿童游戏评价指标体系的使用方法。教学目标是使学生理解学前儿童游戏评价的意义，掌握学前儿童游戏评价的内容与方法，尝试对学前儿童游戏进行定量与定性相结合的评价。教学目标基本达成，对学前儿童游戏进行评价是在幼儿园课程见习后进行的。教学内容中突出学前儿童游戏评价的内容与方法，并结合实例让学生运用学前儿童游戏评价的指标体系。教学方法既有讲授法、讨论法，又有实践法，能够保证教学目标的达成。课后作业主要是去幼儿园对幼儿游戏进行评价，评价时可以参照教材中的学前儿童游戏评价指标体系，做定量与定性相结合的评价，以加深对学前儿童游戏评价内容与方法的掌握。

（二）考查教师教学反思

对于幼儿园游戏观察与指导，笔者能够围绕幼儿园游戏观察的内容与方法、幼儿园游戏指导的内容与方法进行讲解，并在此基础上引导学生编制幼儿园游戏观察与教师指导的观察记录表，让学生既能理解幼儿园游戏观察、教师指导的理论知识，又能在幼儿园课程见习时，利用幼儿园游戏观察与教师指导的观察记录表开展幼儿园游戏与教师游戏指导的观察与记录。对于幼儿园游戏环境创设，笔者让学生理解如何进行幼儿园游戏环境的创设，以及游戏材料的投放与制作。对于幼儿园游戏评价，笔者讲授了学前儿童游戏评价的理论，并提供机会让学生在观察学前儿童游戏后进行学前儿童游戏评价。

1. 反思理论知识的教学

对于模块三每一部分的教学内容，笔者都是先让学生明确各个知识内容之间的关系和每个章节内容的教学重难点。如：在讲解学前儿童游戏观察与指导时，让学生先学习如何进行学前儿童游戏的观察，再学习如何进行学前儿童游戏的指导。因为游戏观察是游戏指导的基础，游戏指导需要建立在游戏观察之上。学前儿童游戏观察要明确游戏观察的内容与方法，进而列出游戏观察的提纲，让学生明确每一个观察项目的具体观察内容。笔者考虑到在现实游戏观察中，学生在观察幼儿游戏的同时，也会观察教师对幼儿进行的游戏指导。虽然学生还不能亲自对幼儿游戏进行指导，但可以通过观察幼儿园教师的游戏指导来学习。所以，笔者把教师游戏指导的观察提纲与幼儿游戏的观察提纲合并成一个观察记录表，方便学生去幼儿园课程见习时观察。笔者认为，这么做可以让学生全面地了解如何对幼儿进行游戏观察，以及教师应该如何对幼儿的游戏进行指导。

再如在讲解幼儿园游戏环境创设时，笔者先让学生从整体上了解本章由三部分内容组成，分别是幼儿园室内游戏环境创设、户外游戏环境创设与游戏材料投放和制作。再有重点地讲解幼儿园室内与户外游戏环境创设的范围、内容、要求，以及幼儿园游戏材料投放的依据与制作的要求。之所以把幼儿园游戏材料作为单独的一节来学习，是因为它是幼儿园游戏环境创设中最重要的部分，需要让学生认真地理解学习。这样学生在学习模块三的理论知识时就容易条理化，且明确学习重点。

2. 反思课堂讨论

笔者在讲解学前儿童游戏观察的教学中，为了让学生确定去幼儿园进行游戏观察的观察记录表，要先让学生讨论幼儿园游戏观察的内容。出乎笔者预料的是，学生经过40分钟的课堂讨论，能够把每个观察项目思考得相当充分，思维也相当活跃，确实做到了全面深入地理解每个观察项目。所以，在接下来的总结环节每个小组都能积极发言，笔者安排了学习委员记录下大家的发言。这样笔者就能与学生展开积极互动讨论，而不用分心做记录。同时，由于课堂时间有限，每个小组都想发表意见，所以在课堂上优先让学生发言，笔者不做评论，并在课后认真地思考总结学生的发言，帮助学生判断分析，再把总结好的观察内容放在班级群文件中，让学生自行下载学习。

学生讨论发言的积极性很高，本打算让学生把教师游戏指导的观察提纲也拿来进行讨论，但是又担心加重学生的学习负担，从而降低学生的学习兴趣，所以，笔者自己编制了对幼儿教师进行游戏指导的观察提纲，没有再让学生进行讨论，而是让其对此提纲提出疑问并且解答问题。

3. 反思实践教学

模块三的实践教学包括利用编制好的观察记录表去幼儿园观察幼儿游戏及教师游戏指导，并对所观察的幼儿游戏进行评价；观察幼儿园游戏环境创设，在小组内交流分享；制作幼儿园游戏所需的材料与玩具；规则游戏的模拟实践，即让学生自己准备游戏材料组织开展规则游戏。

为了保证学生能够顺利去幼儿园开展课程见习，笔者先去实习基地幼儿园了解了该园开展游戏活动的时间是上午 10 点 10 分到 11 点 30 分，以及下午的 15 点到 16 点 30 分，然后查找了 2015 级学前教育本科班的一周课表，确定星期三的上午及星期四、星期五的下午去幼儿园进行游戏观察以及游戏环境创设的观察。因为此段时间学生正好没有课可以去幼儿园进行观察，而且幼儿园离学校很近，步行 10 分钟，学生只需要在幼儿园开展游戏活动的时间段去观察，再返校接着上课。所以，当讲完模块三后就在第 14 个教学周（2017 年 11 月 22 日—24 日）的星期三、星期四、星期五，把学生分成 3 组，每次带 15 人左右去幼儿园进行观察实践。这样是为了能够对每位学生的游戏观察进行指导，尽可能为学生创造去幼儿园观察实践的条件，保证学生游戏观察的质量。

　　为了明确本次幼儿园课程见习的目标，笔者给学生提出三个任务：一是完成幼儿园游戏观察及教师游戏指导的观察记录；二是拍摄记录幼儿园游戏环境创设的图片，并与小组成员讨论分析如何进行游戏环境创设；三是参照教材中的幼儿园游戏评价指标体系，对你所观察到的幼儿园游戏进行评价。笔者对任务一做了具体要求，要求学生必须完成并按时提交作业，对于任务二、任务三，让学生尽量完成。笔者认为，如果每项任务都要求学生必须完成，学生的压力会增大，面面俱到就会难以把握重点，如果让学生分三次去幼儿园而每次去只完成一项任务也不现实，因为学生不是只上学前儿童游戏这一门课，学生也要完成其他课程中的学习任务。所以，笔者还是决定让学生主要完成任务一，任务二、任务三依个人学习兴趣与学习能力，尽力而为。

　　在学生观察学前儿童游戏以及教师游戏指导的过程中，笔者轮流指导每个学生进行游戏观察，并且及时解决学生在游戏观察时遇到的问题。比如：有的学生提出游戏的目标是否可以询问带班老师，但是又不知道怎么问带班老师比较合适；有的学生反映幼儿玩游戏的主题不够明确，应该如何记录才对；有的学生说观察时与幼儿交流沟通算不算观察到的内容，等等。图 4-54、图 4-55 是学生分别在幼儿园室内和户外进行游戏观察，并且在认真地做游戏观察记录。

图 4-54 学生在室内进行游戏观察　　图 4-55 学生在户外进行游戏观察

（三）考查学生课堂表现及作业完成情况

1. 考查学生课堂表现

在学习模块三的过程中，笔者依然在每节课的回顾环节检查学生完成自学的情况。全体学生能够完成课前自学，学生已经养成了课前自学的习惯，虽然部分学生的自学笔记简单，书上勾画的内容也较少，但一半左右的学生依旧能够在自学环节认真完成自学笔记。在回顾环节，笔者依然会反复提醒学生按照回顾要求来做，学生也能够按照要求一边翻看教材内容，一边回顾自学笔记。在讲授环节，几乎所有的学生都能认真听讲，当然笔者也对课堂教授进行了调节。在课堂讨论环节，各个小组都能积极开展讨论，当然笔者也会根据学生讨论情况进行调节。在总结环节，各小组确实做到了积极回答讨论的题目，并且认真听笔者的分析总结、补充完善。

2. 考查学生作业完成情况

模块三的作业是学生需要去幼儿园完成学前儿童游戏及教师游戏指导的观察记录，对幼儿园游戏环境创设进行观察，并且做小组汇报。要求每位学生要完成一份学前儿童游戏及教师游戏指导的观察记录表，并拍摄幼儿园室内和户外游戏环境创设的照片，进行小组讨论，最后在课堂上进行小组汇报。

在去幼儿园进行游戏观察之前，笔者要求学生提前熟悉要观察的每个项目，如果有疑问及时向笔者反馈。学生在幼儿园进行观察的过程中，向笔者反馈的问题主要有两个：一个是教师没有对幼儿的游戏进行指导，无法观察记录；另一个是不确定幼儿游戏的目标。对于第一问题，如果在学生观察的过程中没有教师对幼儿游戏的指导，学生确实无法观察到，就可以不用写在作业里。对于第二个问题，笔者建议学生询问幼儿园教师，或是根据自己所学的知识来确定所观察游戏的目标。表 4-6 是学生提交的学前儿童游戏及教师游戏指导的观察记录表。

表 4-6 学生提交的观察记录表

角色 游戏观察及指导记录表		
观察时间 <u>2017 年 11 月 23 日</u> 观察班级 <u>大（3）班</u>		
观察地点 <u>兴义市××幼儿园</u>		
幼儿人数 <u>4 人</u> 指导教师 <u>张老师</u>		
观 察 者 <u>冯××</u>		
观察内容	幼儿表现	教师指导
游戏主题情节内容	游戏的主题情节内容为"我是小木工"。 幼儿以自身兴趣及活动区角所提供的游戏材料来选择、确定游戏的主题情节内容。 幼儿的行为表现（如戴安全帽和手套、用曲线锯或伐木锯锯木条、用锤子敲钉子、用小刨子刨木块、用卷尺量木块等）符合游戏的主题情节内容。 没有生成新的游戏主题情节内容。 游戏的主题情节内容前期能够吸引幼儿，幼儿前期也能投入到游戏中，后期注意力被旁边剧场放出的音乐所吸引	教师为幼儿自由选择游戏的主题情节内容创造条件。如：创设不同的区角活动，以满足不同幼儿的需要，幼儿可选择自己感兴趣的区角进行游戏活动。 对幼儿不符合游戏主题情节内容的行为表现，教师的做法：如幼儿 C 拿着卷尺，拉出 30 厘米左右的长度在区角周围无所事事，教师走过来说："这个是干吗用的啊，你不是拉出来了吗？用它来量量木块有多长就行了。" 教师没有引导幼儿生成新的游戏主题情节内容。 教师通过环境创设、投放游戏材料等方式以使游戏的主题情节内容吸引幼儿，同时也使幼儿投入到游戏的主题情节内容中
游戏目标	游戏目标是让幼儿熟悉并学会使用常见的工具。 从幼儿的行为表现来看，幼儿已达成游戏目标	教师通过开展集体教学活动、环境创设、投放游戏材料让幼儿动手操作等方式引导幼儿实现游戏目标

续表

游戏材料	游戏的材料、玩具有：安全帽、手套、木条、木块、曲线锯、伐木锯、刨子、羊角锤、锤子、卷尺、钉子等。 　　从幼儿的行为表现可以看出，幼儿对游戏材料、玩具十分熟悉。 　　幼儿对游戏材料的选择与运用：（1）幼儿 A：选择伐木锯和木条，用伐木锯锯木条；（2）幼儿 B：选择刨子和木块，用刨子刨木块；（3）幼儿 C：选择卷尺，用卷尺量幼儿 A 的安全帽；（4）幼儿 D：选择锤子，用锤子锤订在木块上的钉子。 　　幼儿对游戏材料的分享、爱护及整理：没有出现分享游戏材料的情况；不爱护游戏材料，有些材料掉到地上了也没幼儿去捡；也没有整理材料，不想玩的幼儿直接把材料放到桌子上就走开了。 　　投入的游戏材料、玩具符合幼儿的游戏主题情节内容及兴趣	教师提供了购买的安全帽、手套、木条、木块、曲线锯、伐木锯、刨子、羊角锤、锤子、卷尺、钉子等材料。 　　教师没有和幼儿一起制作游戏材料、工具。 　　教师是通过建立规则的方式引导幼儿分享、爱护、整理游戏材料、玩具的。 　　教师根据区角的活动场地确定幼儿的人数为 10 人，其中仿真区即"维修部"5 人，实木区即"木工"5 人
游戏规则	游戏常规：注意安全、保持清洁、轻声讲话、分类整理。 　　幼儿对游戏常规的理解、遵守：戴安全帽及手套；不大声说话。 　　游戏玩法：戴安全帽和手套、用曲线锯或伐木锯锯木条、锤子敲钉子、用小刨子刨木块、用尺量木块、用羊角锤起钉子。 　　建立新的玩法：幼儿 C 用卷尺量幼儿 A 的安全帽	教师通过组织教学活动（讲解、示范）及投放材料让幼儿理解、遵守游戏的规则。 　　游戏规则是教师根据游戏内容及特点建立的。 　　对违规的幼儿如幼儿 A、幼儿 C、幼儿 D 玩完后不整理就到其他区角玩了，教师通过口头语言引导他们分类整理

续表

游戏技能技巧	幼儿掌握了敲、锯、拔、刨、拉等游戏的技能技巧。 　　幼儿对游戏技能技巧的运用：幼儿A用伐木锯锯木条；幼儿B用刨子刨木块；幼儿C用卷尺量幼儿A的安全帽；幼儿D用锤子锤订在木块上的钉子。 　　幼儿A、B、D运用游戏技能是熟悉的，其中幼儿C是创新的	教师通过组织教学活动、投放材料让幼儿操作等方法来帮助幼儿掌握游戏的技能技巧
游戏时间	幼儿的游戏持续了二十多分钟，游戏时间充分	教师指导了3分钟
游戏环境布置	布置了"维修部"及"木工"两个游戏环境。 　　游戏环境符合游戏的主题情节内容。 　　游戏环境布置满足幼儿游戏的需要。 　　幼儿未参与游戏环境的布置，幼儿通过建立规则来保护游戏环境。 　　游戏环境尽可能还原游戏场景，能够让幼儿身临其境，吸引幼儿投入到游戏中。同时，丰富多样的游戏环境能给幼儿带来心理上的愉悦	教师布置了"维修部"及"木工"两个游戏环境。 　　两个游戏环境一个是仿真的，一个是实木的，同时投放相应的游戏材料。墙上还贴有常见的工具图片及文字。 　　教师通过建立游戏常规来引导幼儿爱护游戏环境
游戏知识经验	幼儿具备敲、拉、推等游戏知识经验。 　　幼儿在游戏中可以获得刨、锯、量、等新的知识经验	教师通过讲解、示范等方式丰富幼儿的知识经验
幼儿交往性	幼儿A：能主动进行同伴交往；同伴交往发生的次数为1次；表现：幼儿A对幼儿D说："我们来锯木头吧。" 　　幼儿D：能主动进行同伴交往；同伴交往发生的次数为1次；表现：幼儿A在用羊角锤起木条上的钉子时，试了好几次也没成功，就对我说："老师，这个怎么弄不来呀？"还没等我说话，幼儿D就伸手过去说："我来帮你弄。" 　　幼儿C：未进行同伴交往，整个游戏过程中处于游离状态	教师引导幼儿之间的同伴交往：无

续表

幼儿自主性	幼儿能自主确定游戏主题情节内容、选择游戏伙伴、组织开展游戏。 幼儿A、B、D能积极参与游戏、与同伴沟通协商，而幼儿C是平行游戏，未与同伴交往沟通	教师如何发挥幼儿在游戏中的自主性：无明显体现
幼儿想象力创造力	幼儿通过戴安全帽及手套，操作游戏材料来进行"木工"的角色游戏假想。 没有游戏主题情节内容及游戏技能的创新	教师引导幼儿进行游戏假想装扮与创新游戏主题情节内容及游戏技能：无明显体现
幼儿解决问题能力	游戏中出现的问题：幼儿A在用羊角锤起木条上的钉子时，试了好几次也没成功，就对我说："老师，这个怎么弄不来呀？"还没等我说话，幼儿D就伸手过去说："我来帮你弄。" 解决问题：幼儿D把羊角锤开口V的地方插进钉在木块上的钉子，向上起了两次就把钉子拔起来了	教师对幼儿在游戏中出现的问题的关注及帮助幼儿解决游戏中遇到的问题：无
幼儿情绪体验	幼儿A、B、D在游戏中都获得了快乐的正向情绪体验。 幼儿D从游戏中能够培养其帮助他人的道德品质。 幼儿C处于无所事事的状态。在游戏中或许经历了孤独、无聊的负向情绪体验	教师没有注意到幼儿的情绪体验。 教师引导幼儿获得正向的情绪体验：无明显体现。 教师引导幼儿获得良好的道德品质：无明显体现
	对学前儿童游戏表现的总结	对教师游戏指导的建议
	虽然是大班幼儿，但基本上都处于联合游戏阶段，没有分工，每个人仍然是以自己的兴趣来游戏的。游戏过程中同伴交往次数少。 注意力不集中，一旦有什么大的声音就会被吸引过去，而且一边玩着自己的游戏材料一边往剧场看。	整个游戏过程中，教师的指导很少，笔者认为教师应全面关注幼儿在游戏过程中的种种表现。如幼儿C在整个游戏过程中处于无所事事的状态，教师应找准介入的时机，引导幼儿C在游戏中获得正向的情绪体验。

续表

		当教师发现幼儿C拿着卷尺不知道干什么时，直接对他说："这个是干吗用的啊，你不是拉出来了吗？用它来量量木块有多长就行了"，说完就走开了。幼儿没有量，而是把卷尺放回去了。在这一点上，笔者认为教师在讲解的时候，应为幼儿示范该怎么量，同时引导幼儿除了木块还可以量什么，激发幼儿对卷尺或者说对游戏的兴趣。（幼儿C可能是因为气质问题导致他在游戏过程中无同伴交往的体现，也可能是对游戏材料不熟悉或对游戏本身不感兴趣，教师应细心观察，给予针对性地引导。） 当幼儿都在玩区角游戏的时候，教师放起了音乐，为剧场的幼儿走秀配乐，这时很多幼儿的注意力都被音乐所吸引，笔者觉得音乐可以放得小声一点，从而降低音乐对其他幼儿的干扰。

全班一共提交了48份作业，其中有32位同学能够像冯××同学一样认真观察，根据自己所观察到的如实地做记录。另外的16份作业存在的问题主要是，没有按照笔者的要求进行观察记录，如描述性记录简单、不清楚，没有逐一观察记录观察提纲中的问题等。

对于幼儿园游戏环境的小组汇报，主要涉及：呈现拍摄的有关于幼儿园游戏环境创设的照片，分享小组成员对幼儿园游戏环境创设的讨论分析，包括幼儿园游戏环境创设是否符合创设要求、幼儿园游戏环境创设的特色、幼儿园游戏环境创设的不足等，并提出小组讨论中

图4-56 学生汇报幼儿园游戏环境创设的讨论分析

对幼儿园游戏环境创设的疑问。图4-56是学生正在汇报对幼儿园游戏环境创设的讨论分析。

四、考查模块四

（一）考查教学行动过程

在讲授少数民族儿童民间游戏的教学行动中，笔者分成少数民族儿童民间游戏的理论与实践两部分内容来讲。首先，引导学生理解少数民族儿童民间游戏的内涵、特征、分类以及对幼儿发展的价值，并在此基础上呈现出四个少数民族儿童民间游戏的典型案例，让学生讨论分析其价值、特征，以及游戏所反映的少数民族文化。接着，引导学生理解少数民族儿童民间游戏收集、整理的原则与方法，并且结合笔者在收集、整理少数民族儿童民间游戏时的亲身经历，鼓励学生克服收集、整理时的困难。再讲解对少数民族儿童民间游戏改编与创编的方法，以及对改编或者创编后的少数民族儿童民间游戏的现代教育价值分析。最后，再列举少数民族儿童民间游戏在幼儿园教育活动中应用的案例，让学生学习如何把少数民族儿童民间游戏应用于幼儿园晨间活动、区域活动、教学活动、户外体育活动中。该部分内容的教学目标是让学生掌握少数民族儿童民间游戏的基本理论知识，能够对少数民族儿童民间游戏进行价值分析、收集与整理、改编与创编，进而把少数民族儿童民间游戏应用于幼儿园教育活动中。教学目标是完成了的，教学内容中突出了对少数民族儿童民间游戏的教育价值分析，以及如何对少数民族儿童民间游戏进行改编或创编。教学方法既有讲授法、讨论法，又有实践法，能够保证教学目标的达成。课后作业主要是让学生学会收集、整理少数民族儿童民间游戏，并对其进行教育价值分析和文化溯源；对少数民族儿童民间游戏进行改编或创编，并对改编或创编后的少数民族儿童民间游戏进行现代教育价值分析，进而为将来把少数民族儿童民间游戏应用于幼儿园教育活动中奠定基础。

（二）考查教师教学反思

对于少数民族儿童民间游戏的理论与实践，笔者首先围绕少数民族儿童民间游戏的概念、特征、分类，以及对幼儿发展的价值四个核心部分进行讲解。这部分的教学内容涉及全国各个少数民族儿童民间游戏，而不仅仅是贵州省的少数民族儿童民间游戏，拓宽了学生对少数民族儿童民间游戏的认知，对之后分析贵州少数民族儿童民间游戏的教育价值奠定基础。在学完关于少数民族儿童民间游戏的基本理论之后,笔者补充了四个少数民族儿童民间游戏的案例,让学生讨论分析了四个少数民族儿童民间游戏的特征、幼儿教育价值,以及所反映出的少数民族文化。笔者发现,学生对于少数民族儿童民间游戏的特征、幼儿教育价值,能够结合之前所学的基本理论做出较准确的分析,但很难分析出案例中少数民族儿童民间游戏的文化背景。其实,笔者在向学生总结陈述时,也发现自己不能很准确地把握这些少数民族儿童民间游戏的文化根基,只是在查找相关的少数民族文化资料后,进行理解、推敲。因为即便是很熟悉这些少数民族儿童民间游戏的长者,也难以说出究竟其中蕴含了怎样的少数民族文化。这也是笔者今后在收集、整理少数民族儿童民间游戏时,需要进一步突破的瓶颈。

在少数民族儿童民间游戏实践方面,笔者主要是围绕少数民族儿童民间游戏的收集、整理、改编与创编、应用于幼儿园教育活动中来讲解的。现身说法地讲述了自己在收集、整理少数民族儿童民间游戏时遇到的困难,引导学生利用自己成长于少数民族地区的优势,积极尝试收集、整理少数民族儿童民间游戏,传承少数民族优秀传统文化。着重给学生讲解了如何对少数民族儿童民间游戏进行改编,即改编的内容与方法,并鼓励学生有理有据地对少数民族儿童民间游戏进行改编或创编,发扬少数民族儿童民间游戏的现代教育价值。

(三)考查学生课堂表现及作业完成情况

1. 考查学生课堂表现

由于教材中没有涉及模块四的内容,学生不用在课前进行自学,只需要在课堂上认真听讲、做笔记、参与讨论,而且这部分内容对学生来说既是熟悉的又是新奇的,每位学生都会有不同程度的学习兴趣。所以,在讲授环节,学生能认真听讲、做笔记。在课堂讨论环节,各个小组能围绕贵州少数民族儿童民间游戏积极思考、讨论问题。在总结环节,各小组也做到了理论联系实际认真地反思所熟知的少数民族儿童民间游戏的内容与教育价值。

2. 考查学生作业完成情况

模块四的作业是让学生收集、整理少数民族儿童民间游戏,并对其进行教育价值分析和文化溯源。各小组对收集、整理的少数民族儿童民间游戏一定要非常熟悉，这样才能进行教育价值分析和文化溯源，以及对其进行有依据地改编或创编。作业由三部分组成：第一部分是对收集到的少数民族儿童民间游戏进行整理，整理游戏名称、游戏玩法、游戏的少数民族文化背景等内容；第二部分是对这个少数民族儿童民间游戏进行改编，改编包括游戏名称、游戏内容、游戏玩法、游戏规则、游戏场地、游戏材料、游戏童谣等；第三部分是分析改编后的少数民族儿童民间游戏的现代教育价值。笔者在批改学生作业时发现学生难以对收集到的少数民族儿童民间游戏进行文化溯源，有的作业中即便提到该民族民间游戏的文化背景，但也只是泛泛而谈，并没有切中要点，有的干脆没写。询问学生原因，学生说不知道，也无从探究到该少数民族儿童民间游戏的文化背景。其实，笔者在上课时也发现了此问题，因为在讲解范例时，学生对于少数民族儿童民间游戏是熟悉的，但是并不清楚这些少数民族儿童民间游戏的文化背景。但是笔者还是想让学生尝试探究一下少数民族儿童民间游戏的文化背景，并鼓励学生在作业中完成，而部分学生难以完成也属于正常。

以下是学生完成的此次作业，但去除了少数民族儿童民间游戏文化溯源的部分。

转转儿

游戏玩法：

取扁平的板栗，在中间钻一个小洞，放两根较粗的线进去，双手抖动线，旋转板栗，板栗会发出不同的声音。（见图4-57）

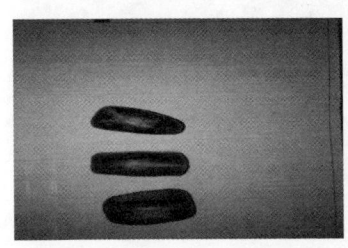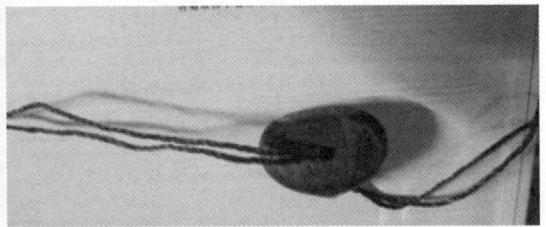

图4-57　游戏玩法

游戏改编：

变换游戏材料，将板栗换成其他形状，中间可以钻洞的坚果，如桐油果、花生、核桃等。

现代教育价值分析：

    1. 锻炼幼儿的手部肌肉，使其更加灵活、有力量。

    2. 在用不同的物品进行游戏的过程中，提高幼儿的认知能力。

    3. 尝试用不同的果实进行游戏，能够发展幼儿自主创新的能力。

（选自"卧薪"小组的作业）

山落

游戏玩法：

    1. 游戏开始前准备两个不同颜色的小纸团或小石子，以及一张棋盘纸，如图 4-58 所示。

    2. 两名幼儿选择代表自己的小纸团分别把它放在三角形底部的两个角上，通过猜拳的方式进行游戏，若赢的一方便根据图形的箭头将小纸团向前面一个圆圈移动一步。

    3. 当两名幼儿的小纸团在同一个圆圈相遇时，先到达圆圈的那名幼儿就要将小纸团放回原点，后到的那名幼儿的小纸团则在圆圈内不动，两人又通过猜拳的方式继续游戏。

    4. 直到一名幼儿的小纸团先到达图形顶端，则为赢。

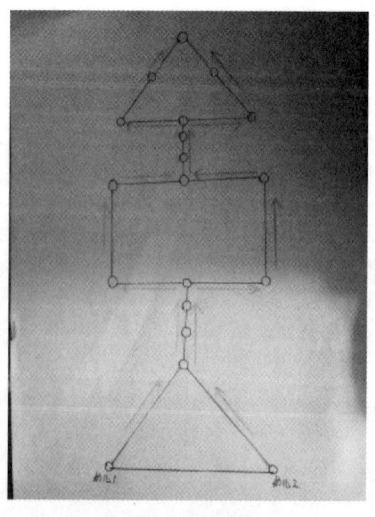

图 4-58　游戏玩法

游戏改编:

1. 在空地上画出如图 4-59 所示的图形,并且每人分得 5 个小石子。

2. 把小纸团代表幼儿改为幼儿自行进行游戏,两名幼儿通过猜拳的方式决定自己是代表单数还是双数。

3. 两名幼儿分别站在三角形底部的两个角上,分别拿出自己想拿出的石子数(不让对方知道),与对方拿出的石子个数相加,得到的结果是单数,则代表单数的那名幼儿就向前走一步,相反,则代表双数的那名幼儿就向前走一步。

4. 两名幼儿相遇时,先到的就向后退两步,如果在第一个圆圈相遇时,先到的就退回原点。

5. 重复游戏,直到一名幼儿到达顶部,游戏即结束。

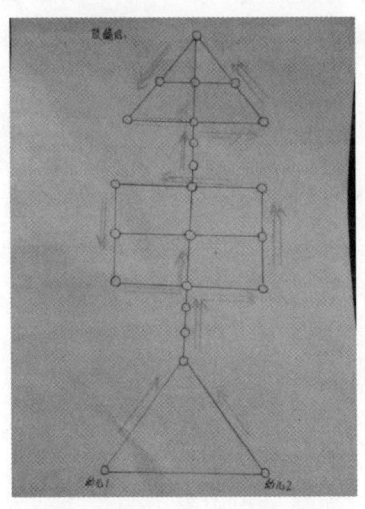

图 4-59　游戏改编

现代教育价值分析:

1. 由小纸团代表幼儿变成幼儿自身进行游戏,游戏过程中幼儿跑、跳、走等动作,锻炼了幼儿的大小肌肉,让幼儿体验到游戏的真实与快乐。

2. 由猜拳变成小石子相加,不仅能培养幼儿的数数能力,而且能培养幼儿 10 以内的加法及对单双数的认知能力。

3. 由简单的棋盘图形变成复杂的图形,增加了游戏的难度以及追逐前进的乐趣。

4. 由直接退回原点变成后退两个圆圈，让幼儿保持愉悦的心情进行游戏，不会产生很大的失落感。

（选自"多啦美"小组的作业）

第四节　反思

一、课堂氛围

良好的课堂教学氛围是指教学氛围是宽松、愉悦、认真的，而不是紧张、压抑、严苛的，它是教学改革顺利进行的保证，而良好的课堂教学氛围首先取决于和谐的师生关系。和谐的师生关系不是灌输与接受、教训与服从，而是彼此尊重、平等、共同对话。笔者之所以关注到课堂教学氛围，是因为笔者在给2015级学前教育本科班上学前儿童游戏的同时，也给2015级学前教育三年制专科班上学前儿童游戏，两个班都采用了教学改革的内容与方法。由于之前没有给这个班上过课，笔者认为应该先与班级学生建立和谐的师生关系，营造良好的课堂教学氛围，可是这个班的学生在讨论时不够积极参与，课堂提问也总是个别的学生回答，课堂教学教学过程安静、沉闷，很多时候笔者像唱独角戏一样，没有学生回应。笔者也尝试过很多与学生互动的办法，总是回应很少，难以调动学生的积极性，以致课堂教学效果一般，教学改革的效果很难在教学过程以及学生中体现出来。

所以，笔者认为在教学过程中努力与学生建立和谐的师生关系，营造良好的课堂教学氛围，是教学改革顺利进行的保障条件。本轮学前儿童游戏课程教学改革的教学对象是2015级学前教育本科班的学生，笔者正好在上学期教过该班"教学心理学"这门课程，在上学期就与这个班建立了亦师亦友的师生关系，师生之间比较熟悉，学生了解笔者的教学风格，笔者也比较熟悉该班的学习气氛以及班上学生的学习状况。所以，在本轮教学改革中，笔者继续和该班的学生保持和谐的师生关系，营造良好的教学氛围。

在和谐的师生关系，良好的课堂教学氛围中，笔者和该班学生没有陌生感，在教学中不用相互适应，反而有默契感，双方很容易投入到教与学的过程中；在教学过程中笔者对学生提出的学习要求，学生愿意去完成，能够较好地配合笔者开展教学；学生在学习过程中遇到困难时敢于向笔者提问，也敢于表达自己对课堂教学的想法建议；师生之间在课上课下沟通自如，能够充分调动学生的学习积极性，整个课堂教学气氛轻松，没有教与学的压力，在课堂上笔者能够较好地发挥，师生双方都能够在较轻松的氛围中完成教与学的任务。在如此和谐的师生关系中，笔者感到教学的轻松愉悦，经常不知不觉中下课铃就响了。学生在课堂上学习也比较投入，走神开小差的情况较之前的课程少了很多。即便是下午2点到4点的上课时间，课堂上几乎没有学生打瞌睡，这让笔者感到很欣慰。在整个教学改革中，笔者始终尽可能给学生营造良好的课堂教学氛围，不仅保证了课堂教学质量，而且感到身心愉快，觉得上课毫不费劲。

二、课堂调控

课堂调控能力主要体现在对课堂教学各个环节的时间、教学顺序的调整。其实笔者在设计课堂教学的各个环节时，就已经考虑到各个环节的时间是有弹性的，它们可以根据教学内容的多与少、难与易进行调整，当遇到讲授内容较多较难时，笔者会适当缩短回顾时间与讨论时间，延长讲授时间与总结时间，这样能够帮助学生强化理解；当遇到设置的讨论题目较多时，笔者会适当缩短回顾时间和讲授时间，延长讨论时间和总结时间。不仅可以根据教学内容改变各个环节的时间长短，还可以根据当时课堂教学的具体情况，尤其是根据学生的注意力保持的状况随时进行调整。比如当笔者观察到师生之间的互动减少，或是学生反应迟钝时，笔者就可知道此时学生的听课效率已经降低了，可以考虑让学生尽快进入讨论环节，以刺激学生大脑不同的兴奋点，继续让学生保持注意力，提高课堂教学的效率。所以，笔者就会缩短讲授环节的时间，让学生立即展开讨论，讨论后进行小结。有时每堂课会交替进行讲授环节与讨论环节，并且每次讲授与讨论的时间都不长，这样有利于学生集中注意力完成每次的讲授与讨论，不容易受"超限效应"或是"疲惫"的影响。

即便笔者在第二轮教学改革中如此注重对课堂教学的调控，当教学改革进行过半时，仍旧有个别学生和笔者沟通，说他们觉得课堂上总是在讨论，感觉讨论时学不到什么东西，只是在应付，所以厌倦课堂讨论。当听到这个教学反馈时，笔者首先反思自己对于学生在课堂讨论环节给予的指导不够，需要改进自己指导学生课堂讨论的内容与方法，并及时与学生进行沟通，分析其中的原因。笔者发现这可能是由于学生长期习惯于课堂上只听课的接受式学习，很难适应或是不能适应主动式学习，以及主动探究问题答案的发现式学习。同时，又再次给学生讲解课堂讨论的价值，强调课堂讨论是对讲授环节重难点内容的深化，是对已学知识的理解应用，通过生生之间的互动质疑、问题的解决，完成对理论知识的彻底吸收内化。最终，笔者为了尊重部分学生的学习要求和学习偏好，适度减少了课堂讨论的时间与问题，延长了课堂讲授的时间与内容，但在学习过程中依然向学生提出学习方式转变的要求，以及充分利用讨论环节进行学习的要求。

三、自学、回顾环节

由于在其他课程的教学中没有对学生提出自学、回顾的学习要求，学生对如何进行课前自学、课堂回顾不是很清楚，所以在教学改革的初始阶段，学生在自学和回顾环节都会出现一些不能按照要求完成，或是没有掌握相应方法的问题。比如在回顾环节，笔者检查学生的自学笔记，发现学生的自学笔记多是记下教材中各个章节的标题，或是抄下了教材中的定义，而没有掌握正确的自学方法，也没有完成相应的自学任务，所以，笔者给学生建议了三种自学的方法，最好能综合使用三种方法。第一种是在阅读教材的基础上，整理出教材内容的框架，发现知识点之间的联系；第二种是把教材内容的重难点记下来，以便在讲授环节对照着教师的重难点内容去理解；第三种是采用提问与回答的方式，把教材内容总结成若干个问题，并写出答案。

笔者还发现，学生不明确回顾环节的学习任务，没有掌握回顾教材的方法，所以，笔者给学生提出具体的回顾要求：第一，快速地浏览回顾教材，完成对知识框架的梳理；第二，阅读之前自学时没有理解的内容，或是阅读自己自学时勾画的重难点；第三，思考自学时自己发现的疑问。如果自学时没有提出问题，那么此时至少需要在笔记本上提出 2

个问题,并思考相关问题的答案。

但笔者也发现,不管如何强调自学的重要性及自学的方法,总会有学生没能按照要求完成自学,问其原因,理由无非是"太忙了、忘了、看了一点"等。笔者也知道该班的学生在学习本课程的同时还要学习六门理论课程和四门艺术技能课程,而且很多学生由于家庭经济条件不好,还需要勤工助学,这样就使花在本课程上的时间非常有限。其实,笔者之前对自学环节提出要求时,就考虑到班上很多学生没有电脑,若完全按照翻转课堂的要求进行,比如利用电脑学习视频教学、下载学习资源包,很多学生根本无法完成,笔者才降低了自学的要求,只是让学生在课前的自学环节必须保证至少阅读教材一遍,基本上能够理解教材上的内容。所以,笔者多次给学生强调了课前自学的要求,也给学生解释了课前自学的重要性,也理解学生课前自学的时间有限,也对不能完成自学的学生进行了个别谈话。终于在笔者的多次强调下,不能完成自学的情况逐渐减少甚至消失,该班的学生已经建立起课前自学的学习习惯,把课前自学作为课堂学习的必经阶段。

四、讲授环节

与传统的课堂教学过程相比,本轮教学改革的讲授环节基本上做到了精讲。因为课堂讲授时间通常在 40 分钟左右,如果算上 20 分钟左右的总结环节,也就是说课堂讲授时间仅是传统课堂讲授时间的一半。在相对宝贵而短暂的讲授环节,笔者基本上做到了突出重难点的精讲。具体来说,对于教材上学生可以自学理解的内容,不会照本宣科,而是放在课前自学环节解决;提取出每部分教学内容的重要知识点,以及知识点之间的逻辑联系,帮助学生构建知识结构图谱,理解知识点之间的内在关联,做到"知其然,知其所以然";补充教材之外关于学前儿童游戏研究的热点问题,尽可能充实教学内容,拓展丰富学生关于学前儿童游戏研究的视域;选择典型的学前儿童游戏案例在课堂上做讨论分析,使学生通过案例理解理论知识,做到理论联系实践。

在这种精讲的课堂教学模式下,给学生留出了相对充足的思考与讨论时间,提升了学生学习的积极性和主动性。同时,由于很多教学内容都是对教材内容的提炼和升华,以及对教材内容的扩充,这些内容对学生来说是新鲜的、有挑战性的，学生在讲授环节需要集中注意力听讲、思考、做笔记，减少了学生课堂上分心走神的概率。据笔者的观察，每次讲授环节，几乎全体学生都是抬头听讲、低头做笔记，学习效果良好。

课堂做到精讲需要两个前提条件：一是笔者在备课时认真准备、梳理、扩充；二是学生需要在课前完成教材内容的自学。这样在课堂上才能省去阅读教材的过程，具备学习精讲内容的基础。两个条件缺一不可，所以笔者常常给学生强调课前自学教材的重要性，如果学生没有完成课前自学就无法正常听讲、讨论。当然，笔者也要像学生一样认真完成备课，否则无法按照要求进行精讲，这也对教师的教学提出较高的要求。所以，笔者每次备课时都需要花费大量时间查找教材外的相关知识点，梳理知识结构图谱，选取相关学前儿童游戏案例，设计具有启发性、挑战性的讨论问题。很多时候，讲台上的40分钟，需要在讲台下花几天时间准备。即便如此，笔者还是觉得自己讲授得不到位，很多知识笔者自己理解了，但讲给学生时就觉得没有彻底表达出来，或是表达得不够清晰；还有一些知识是笔者也理解得模棱两可，给学生讲授时更容易底气不足，往往浅尝辄止。

五、讨论环节

在本轮教学改革中借鉴了对分课堂中的讨论环节，充分发挥课堂讨论在课堂学习中的作用，课堂讨论要求"教师是富有技巧的促进者、人际关系学家、澄清者和总结者，学生能进行有效地思考，说出他们对某信息、观点、主题或问题的想法，并通过思考和有效的互动获得心智和社会性的发展"[1]。所以，在课堂讨论的准备阶段，笔者精心设计了讨论环节的程序，确定每次需要讨论的问题；在课堂讨论的实施阶段，笔者要引导小组成员围绕每个问题进行讨论，调动每个小组成员积极参与讨论并会倾听尊重他人发言，引导小组成员分工合作学习，以保证小组讨论的质量与效率；在课堂讨论的结束阶段，要总结学生讨论的发现、结论、方案，评价学生参与讨论的态度、表现及学习效果。

例如，笔者会轮流参与各个小组的讨论，强调讨论的问题，以免学

---

[1] 张大均. 教育心理学[M]. 北京：人民教育出版社，2015：305.

生"跑题";会给学生提出一些启发性的问题,抛砖引玉地启发学生思考;要提醒不积极主动发言、行动的学生投入到小组讨论中,鼓励不善言谈的学生大胆表达;总结表扬学生在课堂讨论中的表现,激励学生积极参与课堂讨论。总之,笔者扮演着学生小组讨论的支持者、引导者、促进者、监督者的角色,使学生由不怎么会讨论、被动地参与讨论,转变为主动地、自主地、乐意开展讨论,充分实现课堂讨论的价值。不再出现教学改革过半时学生抵触讨论的情况,让学生接受课堂讨论,理解课堂讨论的价值,进而从课堂讨论中获益。

当学生进行完小组讨论后,很期待笔者给出讨论问题的最终答案,这是由于学生在讨论时,提出的各种意见和想法没有统一,一些疑问没有解决,以及很多学生习惯于追寻"确定性、标准"的答案,想要从笔者那里获得确定无疑的结论,所以,笔者有必要给出每道题目相对确定的答案,供学生参考,满足学生的学习需要。笔者虽然给学生分析讲解了问题答案,但是要让学生明白,这些答案并不是唯一的、固定的,随着知识结构的不断建构,会发生变化。要在教学过程逐渐中培养学生接受课程知识的不确定性,学会以辩证思维学习课程知识的能力。

六、实践教学

在讲解模块三的过程中,笔者就发现模块三中的教学内容在教室课堂上讲显得特别无趣、苍白。很多模块三中的知识技能,如幼儿园游戏的观察与指导、幼儿园游戏环境创设、幼儿园游戏的组织开展,都需要让学生在幼儿园真实的游戏场景中学习,这样才能使理论知识生动起来,学生才容易理解掌握,同时教师也能更好地开展教学。所以,对于模块三的教学内容最好能去幼儿园进行现场教学,这样学生就不用想象幼儿园游戏环境的样子,也不用猜测幼儿在游戏中的表现,更不用设想究竟应该如何组织开展游戏。只要让学生来到幼儿园,一切难题都迎刃而解。学生就会由被动地学习理论知识,转变为积极主动地运用理论知识解决实际问题,真正将理论知识与实际问题联系在一起。

在第二轮教学改革中,笔者花费了较多的课堂教学时间让学生理解幼儿园游戏观察的内容与方法、幼儿园游戏环境创设的要求与原则、幼儿园游戏的组织与开展、幼儿园游戏指导的内容与方法以及幼儿园游戏的评价，虽然学生对理论知识的学习也达到了"知其然且知其所以然"的程度，但还只是"纸上谈兵"，很多知识在课堂上讲解许久，不如去幼儿园认真观察，更有利于学生对理论知识的掌握，学生也更感兴趣一些。比如幼儿园游戏环境创设，如果能去幼儿园开展现场教学，让学生自己体会、发现幼儿园游戏环境创设的特点、原则，再去观察教师进行游戏环境创设的过程，访谈教师如何设计幼儿园游戏环境，如何解决游戏环境创设中的难题等。这样的学习过程会让学生理解得更深入、更主动，学生也会觉得更加生动有趣，肯定不会存在课堂上走神、打瞌睡的情况。

经过笔者与幼儿园园长的沟通，争取到一次去幼儿园进行课程见习的机会，但一次的课程见习是远远不够的，更多的教学内容还只能放在课堂上，难以满足学生掌握模块二、模块三相关知识技能的需求，最好能在幼儿园开展模块二部分内容、模块三全部内容的现场教学。所以，在下一轮的教学改革中，建议学院能够与实习基地幼儿园建立课程见习的制度，方便任课教师带领学生在幼儿园开展实践教学，而不用担心遭到幼儿园的拒绝，从而能有更多机会在幼儿园开展现场教学，最大限度地发挥现场教学的价值，保证教学效果。

七、课后作业

2015级学前教育本科班的学生在参与学前儿童游戏课程教学改革的同时，还需要学习学前儿童语言教育、中外学前教育史、学前儿童社会教育、幼儿教育名著选读等专业理论课程和舞蹈、琴法、美工、声乐四门专业技能课程，每周有24节课。该班的学生普遍反映每周课太多，而且需要花较多的课后时间练习钢琴技法，完成美工作业，每天除了上课就是应对各门功课的课后作业。再加上在本学期该班的学生要参加幼儿教师资格证考试，尤其是9月和10月属于考试复习冲刺的阶段。所以，每次笔者给学生布置课后作业时，学生总要拖延交作业的时间，或是想减少作业量，笔者往往出于各种情况而答应学生的要求。

其实课后作业的布置与完成是整个教与学过程不可省略的一环，所以笔者每次都仔细斟酌课后作业的布置，既要确保通过完成作业能够再次对所学的知识进行吸收内化，达到应用于实践的目的，又要考虑学生是否能够顺利完成，以及学生通过完成作业可以获得哪些专业知识与能力的提高。所以每一次给学生布置的作业题目，都是笔者结合理论知识的重难点而合理设置作业的难度，同时也会给学生解释布置这项作业的目的，提前预估一下学生完成作业的时间，尽可能不给学生增加完成课后作业的负担，以免学生在完成作业时"偷工减料"，以致不能保证作业的质量。

例如，笔者布置对每个类型的创造性游戏编写某一主题游戏指导方案的作业，就是因为创造性游戏是目前幼儿园游戏的主角，学好创造性游戏的组织与指导是非常必要的。通过完成作业让学生把教材中关于创造性游戏的内涵、特点、构成要素，以及指导创造性游戏的内容、方法运用到指导方案的编写中。而且根据笔者长期对幼儿园创造性游戏组织开展的调查研究发现，目前很多幼儿园教师无法根据幼儿的年龄特点、需要、兴趣，为幼儿的创造性游戏提供适宜的游戏活动，对幼儿创造性游戏的组织与指导几乎也是空白。所以，很有必要在幼儿教师的职前教育阶段培养学前教育专业师范生的游戏指导能力，其实也是《幼儿教师专业标准（试行）》中所要求的对幼儿游戏的支持与引导能力。完成此项作业能够使学生将理论性知识转化为实践性知识进而转化成实践能力，达成对幼儿游戏支持与引导专业能力的提升。完成作业时，笔者要求小组成员在课堂上先讨论创造性游戏的指导方案，再按照笔者提供的创造性游戏指导方案的框架，结合具体的游戏主题进行编写。笔者统一了指导方案的格式，学生发送电子档给笔者后，笔者再修改反馈。

第五章　学前儿童游戏课程教学改革的成效

第一节　教学改革效果的调查

一、教学改革进行到中期时的学生访谈

（一）访谈内容

当第二轮教学改革进行到一半的时候，也就是模块一、模块二的教学完成后，笔者编制了访谈提纲，就课堂教学的各个环节可能出现的问题对学生进行访谈，以获取来自学生的教学反馈。教学改革进行到中期时的学生访谈提纲共有 10 个访谈题目，其中第 1、2、3、6、8、9 题是了解学生对自学环节、回顾环节、讨论环节、总结环节以及课后作业的态度及学习任务的完成情况；第 4、5 个问题是了解学生学习本课程的学习兴趣、学习态度；第 7 个问题是针对学生对课堂上练习实践建构游戏技能而提出的；第 10 个问题是要积极吸取来自学生的课堂教学建议。笔者按照分层抽样，随机抽取了班上学业水平较好的 4 位学生，学业水平一般的 3 位学生以及学业水平较差的 3 位学生，一共 10 位学生进行一对一的访谈，访谈提纲如表 5-1 所示。

表 5-1　教学改革进行到中期时的访谈提纲

教学改革进行到中期时的学生访谈提纲：
1. 你需要花费多长时间完成课前自学？你能自学懂教材上的所有内容吗？如果不能，能大致估算一下，能学懂的比例？比如 50%或是 80%等。
2. 你是怎样完成自学笔记的？会勾画教材上的重要内容吗？
3. 课堂上回顾环节的时间够你回顾教材内容吗？回顾环节你一般做什么？
4. 你觉得本门课程有趣吗？课堂教学能否吸引你？哪些环节、内容使你觉得有趣？哪些又使你觉得无趣？

续表

> 5. 你上课会走神吗？理由是……
> 6. 课堂上的讨论环节，你是如何做的？你从中学到了什么？
> 7. 在课堂上练习过建构游戏的技能技巧，你从中学到了什么？
> 8. 课堂上的总结环节，你觉得有必要吗？理由是……
> 9. 你完成课后作业需要多长时间？作业对于你来说难吗？理由是……
> 10. 你对课堂教学的建议：
> 自学环节，你觉得应该……
> 回顾环节，你觉得应该……
> 讲授环节，你觉得应该……
> 讨论环节，你觉得应该……
> 总结环节，你觉得应该……

（二）访谈结果

笔者利用 2017 年 11 月 2 日—3 日两天时间逐一对 10 位学生按照访谈提纲的内容进行了访谈。访谈结果如下：

第一个问题是要了解学生在课前自学阶段需要花费的学习时间，投入的学习精力，以及获得的学习效果。从对 10 位学生的访谈记录来看，学生大致需要 1 小时的时间完成课前自学，对于学业水平较好的学生能够自学懂教材上 80% 的内容，而学业水平较差的学生能够自学懂教材上 60% 的内容，对于自学中较难的章节花费的学习时间会更多，相应的理解教材内容的比例也会降低。

第二个问题是要了解学生如何进行课前自学的，是否掌握课前自学的方法。从对 10 位学生的访谈记录来看，所有学生都提到先要认真地阅读教材，再对教材中认为重要的或是有疑问不理解的内容勾画、做记号，接着把自己认为重要的或是不理解的内容记在笔记本上，还有一种记自学笔记的方法是把教材上的内容框架在本子上。还有学生提到"会在网上查教材上自己不懂的地方，记自学笔记时先看懂书上的内容，然后用自己的方式来表达，边看书边加入自己的想法，然后写下重点和比较利于自己识记的字眼，更喜欢记下自己加工过的总结话语，方便自己理解"。

第三个问题是要了解学生对回顾环节的感受以及学生在回顾环节完成了哪些学习任务。从对 10 位学生的访谈记录来看，所有学生都反映课堂上回顾环节的时间是足够的，有一位学生认为时间还可以再缩短一点，理由是"回顾时间长，容易走神发呆"。学生们提到在回顾环节主要是快速地浏览、回忆自学过的教材内容，再次梳理一下知识内容框架，再次思考重难点知识以及自学时不懂的地方。还有学生提到"翻看一下自学笔记，提醒自己上课时听不懂的内容，再思考没懂的问题，若还没懂就在讨论环节问老师"。

第四个问题是要了解学生对笔者设计的课堂教学环节及教学内容是否感兴趣，分别让学生来说说觉得哪些方面有兴趣以及又觉得哪些方面无趣，便于笔者对教学环节进行调整完善。从对10位学生的访谈记录来看，所有学生都觉得本课程有趣，能够吸引自己。学生们认为有趣的课堂教学环节、教学内容包括：老师设置的问题、课堂小组讨论、回答开放性的问题、分析图片、课堂上的分歧争论、动手实践（比如练习建构技能）。有学生提到"觉得本门课程很有趣，课堂教学也能吸引我，是因为在上课时我会随时回想起小时候玩的游戏，想象幼儿玩游戏的情景"。认为无趣的课堂教学内容主要都集中在学习理论性强的内容，理由是学习起来感觉不容易理解、消化吸收。也有学生提到"课堂教学内容过多时、讨论时间太长时，理由是小组成员都表达完了，也明确答案了；老师一直在讲时会觉得无聊，理由是老师没有给学生思考的时间，或是没有和学生发生互动"。

第五个问题是要了解学生在课堂教学过程中的专注、投入，进而会影响学生的学习效果。这个问题也与第四个问题密切相关，因为如果课堂教学让学生感到有趣，吸引学生，那么学生走神的频率就会低很多。10位学生都提到自己在课堂上会走神，但走神的次数比其他课程要少些。走神的原因主要是"感觉自己懂了，老师一直在讲，没有师生互动，老师讲空洞枯燥的理论知识，自己身体不舒服，或是心情不好，当天事情比较多，会分心想事情，没有午休，犯困了，想看手机"。

第六个问题是要了解学生在课堂讨论环节的表现及收获。从对10位学生的访谈记录来看，学生会思考讨论的问题并记下问题的答案，能和小组成员一起参与讨论，学生在讨论中的收获有"我能从小组其他成员的想法看到问题的另一面，学会了从多个角度思考问题，和同学们交流想法；在讨论中我觉得自己的表达能力、自信心、积极性都提高了，逐渐喜欢主动地学习和与老师、同学交流；讨论能使发现自己想法的狭隘，丰富自己的思想，还学会总结提炼问题答案；我们小组成员都能各自表达想法，有种脑洞大开的感觉，提高了自己的表达能力和胆量，而且还能积极投入其中，不会走神；讨论过的知识内容我都记得，而讲授的我过一会就会忘；讨论能集思广益，比一个人冥思苦想要好"。

第七个问题是要了解学生在课堂上练习实践建构游戏技能技巧的收获。从对 10 位学生的访谈记录来看，学生学会了利用不同的建构材料进行搭建、插接、造型，掌握了建构游戏的玩法和建构的思路，具体的感慨和收获有"自己能想到的太少，面对沙子、积木、积塑，完全不知道该搭些什么；感觉自己拼搭不容易，那么幼儿在玩建构游戏也不容易；很难搭建出具有创新性的作品，感觉自己已经形成思维定式；积累了开展建构游戏的实践经验；要练习好建构技能才能指导幼儿玩好建构游戏"。

第八个问题是要了解学生对总结环节重要性的认识，以及总结环节对学生学习的帮助。从对 10 位学生的访谈记录来看，同学们都认为总结环节是必要的，理由是"老师的总结归纳，是画龙点睛的作用，提升了自己的认识；可以帮助我们回忆、整理知识；一堂课下来所学的知识很零散，很需要老师带领我们梳理、巩固；能让我知道自己哪里学懂了，哪里是重要的内容"。

第九个问题是要了解学生完成课后作业的情况，包括完成作业的时间、作业的难易程度等。从对 10 位学生的访谈记录来看，学生完成作业的时间是根据作业的难易程度而定的，难一些的作业需要 2 个小时左右完成，简单一些的作业则是在 1 个小时之内就能完成。所谓难的作业，学生反映是创造性游戏指导方案的编写，理由是学生缺乏观察幼儿游戏、指导幼儿游戏的实践经验。简单一些的作业，学生反映是开放性的问题以及课本上的题目，"布置的作业是学过的内容，做起来不觉得难，但回答的还不够全面"。但是在完成作业时还会出现其他情况，如"小组成员难以聚齐，就无法讨论，耽误写作业的进度；每次写作业时我们都要思考、查资料、整理，写下来需要 3 个小时"。

第十个问题是想让学生对本课程教学的各个环节提一些建议，广泛地吸取来自教育对象的建议，因为对于课堂教学发生的变化，他们最有发言权。从对 10 位学生的访谈记录来看，学生建议"在自学环节，老师能否给我们一些问题，让我们带着问题去自学；最好给我们一个自学任务；能否提供一些相关的学习资料。在回顾环节，能否缩短点时间；能否给我们提几个问题；能否告诉我们这节课的重难点内容。在讨论环节老师最好能多点指导；老师要把握好讨论的时间，讨论时间长，我们讨论完了就会走神，讨论时间短，没讨论出来什么结果；可不可以把讨论问题在自学环节就告诉我们，方便我们能更深入地讨论，以及查找资料。在总结环节，最好留点时间带领学生回顾一下本节课内容；可以让学生总结"。

（三）对访谈结果的分析

根据对10位学生的访谈结果来看，完成课前自学环节对于学生来说并不困难，不需要太多的时间，只要踏实认真地完成，课前自学的学习效果就可以保证。再看学生课前自学的方法，基本上都能按照笔者的要求完成，其中有两位学生不仅能够按照要求完成，还能够结合自己的学习兴趣、学习需要，对课前自学完成得更深入，做到了对教材内容的第一次认知加工。在回顾环节学生也能够按照笔者的要求完成回顾环节的学习任务，从而保证回顾环节的学习效果。

第四个问题与第五个问题是直接相关的，如果学生觉得本课程有趣，那么在课堂上走神的频率就会降低。所以，笔者想通过第四个、第五个问题了解哪些课堂教学环节、教学内容能够吸引学生，激发学生的学习兴趣。从学生的访谈结果来看，学生感兴趣的内容集中在课堂上的讨论以及多样化的教学方式，觉得无聊无趣的内容是学习理论性强的内容以及教师一直讲授。所以，笔者需要进一步思考如何把理论性强的内容深入浅出地进行讲解，以及不要一味讲解，要多穿插课堂讨论及其他多样化的教学方式。从第五个问题的回答可知，学生上课时都会出现走神。走神的原因有教学内容的枯燥、难于理解，笔者在讲授时没有和学生发生有效的互动，以及学生自身的原因（如身体、心情等）。这就提醒笔者在讲授环节要把晦涩的理论知识尽可能深入浅出，便于学生理解掌握。

把45分钟的课堂讨论作为每节课的必经环节是本次教学改革课堂教学流程变革的重点。由以上的访谈结果可知，课堂的讨论环节不仅得到了学生的认可，而且也让学生从中收获较多。教学方式方法的变革使学生的学习态度、学习方式方法也发生变化，改变了学生之前被动机械式的学习状态，转变为积极主动地学习。所以，笔者认为，在教学改革中增加学生课堂讨论的比重，减少讲授环节的教学设计理念是正确的，比起教师讲授学生通过课堂讨论确实能收获更多。除了课堂讨论，笔者还以多种方式增加实践教学的比重，比如让学生在课堂上练习实践建构游戏的技能技巧就属于其中之一。从访谈结果来看，学生也肯定了在课堂上实践建构游戏技能技巧的价值，能够实现笔者的教学目标，比如让学生感知建构游戏，练习建构游戏的技能技巧，进而按照建构主题进行创作。从学生的回答中也可知，课堂上的总结环节也是十分必要的，学生能够从教师的总结中学会再次梳理、记忆、理解知识，以及明确所学内容的重点和难点。从学生对课后完成作业的回答可知，学生认为作业的难度可以接受，虽然难的作业需要学生花费更多的时间精力，但学生还是能认真去思考、讨论、查找资料并完成。

最后一个访谈问题是让学生对本课程课堂教学的各个环节提出自己的建议，10位学生几乎没有对讲授环节提出建议，而且都表示笔者目前的讲授做得比较好。对于来自学生的其他建议，笔者打算在之后的课堂教学中进行尝试，并与学生进行沟通反馈。

二、教学改革进行到期末时的问卷调查

（一）问卷内容

当第二轮教学改革进行完后，笔者编制了调查问卷以收集学生一学期以来学习本课程的收获，学生对学习过程的自我评价，以及学生对本轮教学改革的反馈。具体的调查问卷如表5-2所示。该问卷属于半开放式，由6个单项选择题、12个多项选择题和2个开放式问题组成。问卷的开放性体现在，笔者设计的问题需要学生填写"理由"，以及在备选项中设计了"其他"的选项，便于学生对该问题进行补充说明。该问卷的第1~2题属于学生的基本信息；第3~4题是从总体上考查学生对本课程的学习态度，第18题是考查学生对具体课堂教学内容的学习态度；第5、6、8、9题是考查学生对自己在各个教学环节中能力表现的评价与反思；第7题是考查学生对各个教学环节的整体感受与评价；第10~13题是考查学生在各个教学环节的具体表现状况；第14题是考查学生在学习本课程后学习行为能力的总体变化；第15-16题是考查学生在知识与技能两方面的具体收获；第17、19~20题是分别从封闭性回答和开放性回

答的角度，考查学生在学习本课程过程中的体会，以及对下一轮教学改革的建议。笔者在学期末所有教学内容完成之后，将问卷发放给2015级学前教育本科班的全体学生。

表5-2 学期末学前儿童游戏课程调查问卷

学期末学前儿童游戏课程调查问卷

各位同学好！

　　在本学期师生的共同努力下，学前儿童游戏课程顺利进行了教学改革，感谢每一位同学能够按照课程学习的要求认真完成，并且积极配合老师开展各项教学活动。学期末，老师需要了解大家学习该课程的学习效果，以便进一步反思该课程的教学改革效果。所以，请大家根据自己的真实感受作答，填写真实的反馈。本次调查不署名、不涉及分数，谢谢大家的支持与配合！

1. 你的性别_____　　　A. 男　　　　　　B. 女
2. 你的民族_____
3. 你对本门课教学过程的态度是_____（单选）
   A. 完全能接受　　　　　　B. 比较能接受
   C. 虽有困难，但还是努力接受　　D. 完全不能接受
4. 你学习本门课时，你感受到_____（单选）
   A. 极大的乐趣和信心　　　B. 一点乐趣和信心
   C. 没有乐趣和信心　　　　D. 痛苦
5. 你是否能够按照老师的要求完成本门课的学习_____（单选）
   A. 完全能　　　　　　　　B. 基本上能
   C. 完全不能　　　　　　　D. 不知道
6. 你在课上、课下各个教学环节中的表现是_____（单选）
   A. 积极尝试、热情投入
   B. 迫于无奈，但还是积极参与、努力完成
   C. 随便糊弄、应付了事
   D. 感觉很难、不想参与
   E. 其他_____
7. 本学期你认为有意义的教学活动是_____
   A. 课前的自学环节　　　　B. 课堂上的回顾环节
   C. 课堂上的讨论环节　　　D. 讨论后的回答问题
   E. 教师的讲授环节　　　　F. 教师的总结环节
   G. 课后的完成作业环节
8. 你认为自己在学习本门课的过程中难以完成的是_____，理由是_____
   A. 课前的自学　　　　　　B. 课堂上的回顾
   C. 课堂上的讨论　　　　　D. 课堂上的发言

续表

E. 课堂上的听讲　　　　　　F. 课堂上的记笔记
G. 课后的作业

9. 你对自己在学习本门课中的表现满意的是_____，理由是_____；不满意的是_____，理由是_____
   A. 课前的自学　　　　　　B. 课堂上的回顾
   C. 课堂上的讨论　　　　　D. 课堂上的发言
   E. 课堂上的听讲　　　　　F. 课堂上的记笔记
   G. 课后的完成作业

10. 在课前自学环节，你会_____
    A. 认真阅读教材　　　　　B. 勾画教材中的重难点
    C. 对教材内容提出疑问
    D. 按照教材中的重难点记笔记
    E. 按照教材中的知识框架记笔记
    F. 按照自己的理解记笔记

11. 在课堂上的讲授环节，你的表现_____（单选），为什么？
    A. 能一直认真地听讲思考　B. 断断续续地听讲思考
    C. 偶尔听讲思考　　　　　D. 完全不能听讲思考

12. 在小组讨论环节，你会_____（单选）
    A. 积极思考并发表见解　　B. 积极思考但不发表见解
    C. 不思考也不发表见解　　D. 其他_____

13. 完成作业时，你会_____
    A. 回顾老师所讲内容，利用课堂笔记
    B. 利用网络等途径查找资料
    C. 思考、讨论清楚后再认真写
    D. 匆忙完成

14. 每次上完课后，你感觉_____
    A. 我学到了一些关于学前儿童游戏的知识和技能
    B. 我学到了很多学前儿童游戏的知识与技能
    C. 我还想上这门课
    D. 我不想上这门课
    E. 我应该上课时更认真一些
    F. 我应该在课后更努力一些　　G. 我没什么想法

15. 你掌握了本门课的哪些知识_____
    A. 幼儿园游戏的基本理论　B. 幼儿园创造性游戏
    C. 幼儿园规则游戏
    D. 幼儿园游戏的观察、指导、评价
    E. 少数民族儿童民间游戏

续表

16. 你掌握了本门课的哪些技能_____ 　　A. 编写幼儿园创造性游戏指导方案 　　B. 组织开展幼儿园游戏 　　C. 编写幼儿园规则游戏 　　D. 进行幼儿园游戏环境创设 　　E. 进行幼儿园游戏观察、指导与评价 　　F. 应用少数民族民间游戏 17. 你希望老师的课堂教学是_____ 　　A. 多讲授教材内容　　　　　B. 多补充相关的课外学习资料 　　C. 多组织课堂讨论，少讲授 　　D. 少组织课堂讨论，多讲授 　　E. 多组织学生去幼儿园见习 　　F. 多在课堂开展模拟实践 　　G. 少布置课后作业 　　H. 现在这样就挺好　　　　　I. 其他_____ 18. 在本门课的教学过程中，你喜欢_____ 　　A. 课前自学　　　　　　　　B. 课堂上讨论 　　C. 编写游戏方案　　　　　　D. 去幼儿园观察游戏 　　E. 在课堂上练习建构游戏的技能 　　F. 模拟开展规则游戏　　　　G. 开展表演游戏 　　H. 其他_____ 19. 通过本学期的学习，请写下你对本课程的感受。 20. 通过本学期的学习，请写下你对本课程的建议。

（二）问卷结果与分析

2017年12月26日笔者给2015级学前教育本科班的学生发放了该问卷，要求学生在课堂上认真填写，填写完后由笔者统一收回问卷。全班48位学生，共收回问卷48份，有效问卷48份，回收率100%。

全班48位学生的基本情况主要是学生的性别、民族，已经在了解学生课前学习准备情况的问卷调查中做了说明，这里不再赘述。

（1）问卷第3题，你对本门课教学过程的态度是？

此问题是一道单选题，调查结果如表5-3所示，全班有16人选择"完全能够接受"，25人选择"比较能接受"，7人选择"虽有困难，但还是努力接受"，没有人选择"完全不能接受"。从该题目的回答结果可知，虽然本课程的教学过程是由课前自学、课堂回顾、教师讲授、学生讨论、课后作业组成，比其他课程对学生的要求更高些，但从学习态度上来说学生还是能够接受本课程的教学过程，并且努力完成各个教学环节的任务。

表 5-3　对本门课教学过程的态度

问题选项	人数	所占比例
A. 完全能接受	16	33.3%
B. 比较能接受	25	52.1%
C. 虽有困难，但还是努力接受	7	14.6%
D. 完全不能接受	0	0
合计	48	100%

（2）问卷第 4 题，你学习本门课时，你感受到？

此问题是一道单选题，调查结果如表 5-4 所示，全班 20 人选择"极大的乐趣和信心"，28 人选择"一点乐趣和信心"，没有人选择"没有乐趣和信心"，也没有人选择"痛苦"。从该题目的回答结果可知，全班学生在学习门课的过程中能够感受到或多或少的乐趣和信心，这也从某种程度上反映出本轮教学改革激发了学生的学习乐趣与信心，得到了学生的肯定。

表 5-4　学习本门课的感受

问题选项	人数	所占比例
A. 极大的乐趣和信心	20	41.7%
B. 一点乐趣和信心	28	58.3%
C. 没有乐趣和信心	0	0
D. 痛苦	0	0
合计	48	100%

（3）问卷第 5 题，你是否能够按照老师的要求完成本门课的学习？

此问题是一道单选题，调查结果如表 5-5 所示，全班 6 人选择"完全能"，42 人选择"基本上能"，没有人选择"完全不能"，也没有人选择"不知道"。从该题目的回答结果可知，全班学生基本上都按照老师的要求完成本门课的学习，说明学生在学习本门课的过程中能够自觉努力地完成课上、课下的各个学习任务。

表 5-5　能否按要求完成本门课的学习

问题选项	人数	所占比例
A. 完全能	6	12.5%
B. 基本上能	42	87.5%
C. 完全不能	0	0
D. 不知道	0	0
合计	48	100%

（4）问卷第 6 题，你在课上、课下各个教学环节中的表现是？

此问题是一道单选题，调查结果如表 5-6 所示，全班 33 人选择了"积极尝试、热情投入"，11 人选择了"迫于无奈，但还是积极参与、努力完成"，1 人选择了"随便糊弄、应付了事"，没有人选择"感觉很难、不想参与"，有 3 人选择了"其他"，只有 1 人写出了其他指"不积极参与，也不积极应付"。从该题目的回答结果可知，全班绝大多数学生能够积极主动地投入到教学活动中，即便有学习压力，学习任务有难度，甚至是迫于取得学分、考核合格，但还是能努力完成，这种学习态度、学习精神值得肯定。

表 5-6　学生在各个教学环节的表现

问题选项	人数	所占比例
A. 积极尝试、热情投入	33	68.8%
B. 迫于无奈，但还是积极参与、努力完成	11	23.0%
C. 随便糊弄、应付了事	1	0
D. 感觉很难、不想参与	0	0
E. 其他	3	8.2%
合计	48	100%

（5）问卷第 7 题，本学期你认为有意义的教学活动是？

此问题是一道不定项选择题，调查结果如表 5-7 所示，全班 15 人选择了"课前的自学环节"，10 人选择了"课堂上的回顾环节"，36 人选择了"课堂上的讨论环节"，29 人选择了"讨论后的回答问题"，19 人选择了"教师的讲授环节"，24 人选择了"教师的总结环节"，11 人选择了"课后的完成作业环节"。从该题目的回答结果可知，学生认为最有意义的教学活动是课堂上的讨论环节，然后是与讨论环节密切相关的讨论后的回答问题环节。学生对课堂讨论环节的认识发生了较大的变化，从学期初不适应、不喜欢课堂上进行大量的讨论，发展到学期末对课堂讨论环节的肯定与喜爱，看来学生通过课堂讨论环节收获较多，也越来越认识到课堂讨论的重要价值。

表 5-7　学生认为有意义的教学活动

问题选项	人数
A. 课前的自学环节	15
B. 课堂上的回顾环节	10
C. 课堂上的讨论环节	36
D. 讨论后的回答问题	29
E. 教师的讲授环节	19
F. 教师的总结环节	24
G. 课后的完成作业环节	11

（6）问卷第 8 题，你认为自己在学习本门课的过程中难以完成的是？理由是？

此问题是一道不定项选择题，调查结果如表 5-8 所示，全班 17 人选择了"课前的自学"，6 人选择了"课堂上的回顾"，10 人选择了"课堂上的讨论"，15 人选择了"课堂上的发言"，2 人选择了"课堂上的听讲"，2 人选择了"课堂上的记笔记"，14 人选择了"课后的作业"。学生写出的理由主要是："课前没时间自学，不知道怎么进行课前自学，找不到重点，记了很多没用的知识。不知道回顾时应该做些什么。作业又多又难，写起来费劲。感觉自己的学习自觉性差、会走神、也有些懒惰。不会做笔记，总觉得什么都要记，好像又有很多没有记下来。有些问题没有讨论清楚，就过去了。不敢发言，怕回答错，发言会紧张、害羞、缺少信心。"

从该题目的回答结果可知，即便是学生觉得最难完成的课前自学环节，也仅有 17 人选择，选择其他难以完成的教学活动环节的人数更少。这说明绝大多数学生认为各个教学环节是可以完成的，也就是说教学活动的各个环节是适宜学生能力的。从问卷中学生写出的理由可知，学生觉得课前自学难以完成，往往是因为自己不重视，又没有掌握自学的方法。学生觉得课堂上发言难以完成，理由几乎都是个人性格特征方面的，如普通话不好、性格内向、不爱表达、害羞、紧张、缺乏自信心等。这也引起了笔者的重视，因为作为一个学前教育专业的学生未来从事的工作多半是幼儿园教师，活泼开朗、善于表达的幼儿园教师会更适应幼儿园工作的需要。所以，在职前教育阶段应为学生创造更多的机会，锻炼学生大胆表达，展示自我。学生觉得课后作业难以完成，也是自己抱有畏难情绪，难以做到认真思考完成。有些学生觉得课堂讨论难以完成：一方面是不适应课堂讨论的方式方法，没能汲取到课堂讨论的意义价值；另一方面是受个体性格、学习风格的影响，不善于发言讨论，并与小组成员互助学习。

表 5-8 学生难以完成的教学活动

问题选项	人数
A. 课前的自学	17
B. 课堂上的回顾	6
C. 课堂上的讨论	10
D. 课堂上的发言	15
E. 课堂上的听讲	2
F. 课堂上的记笔记	2
G. 课后的作业	14

（7）问卷第 9 题，你对自己在学习本门课中的表现满意的是？理由是？不满意的是？理由是？

此问题是一道不定项选择题，调查结果如表 5-9 所示，对于学习本门课中表现满意的结果如下：全班 13 人选择了"课前的自学"，4 人选择了"课堂上的回顾"，30 人选择了"课堂上的讨论"，13 人选择了"课堂上的发言"，16 人选择了"课堂上的听讲"，10 人选择了"课堂上的记笔记"，11 人选择了"课后的完成作业"。学生自述表现满意的理由是："能坚持预习，不懂之处会查阅书籍。能够积极参加讨论，主动发言。通过讨论相互学习、相互分享，学到很多。在听讲、讨论时注意力集中，认真对待。坚持记笔记。"

对于学习本门课中表现不满意的结果如下：全班 14 人选择了"课前的自学"，5 人选择了"课堂上的回顾"，4 人选择了"课堂上的讨论"，16 人选择了"课堂上的发言"，2 人选择了"课堂上的听讲"，6 人选择了"课堂上的记笔记"，6 人选择了"课后的完成作业"。学生自述表现不满意的理由是："只做到了预习教材上的内容，抓不住预习的重点。容易在回顾时走神。作业难，又没认真做，有应付作业的心态。没有认真对待老师布置的学习任务，有些懒散。没有养成把笔记记在笔记本上的习惯，记笔记时就不能很好地听课，做课前笔记时感觉记了很多不重要的。不敢发言、不习惯发言，不能完全表达出，反应慢、想法不如同学。不会主动参与讨论。"

从该题目的回答结果可知，绝大多数学生对自己在课堂上讨论环节的表现是满意的，他们能够按照老师教学要求，积极主动地参与到讨论中去，广泛地相互交流意见，发表自己的见解。这与问卷第 7 题学生认为有意义的教学活动的调查结果一致，从而说明学生认为有意义的教学活动，往往也会在该教学活动中表现良好。少部分学生对自己在课堂上发言时的表现最不满意，这与问卷第 8 题学生难以完成的教学活动的调查结果一致，究其原因更多是来自于个人因素，上文对此做了论述分析此处不再赘述。对于少部分学生对自己的课前自学不满意，这也与问卷第 8 题学生难以完成的教学活动的调查结果一致，理由往往是自己不重视，就应付了事，或是时间不够，干脆不做。说明这些学生的学习自觉性还需提高，同时也反映出笔者在这方面的监督工作做得不够到位。

表 5-9　学生表现满意与不满意的教学活动

表现满意的问题选项	人数	表现不满意的问题选项	人数
A．课前的自学	13	A．课前的自学	14
B．课堂上的回顾	4	B．课堂上的回顾	5
C．课堂上的讨论	30	C．课堂上的讨论	4
D．课堂上的发言	13	D．课堂上的发言	16
E．课堂上的听讲	16	E．课堂上的听讲	2
F．课堂上的记笔记	10	F．课堂上的记笔记	6
G．课后的完成作业	11	G．课后的完成作业	6

（8）问卷第 10 题，在课前自学环节，你会？

此问题是一道不定项选择题，调查结果如表 5-10 所示，全班 24 人选择了"认真阅读教材"，34 人选择了"勾画教材中的重难点"，7 人选择了"对教材内容提出疑问"，19 人选择了"按照教材中的重难点记笔记"，31 人选择了"按照教材中的知识框架记笔记"，16 人选择了"按照自己的理解记笔记"。从该题目的回答结果可知，在笔者反复强调课前自学的方法和学习任务后，绝大多数学生能够按照自学要求完成课前自学，但还是有部分学生降低了自学的要求，没有认真阅读并勾画教材，更没有提出疑问，选择了简单潦草地记下自学笔记，而没有根据自己的理解梳理教材内容。由此可见，还需进一步激发学生学习的自觉主动性。同时，应在学前教育专业人才培养方案中调整学生一学期所学习的课程数量，以保证学生能够认真地研习每一门课程。

表 5-10　学生如何完成课前自学环节

问题选项	人数
A. 认真阅读教材	24
B. 勾画教材中的重难点	34
C. 对教材内容提出疑问	7
D. 按照教材中的难点记笔记	19
E. 按照教材中的知识框架记笔记	31
F. 按照自己的理解记笔记	16

（9）问卷第 11 题，在课堂上的讲授环节，你的表现？为什么？

此问题是一道单选题，调查结果如表 5-11 所示，全班 12 人选择了"能一直认真地听讲思考"，36 人选择了"断断续续地听讲思考"，没有人选择"偶尔听讲思考""完全不能听讲思考"。能一直认真听讲的理由是："觉得有趣，跟着老师的思路走，能学到很多，老师讲得精彩。"断断续续地听讲思考的理由是："会分心走神、发呆，不能完全集中注意力。感觉自己会了，就不听了，没兴趣的就不听。"从该题目的回答结果可知，虽然全班学生不可能一直认真地听讲思考，但全班学生都做到了尽可能认真地听讲思考。学生注意力不够集中，容易分心开小差是影响学生听课思考的主要原因，但引起学生注意力不集中、分心开小差的原因有可能是来自学生自身的情绪状态、学习习惯,也有可能是来自老师的讲授内容、授课方法等,所以,笔者还需要进一步反思自己的课堂教学内容与教学方法的适宜性问题。

表 5-11　学生课堂讲授环节的表现

问题选项	人数	所占比例
A. 能一直认真地听讲思考	12	25.0%
B. 断断续续地听讲思考	36	75.0%
C. 偶尔听讲思考	0	0
D. 完全不能听讲思考	0	0
合计	48	100%

(10) 问卷第 12 题,在小组讨论环节,你会?

此问题是一道单选题,调查结果如表 5-12 所示,全班 40 人选择了"积极思考并发表见解",8 人选择了"积极思考但不发表见解",没有人选择"不思考也不发表见解""其他"。从该题目的回答结果可知,全班学生都能够在讨论环节积极思考,确实发挥出了课堂讨论的教学价值,仅有个别学生不愿意发表见解,虽然没有让学生写出原因,但是从问卷第 8、9 题的调查结果可推测出,多半是由学生不善发言的性格所致。虽然笔者在讨论环节、讨论后的发言环节有意识地提问不爱发言的学生,但是难以改变学生自身的性格特征与价值观倾向。

表 5-12　学生课堂讨论环节的表现

问题选项	人数	所占比例
A. 积极思考并发表见解	40	83.3%
B. 积极思考但不发表见解	8	16.7%
C. 不思考也不发表见解	0	0
D. 其他	0	0
合计	48	100%

(11) 问卷第 13 题,完成作业时,你会?

此问题是一道不定项选择题,调查结果如表 5-13 所示,全班 27 人选择了"回顾老师所讲内容,利用课堂笔记",41 人选择了"利用网络等途径查找资料",32人选择了"思考、讨论清楚后再认真写",6人选择了"匆忙完成"。从该题目的回答结果可知,全班绝大多数学生能够先利用笔记、课堂所学知识来思考、查找资料,再进行小组讨论,最后写出作业。回答结果说明,学生在课后完成作业时,还是努力克服作业多、作业难的困难,认真主动地完成。笔者在布置作业时会给学生一些压力,比如告诫学生不认真完成会被要求重写,一次写不好还会有第二次甚至第三次。即便如此,仍有个别同学以敷衍了事的态度完成作业。

表 5-13 学生如何完成课后作业

问题选项	人数
A. 回顾老师所讲内容,利用课堂笔记	27
B. 利用网络等途径查找资料	41
C. 思考、讨论清楚后再认真写	32
D. 匆忙完成	6

(12)问卷第 14 题,每次上完课后,你感觉?

此问题是一道不定项选择题,调查结果如表 5-14 所示,全班 28 人选择了"我学到了一些关于学前儿童游戏的知识和技能",20 人选择了"我学到了很多学前儿童游戏的知识与技能",14 人选择了"我还想上这门课,没有人选择我不想上这门课",25 人选择了"我应该上课时更认真一些",19 人选择了"我应该在课后更努力一些,没有人选择我没什么想法"。从该题目的回答结果可知,选项 A 与选项 B 属于互斥选项,虽然选择 A 的学生较多,但也能够说明学生在每次上完课后都有或多或少的学习收获。虽然仅有 1/3 的学生有还想上本门课的需要,但并没有学生不想上本门课,由此可以推测出本门课程虽然不是特别让学生喜欢,但绝不会让学生讨厌。根据笔者与学生多次的沟通交流,大致可以推断出学生觉得本课程学习负担较重,老师要求较高,学习过程感到很辛苦是既不喜欢也不讨厌本课程的原因。从选项 E、选项 F 的结果来看,全班一半左右的学生认为自己在学习本课程的过程中不够认真、努力,说明学生能够意识到自己在课上课下各个教学环节中的表现,也提醒学生应该在今后的学习中更加认真努力。

表 5-14 学生每次上完课的感受

问题选项	人数
A. 我学到了一些关于学前儿童游戏的知识和技能	28
B. 我学到了很多学前儿童游戏的知识与技能	20
C. 我还想上这门课	14
D. 我不想上这门课	0
E. 我应该上课时更认真一些	25
F. 我应该在课后更努力一些	19
G. 我没什么想法	0

（13）问卷第 15 题，你掌握了本门课的哪些知识？

此问题是一道不定项选择题，调查结果如表 5-15 所示，全班 32 人选择了"幼儿园游戏的基本理论"，33 人选择了"幼儿园创造性游戏"，38 人选择了"幼儿园规则游戏"，40 人选择了"幼儿园游戏的观察、指导、评价"，24 人选择了"少数民族儿童民间游戏"。从该题目的回答结果可知，全班绝大多数学生通过本学期的课程学习，掌握了本课程主要的知识内容，说明学生能够按照教学要求完成学习任务，实现了教学目标。学生们选择最多的是幼儿园游戏的观察、指导、评价，是因为这部分内容不仅在课堂上讲解、讨论，还去幼儿园进行观察实践，所以学生认为这部分内容掌握得相对最好，这也能够说明实践教学法对学生学习的积极促进作用。学生选择最少的是少数民族儿童民间游戏，这部分内容由于没有固定的教材，都是笔者自己收集整理的一些教学内容，而且由于临近期末，学生有些心浮气躁，教学效果不如之前，也就使部分学生感觉自己没有掌握好这部分内容。

表 5-15 学生掌握的本课程知识

问题选项	人数
A. 幼儿园游戏的基本理论	32
B. 幼儿园创造性游戏	33
C. 幼儿园规则游戏	38
D. 幼儿园游戏的观察、指导、评价	40
E. 少数民族儿童民间游戏	24

（14）问卷第 16 题，你掌握了本门课的哪些技能？

此问题是一道不定项选择题，调查结果如表 5-16 所示，21 人选择了"编写幼儿园创造性游戏指导方案"，30 人选择了"组织开展幼儿园游戏"，35 人选择了"编写幼儿园规则游戏"，29 人选择了"进行幼儿园游戏环境创设"，38 人选择了"进行幼儿园游戏观察、指导与评价"，12 人选择了"应用少数民族民间游戏"。从该题目的回答结果可知，全班一半以上的学生通过本学期的课程学习，掌握了本课程主要的技能，说明学生能够按照教学要求完成学习任务，实现了培养学生引导支持幼儿游戏的能力目标。这与第 15 题对掌握本门课知识的调查结果一致，也就是说学生掌握了某些知识，那么相应的他也掌握了该部分知识对应的技能。较多学生没有掌握编写幼儿园创造性游戏指导方案的技能目标，是由于这部分内容是在掌握相应理论知识与多次观察幼儿进行创造性游戏的基础上完成的，但是很多学生并没有多次观察幼儿进行创造性游戏的经验，这就使编写时只能依靠想象，对很多编写的内容不确定，增加了编写的难度与迷茫。更多的学生没有掌握应用少数民族民间游戏的技能目标，除了所提到的没有掌握少数民族儿童民间游戏的知识，还有笔者在课堂上列举的很多案例也只是笔者的应用构想，没有在幼儿园获得实现，并没有经过幼儿园游戏实践的检验，这也使学生感到少数民族民间游戏的应用困难，不利于学生掌握少数民族民间游戏的应用技能。

表 5-16　学生掌握的本课程技能

问题选项	人数
A. 编写幼儿园创造性游戏指导方案	21
B. 组织开展幼儿园游戏	30
C. 编写幼儿园规则游戏	35
D. 进行幼儿园游戏环境创设	29
E. 进行幼儿园游戏的观察、指导与评价	38
F. 应用少数民族民间游戏	12

（15）问卷第 17 题，你希望老师的课堂教学是？

此问题是一道不定项选择题，调查结果如表 5-17 所示，全班 4 人选择了"多讲授教材内容"，37 人选择了"多补充相关的课外学习资料"，

22人选择了"多组织课堂讨论，少讲授"，2人选择了"少组织课堂讨论，多讲授"，43人选择了"多组织学生去幼儿园见习"，40人选择了"多在课堂开展模拟实践"，9人选择了"少布置课后作业"，2人选择了"现在这样就挺好"，没有人选择"其他"。从该题目的回答结果可知，本次教学改革的课堂教学与学生希望的课堂教学还是存在差距，因为仅有2人觉得本次教学改革的课堂教学是自己所预期的。但这并不等于学生所预期的课堂教学就是最适合、最好的课堂教学，因为学生的学习习惯、个人偏好会影响课堂教学的价值取向。这道题目主要还是调查学生对本课程教学的需求，尊重学生对课堂教学的感受与意见，在今后的教学改革中尽可能地满足学生。几乎全班学生都希望有更多机会去幼儿园学习，在课堂上开展模拟实践，反映了学生认识到了实践知识与技能的重要性，希望通过实践学习获得更好的学习效果。这也说明在本次教学改革过程中，学生去幼儿园见习的次数，以及在课堂上开展模拟实践的次数还不够，在今后的教学中还要增加去幼儿园见习学习的机会，以及进一步丰富在课堂上开展模拟实践的内容。对于课堂讨论多还是讲授多的问题，从问题结果可知全班学生的意见也不统一，再加上之前笔者与学生的交流，有些学生认为课堂讨论已经足够多了，所以对于讨论与讲授的比例，笔者还是认为目前各占一半应该是合适的比例，关键还是要提高讲授与讨论的质量。

表5-17 学生希望的课堂教学

问题选项	人数
A. 多讲授教材内容	4
B. 多补充相关的课外学习资料	37
C. 多组织课堂讨论，少讲授	22
D. 少组织课堂讨论，多讲授	2
E. 多组织学生去幼儿园见习	43
F. 多在课堂开展模拟实践	40
G. 少布置课后作业	9
H. 现在这样就挺好	2
I. 其他	0

（16）问卷第18题，在本门课的教学过程中，你喜欢？

此问题是一道不定项选择题，调查结果见表 5-18，全班 6 人选择了"课前自学"，33 人选择了"课堂上讨论"，12 人选择了"编写游戏方案"，39 人选择了"去幼儿园观察游戏"，21 人选择了"在课堂上练习建构游戏的技能"，29 人选择了"模拟开展规则游戏"，29 人选择了"开展表演游戏"，没有人选择"其他"。这道题目是对第 17 题的补充，该题目主要是了解学生对课堂教学流程、教学内容、教学方式方法变革与创新的反馈。从该题目的回答结果可知，得到学生肯定与喜欢的是去幼儿园观察学习、课堂讨论，以及在课堂上开展创造性游戏与规则游戏的模拟实践。这些偏向于实践应用的内容，可以在今后的教学中进一步深入优化。而编写游戏方案、课前自学等教学内容、教学环节不被学生认可，需要在今后的教学中注意修改完善。

表 5-18　学生喜欢的教学过程

问题选项	人数
A. 课前自学	6
B. 课堂上讨论	33
C. 编写游戏方案	12
D. 去幼儿园观察游戏	39
E. 在课堂上练习建构游戏的技能	21
F. 模拟开展规则游戏	29
G. 开展表演游戏	29
H. 其他	0

（17）问卷第 19 题，通过本学期的学习，请写下你对本课程的感受。

此问题是一道开放式的问答题，没有固定答案，也没有对错之分，该题目在于了解学生对本课程的真实感受，学生只需要根据自己的真实想法回答即可。通过对该问题答案的整理分析，可以概括出学生对本课程的感受主要是："学习过程很忙碌、很不易，但收获很多。比其他课更有趣、更烧脑。难忘！学习的主动性、积极性提高了，比之前更爱这个专业了。理论与实践相结合，学习效果好。还是有些内容不明白。"也有学生具体地写出了自己的学习收获，比如学到了哪些知识、获得了哪些能力等。从该题目的回答结果可知，学生在学习过程中基本上做到了按照老师的教学要求完成各项学习任务,达到教学目标。由于笔者在教学改革中引进了新的课堂教学流程,对教学内容、方法进行了较彻底的变革,相应的对学生的要求也较多,需要学生配合完成的任务也较多。学生确实在教学过程中付出了更多,与之相应的是学生也从中收获了很多。

(18)问卷第20题,通过本学期的学习,请写下你对本课程的建议。

此问题是一道开放式的问答题,同第19题一样,在于了解学生对本课程的建议,学生只需要根据自己的真实想法来回答即可。通过对该问题答案的整理分析,可以概括出学生对本课程的建议主要是:"更多的实践、更少的作业。多去幼儿园。更多的游戏案例。多组织课堂模拟实践。最好能玩一玩编写的游戏方案,在课堂上做游戏。不要回顾环节。让学生也尝试讲一部分内容。"从该题目的回答结果可知,学生在认真学习本门课的基础上,从自己的学习需要与兴趣出发,提出了对课堂教学的建议。这些建议为本课程今后的教学提供了很好的改革方向。

第二节 教学改革的创新

一、教师教学的变革

(一)教学理念

"教学理念是人们对教学和学习活动内在规律的认识的集中体现,同时也是人们对教学活动的看法和持有的基本的态度和观念,是人们从事教学活动的信念。"[①]在本次学前儿童游戏课程教学改革中,笔者改变了以往"以教师为主导,学生为主体"的教学理念,积极更新、接受新的教学理念。经过对相关文献资料的查找,笔者发现"师生学习共同体"教学理念十分适合大学课堂教学,尤其是学前儿童游戏课程的教学。因为该课程不受考试分数限制,属于理论与应用并重的专业课,教师在教学过程中可以充分发挥学生的能动性,放手让学生开展合作学习、主动

---

① 孙亚玲,傅淳.教学理念辨析[J].云南师范大学学报(哲学社会科学版),2004(7):133-136.

探究、模拟实践等。

"师生学习共同体"教学理念指由具有共同信念、共同目标的学生与老师共同构建的团体，是师生共同成长的学习型组织。具体包括："一是师生都具有自主权，能够参与教学决策，并且认识到自己必须和其他成员合作才能取得最好的学习效果；二是由于每个人所掌握的知识不同，很容易实现异质性的交流，提升共同体成员的知识水平；三是搭建共同学习的平台，实现资源共享与知识公共化。学习共同体是为了超越教师教学的权威作用而产生的新的教学模式，其关注点不是将书本的知识灌输给学生，而是关注学生的知识生成和认知感悟过程。"[①] 按照"师生学习共同体"的教学理念，在教学改革过程中，笔者首先积极引导学生形成学习合作小组，进而再形成师生学习共同体，在教学过程中充分给予学生学习自主权，做到师生平等交流，师生共同完成教与学的过程。

（二）课堂教学流程

"传统教学流程是教师讲、学生记的教学模式。学生在课堂中扮演着接受知识的机器。教师过分注重知识的讲授而非学生对知识的探索；过分注重知识的记忆而非对知识的探究；过分注重知识的系统性而非引导学生进行思维的发散；过分注重考核知识内容而非掌握知识的能力和方法。"[②] 这种传统课堂教学流程是以教师为中心进行的教学设计，忽视了学生学习的主体性，缺乏学生自主讨论的权利，在高校课堂上往往表现为教师讲授、提问，学生听讲、回答问题，课堂气氛沉闷，学生缺乏学习的积极性、主动性。

第二轮教学改革的课堂教学流程是根据翻转课堂及对分课堂的教学流程而制定的，借鉴了翻转课堂的先学理念，借鉴了对分课堂的讨论，把课堂教学过程拟定为：自学→回顾→讲授→讨论→总结。对于全新的课堂教学流程，起初师生都相对不适应，就像学生所说："一开始时预习比较烦躁，到逐渐接受，再到主动学习，热烈讨论，从学到了许多。起初过程是痛苦的，但最后我们是享受的。"因为在其他课程的教学中，教

---

① 单莎莎，张安富. 教学理念的历史审视与价值定向[J]. 中国大学教学，2016（2）：74-78.
② 孙忠梅，吴晓凤. MOOC、翻转课堂与教学流程再造研究[J]. 成人教育，2015（6）：53-56.

师往往还是以讲授法为主，辅之以课堂讨论、案例分析法，有些老师也会让学生讲部分教材内容。但是没有像本门课一样，要求学生必须在课前完成自学，课堂上先回顾再听讲，而且老师讲的内容仅是以教材为基础精讲，并不是教材内容的重复，进而围绕教学重难点给学生提出问题并要求学生充分讨论、回答问题，最后教师对本节课进行总结。

在教学改革过程中，笔者积极收集学生对该教学流程的反馈，比如学生提到不知道如何开展自学、记自学笔记，也不知道在回顾环节做什么；课堂上讨论过的问题和老师总结的内容记得很清楚，其他的知识内容就记得很模糊。针对这些问题，笔者强调了课前自学的方法与任务，让学生学会记课前自学笔记的具体方法步骤；在课堂上的回顾环节，笔者一边检查学生的自学情况，一边提醒学生回顾的方法与任务；围绕教学内容的重点难点，认真确定课堂讨论的每一个问题，并给学生提供充分的课堂讨论时间与相对较明确的讨论结果。所以，在学期末时学生对课堂教学流程基本上是满意的，课堂讨论环节尤其受到学生青睐，学生虽然不喜欢课前自学环节与课堂回顾环节，但还是坚持下来了，保证了课堂讨论顺利进行，课堂听讲达到较好的效果。

（三）教学方法

本课程运用在未进行教学改革前的课堂教学方法讲授法、讨论法、案例分析法。运用讲授法是讲授本课程的重点难点，帮助学生梳理关于学前儿童游戏的各个知识点，帮助学生建立知识之间的联系形成知识结构，为将学前儿童游戏的理论知识运用于实践奠定基础；运用讨论法是围绕教材中的重难点，以及一些模糊不清的问题，让学生通过讨论来解决；运用案例分析法，是结合教学内容选择典型的幼儿园游戏案例，通过对游戏案例的讨论分析，让学生理解理论知识，并学会理论联系实践地解决问题。

在教学改革中，笔者结合新的课堂教学流程，综合运用了自学法、讲授法、讨论法、案例分析法、教学实践法。在课前自学环节，要求学生运用自学法学习教材中的内容，并且利用图书馆、数字图书馆、Google学术的网络平台查找在自学过程中遇到的问题。在课堂上讲授环节，教师要做到精讲，如何做到精讲，笔者已在上文的反思中做了说明。在课堂上讨论环节，以小组合作的方式展开小组讨论，并以小组形式陈述讨论问题的结果，如何保证小组讨论的效果，笔者也在上文的反思中做了说明。案例分析法主要是配合讲授法、讨论法，保证课堂教学效果。笔者往往是选择幼儿园游戏的典型案例以及一些开放性游戏案例让学生讨论分析，如：在讲解创造性游戏时提供的案例是为了让学生了解幼儿园创造性游戏开展的真实现状；在讲解幼儿园游戏的观察与指导时提供的案例是让学生学会正确处理游戏指导中的两难问题；在讲解规则游戏时提供的案例是为了让学生理解规则游戏的本质特征等。在课堂教学以及在幼儿园课程见习中，笔者还积极探索运用了实践教学法，如：在课堂上为学生准备了四种幼儿园常见的建构游戏材料，让学生练习掌握建构游戏的技能技巧；在课堂上组织学生开展表演游戏，让学生身临其境地体验表演游戏的过程；在课堂上模拟开展规则游戏，让学生体验教师组织开展规则游戏的过程；在幼儿园课程见习中，指导学生进行幼儿游戏观察与教师游戏指导观察，帮助学生收集幼儿园游戏环境创设的图片、材料，并带回课堂做分析、汇报。

从学期末的学生调查问卷中也可以发现，学生十分喜爱课堂上的讨论、课堂上的模拟实践以及在幼儿园的课程见习。在对本课程的教学建议中，很多学生就表示一次的课程见习远不够，希望能多去几次幼儿园。这些都可以证明，多种教学方法的综合运用，起到了较好地教学效果，受到学生的欢迎。

二、学生学习的变革

（一）学习态度

"学习态度是学习者对学习的较为持久肯定或否定的内在反应倾向。通常可以从学习者的注意状况、情绪倾向与意志状态等方面加以判定和说明。学习态度受学习动机的制约，是学习者在学习过程中通过一定经验习得，也是可以改变的。它是影响学习效果的一个重要因素。"[①]

从学期初的调查问卷中就可知，学生在以往的课堂教学中已经养成了被动学习的学习习惯，对学习专业课的兴趣偏低，学习过程的积极主动性不高，缺乏学习的动力。而经过教学流程与教学方法的变革，从学

---

① 朱智贤. 心理学大词典[M]. 北京：北京师范大学出版社，1989：819.

期末的调查问卷中就可以发现，学生逐渐由被动学习转变为主动学习，对课堂上的讨论产生了参与的兴趣，并且逐渐喜欢上课堂讨论，课前自学、课堂上回顾都成为一种学习习惯，而且十分愿意去幼儿园参加课程见习，完成现场教学的学习任务。

在学期初，笔者就根据学生学习准备情况的差异以及学习态度的不同，把全班学生分成了 12 个学习小组，并要求每个学习小组起好自己的小组名称。因为无论是在课堂上回答问题，还是小组讨论后的发言，各小组都会积极举牌子争先回答问题，就像图 5-1 所示的学生举牌子回答问题的情景。各小组每次回答问题后，笔者都会给该小组记上一分，即用写"正"字的方法给学生计分，正字越多说明该小组回答问题的次数越多，最后再把各小组获得的加分换算成学生的平时成绩。图 5-2 是各个小组在学习过程中获得的加分。

（二）学习方法

学习方法是个内涵与外延颇为广泛的概念。古今中外，人们对于学习方法的见解各不相同，如过度学习法、间隔学习法、探究学习法、SQ3R 学习法等。学习方法指学习者为达到学习目的所采取的措施、手段及其运作程序的统称。不同的学生会有不同的学习方法，并不存在普遍适用的学习方法，学习方法会有较强的个性特征和个体差异。作为教师应该是引导学生在借鉴一些先进学习方法的基础上，摸索和总结出适合自己的学习方法。

图 5-1 学生举牌子回答问题的情景

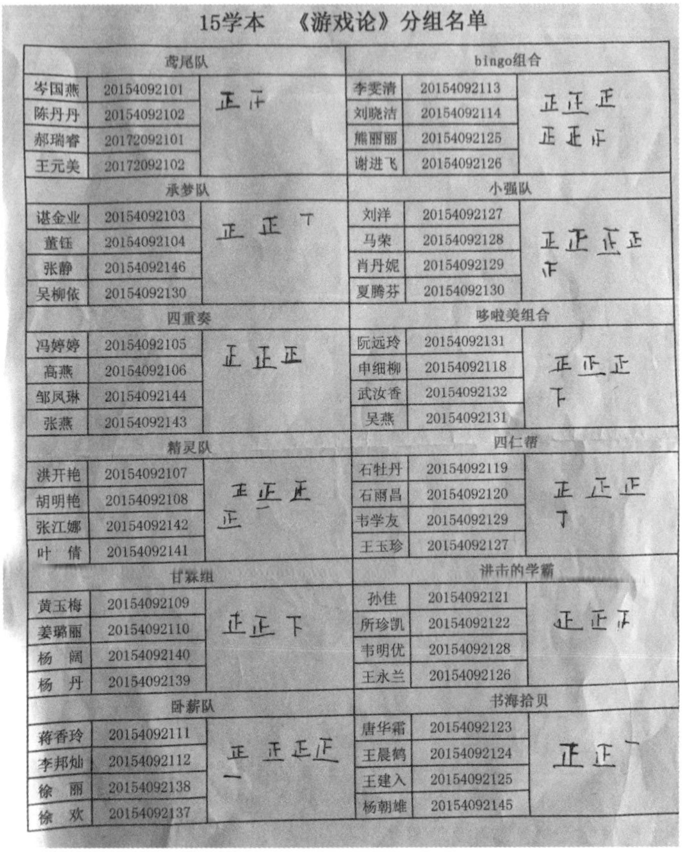

15学本　《游戏论》分组名单

鸢尾队			bingo组合		
岑国燕	20154092101	正 止	李雯清	20154092113	正 正 正 正 正 止
陈丹丹	20154092102		刘晓洁	20154092114	
郝瑞睿	20172092101		熊丽丽	20154092125	
王元美	20172092102		谢进飞	20154092126	
承梦队			小强队		
谌金业	20154092103	正 正 丁	刘洋	20154092127	正 正 正 正 止
董钰	20154092104		马荣	20154092128	
张静	20154092146		肖丹妮	20154092129	
吴柳依	20154092130		夏腾芬	20154092130	
四重奏			哆啦美组合		
冯婷婷	20154092105	正 正 正	阮远玲	20154092131	正 正 正 下
高燕	20154092106		申细柳	20154092118	
邹凤琳	20154092144		武汝香	20154092132	
张燕	20154092143		吴燕	20154092131	
精灵队			四仁帮		
洪开艳	20154092107	正 正 正 正	石牡丹	20154092119	正 正 正 丁
胡明艳	20154092108		石雨昌	20154092120	
张江娜	20154092142		韦学友	20154092129	
叶　倩	20154092141		王玉珍	20154092127	
甘霖组			讲击的学霸		
黄玉梅	20154092109	正 正 下	孙佳	20154092121	正 正 止
姜璐丽	20154092110		所珍凯	20154092122	
杨　阔	20154092140		韦明优	20154092128	
杨　丹	20154092139		王永兰	20154092126	
卧薪队			书海拾贝		
蒋香玲	20154092111	正 正 正 正 一	唐华霜	20154092123	正 正 一
李邦灿	20154092112		王晨鹤	20154092124	
徐　丽	20154092138		王建入	20154092125	
徐　欢	20154092137		杨朝雄	20154092145	

图 5-2　各小组在学习过程中的加分

在本课程的学习过程中，学生需要综合运用多种学习方法。在课前的自学环节，学生要采用自学法，认真阅读教材上的内容，做好自学笔记，还要善于利用现代化的学习手段，如多媒体、网络查找学习过程中遇到的问题，从而培养学生学习的自主性。但是，要注意使学生明确自学的目的和要求，否则会引起学生不理解、消极应付，进而影响学习效果，这一点从学期末学生问卷调查的结果就可得到证实。

在课堂讲授环节，学生要采用探究学习法，以自己已有的知识经验为起点，在老师讲述、各种教学资料的基础上，勤于思考、分析理解、善于提出问题，进而建构知识体系，将理论与实践密切联系，并积极应用理论知识来解决实际遇到的困难。

在课堂上的讨论环节，学生要采用小组合作式学习，小组成员一起学习，共同实现学习目标。小组成员之间相互交流、彼此争论、互教互学、共同提高，充满了友爱与互助。每个人都有大量的机会发表自己的观点和看法，倾听他人意见，帮助他人或者得到他人的帮助，从而使学生学业获得进步，情感价值观得到升华。小组成员除了需要完成课堂讨论、讨论后回答问题，还需要合作完成课后作业，通过多项教学活动使学生适应小组合作学习，并通过小组合作学习形成学习自觉主动性，促进学生学业进步。

此外，学生还要采用练习实践法，完成对幼儿园游戏建构游戏、表演游戏、规则游戏的模拟组织实施；采用观察实践法，去幼儿园观察幼儿游戏与幼儿教师游戏指导、幼儿园游戏环境创设、幼儿园游戏材料制作。这都需要学生在明确这些教学活动意义的前提下，自觉主动地按照老师的教学要求完成学习任务，才能保证不同学习方法的成效。

（三）学生作业

在第二轮教学改革中，笔者有意识地收集整理学生在学习本课程过程中完成的每一次作业，全面了解学生完成作业的情况与质量。在一学期的学习过程中，学生共完成11次小组作业，每次作业都需要学生先进行小组讨论再笔答，不正确之处由老师返回修改再提交；或是先讨论再练习实践。关于作业类型、内容及该作业考查的要点与完成情况如表5-19所示。具体作业的内容，笔者在每一模块教学之后的考查环节都有所呈现，这里就不再重复。

表5-19 第二轮教学改革中学生完成的作业

作业次数	作业类型	作业内容	作业考查重点	作业完成情况
1	论述	幼儿园游戏活动与教学活动之间的关系。探讨"安吉游戏"的游戏场地、游戏材料的特点与价值	考查学生对幼儿园游戏与教学关系以及游戏活动影响因素的理解	能根据教师讲授内容与查找资料完成
2	应用	编写幼儿园不同主题的角色游戏指导方案	考查学生对幼儿园角色游戏的认知与应用	在游戏情节内容拓展方面做修改
3	应用	编写幼儿园不同建构材料的建构游戏指导方案	考查学生对幼儿园建构游戏的认知与应用	在如何表述建构游戏的建构过程方面做修改

续表

作业次数	作业类型	作业内容	作业考查重点	作业完成情况
4	实践	利用沙子、积木、雪花片、乐高胶粒等幼儿园建构游戏材料练习建构游戏技能	考查学生获得的建构游戏基本技能技巧	在课堂上练习完成
5	应用	编写幼儿园不同类型的表演游戏指导方案	考查学生对幼儿园表演游戏的认知与应用	在如何塑造表演游戏中的角色形象方面做修改
6	实践	模拟开展幼儿园不同类型表演游戏	考查学生开展幼儿园表演游戏的支持引导能力	在课堂上模拟完成
7	应用	编写幼儿园规则游戏方案	考查学生创编幼儿园规则游戏的认知与应用	在游戏规则表述方面做修改
8	实践	模拟开展幼儿园规则游戏	考查学生开展幼儿园规则游戏的支持引导能力	在课堂上模拟完成
9	实践	完成幼儿游戏与教师游戏指导的观察记录表	考查学生的游戏观察与分析能力	在幼儿园观察完成
10	实践	完成幼儿园游戏环境创设的小组汇报	考查学生的游戏环境观察与分析能力	先在幼儿园观察再回教室汇报
11	应用	收集并改编少数民族儿童民间游戏	考查学生对少数民族儿童游戏的认知与应用	在分析少数民族儿童游戏的教育价值做修改

从表 5-19 可以看出，学生在第二轮教学改革中完成作业的次数较多，而且作业内容有一定难度，表现在作业都是围绕学前儿童游戏课程的教学重点难点设置的作业题，而且都属于对学前儿童游戏理论知识的应用和实践。每一次作业都需要小组成员认真思考、讨论，合作完成，充分体现了小组合作学习的重要性，就像有些学生说的"课下聚不齐小组成员，拖沓了作业完成的进度；一个人根本写不了，必须一起讨论再动笔"。虽然学生向笔者抱怨作业多又难做，但是在笔者的鼓励支持下，学生还是坚持尽全力完成，其中既有艰辛又有喜悦，就像很多学生说的"很烧脑，但很有成就感，而且确实学到很多，有一种痛并快乐的感觉"。

除了学生完成的作业，学生在课前自学、课堂上听讲记的笔记，也属于学生完成的作业。笔者在学期末学生的学业水平评价时，也把学生的笔记换算成分数计入期末成绩。图 5-3 就是学生在学期末提交的笔记本,笔者根据学生笔记的质量给学生打分。

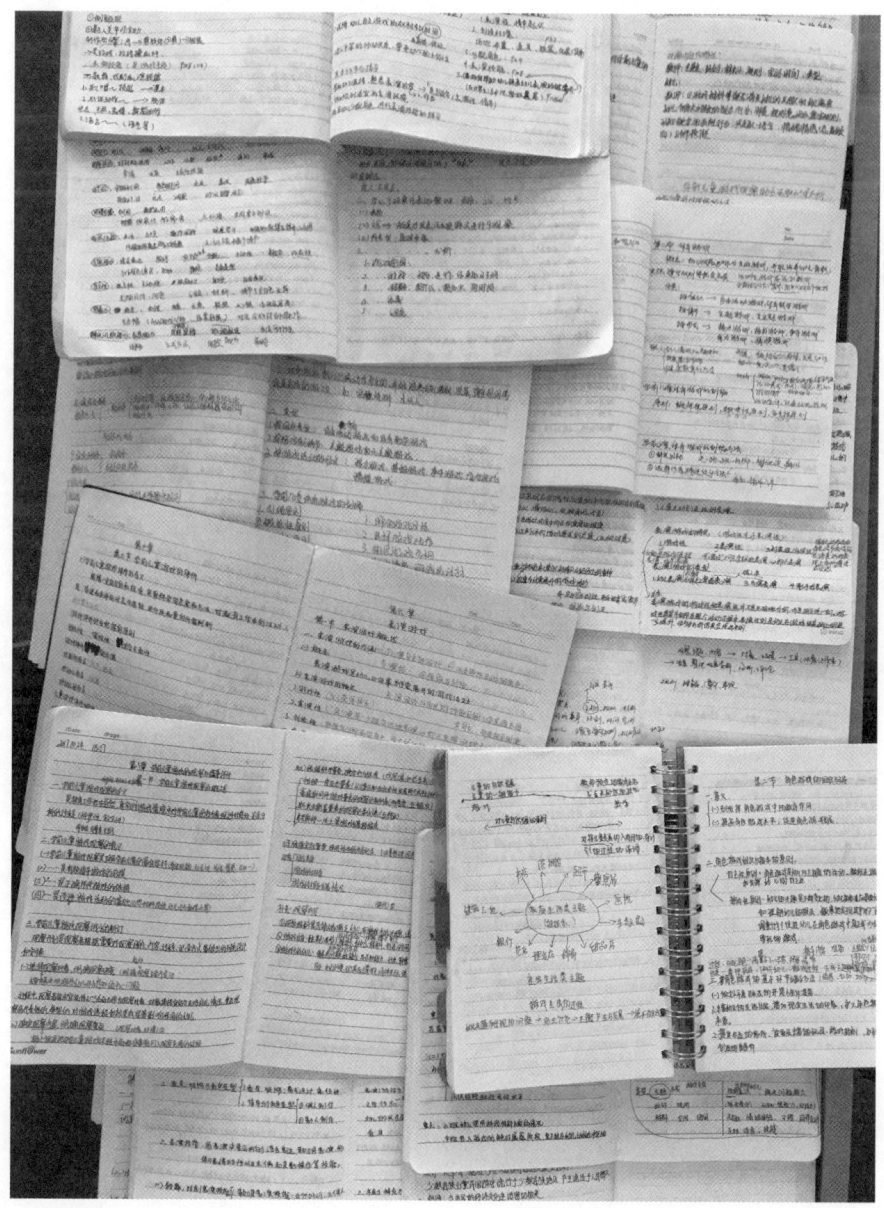

图 5-3 学生笔记换算成分数

第三节　教学改革的不足与展望

一、教学改革的不足

（一）尚未完全凸显本课程的实践性

本次教学改革的实践性，体现在三个方面：第一，学前儿童游戏课程是一门实践性较强的专业核心课。所以，在本课程教学目标中就着重强调了培养学生引导支持幼儿游戏的能力目标。第二，为了实现学生的能力目标，需要在教学过程中采用实践教学法，做到理论结合实践，以实现教学改革中的知识目标与能力目标。所谓实践教学法，就是"根据专业人才培养方案，围绕某一具有明确知识体系课程，旨在增进理论知识理解，提升专业技能而采取的具有实践特征的教学方式"①。第三，实践教学法在本课程中表现为：幼儿园建构游戏技能技巧的模拟练习，利用儿童绘本故事开展表演游戏的模拟实践，模拟组织实施改编或创编后的规则游戏，去幼儿园观察幼儿游戏与教师对幼儿游戏的指导，观察幼儿园游戏环境创设与玩具制作。

以上种种实践教学内容，仍不能满足学生学习本课程的需要，因为很多学生向笔者表示，希望能多去几次幼儿园观察学习、听课学习；也未能完全实现培养学生游戏支持与引导的能力目标，因为此目标属于培养学生的实践能力，实践能力最好在幼儿园的实践情景中去开展教学活动，仅仅依靠课堂上的听讲讨论、模拟实践是难以奏效的。所以，需要在今后的本课程教学中继续增加实践育人的教学环节，增加课程实践教学的比重，继续丰富实践教学的方法，保证学生游戏支持与引导能力目标的实现。

（二）缺少外部教学监控

在教学改革中，笔者采用了行动研究的独立模式，即笔者自己既是

---

① 时伟. 高师院校实践教学体系的生成与运行[J]. 教师教育研究，2012（5）：1-6.

行动研究的实施者,又是行动研究的研究者。一个人同时扮演两种身份,这样的优势在于随时进行自我监控、自我反思,及时修正教学改革中出现的问题,如对课前自学方法、课堂讨论环节时间、学生的教学反馈等,笔者都第一时间进行了调节处理,保证了教学改革顺利进行,也提高了笔者自身的教学监控能力。"教学监控能力是指教师为了保证教学的成功、达到预期的教学目标,在教学的全过程中,将教学活动本身作为意识的对象,不断地对教学进行积极主动的计划、检查、评价、反馈、控制和调节的能力。"①

但是在这种独立模式的行动研究中,缺少来自师生之外的教育教学专家、业内同行的外部教学监控,就有可能出现师生双方都没有觉察到的问题,或者犯一些自以为是的错误,沉浸在所谓的成效中。所以,在今后的教学中,除了强化教师自身的教学监控能力,还需要积极争取外部专家学者的指导,与同行同事广泛深入交流,或者引入第三方评价标准体系对自己的课堂教学进行监控,以保障课堂教学质量。

(三)缺少学生学业评价标准

在对第一轮教学改革进行反思时,笔者就发现在对学生进行学业评价时,缺少全面客观的评价标准,就想在第二轮教学改革中结合本课程的特点自主编制一份对学前儿童游戏课程的学生学业评价标准。但是,到第二轮教学改革结束时都没有制定出相应的评价标准。对学生的评价仍旧以定性评价为主,学生在平时课堂教学中的表现,主要是课堂发言、课堂笔记、实践练习、课后作业、课程论文,各占一定比例的分数,然后相加求和,就是学生的总成绩。没有权重、没有赋值,而且对每一项具体内容的评价也缺少具体的评价标准,很容易受到教师主观因素的影响。笔者在给学生打分时常常困惑于:什么样的笔记是优秀的笔记,记多少分合适?略差一些的呢,又是怎样的评判标准?学生掌握建构游戏的技能技巧、表演游戏的技能技巧,什么程度就算优异,什么程度算合格?学生组织的规则游戏,什么程度算学会组织开展规则游戏?在评价

---

① 申继亮,辛涛. 论教师教学的监控能力[J]. 北京师范大学学报(社会科学版),1995(1): 67-75.

学生学业成绩的过程中，诸如此类的问题非常多，然而笔者却没有时间和精力去好好地分析整理，以至于到学期末仍没有解决对学生进行合理客观评价的问题。

二、教学改革的展望

游戏是幼儿园基本活动，在重视游戏对儿童发展独特价值的时代背景下，学前儿童游戏课程作为高等师范院校人才培养方案中的专业课程，势必会有更多的学前教育专业高校教师关注该课程的改革与建设，使其在培养合格进而卓越的幼儿园教师中发挥更大的作用。学前儿童游戏课程的教学目标还需要进一步明晰，以制定出符合当前幼儿园游戏组织开展现实需要，又符合《幼儿园教师专业标准（试行）》《教师教育课程标准》等学前教育专业人才培养标准；教学内容则要根据教学目标，对各个理论模块、技能模块的内容进行整合，让学生在有限的时间内学到更专业、实用的课程知识技能，具备对幼儿游戏进行支持与引导的专业能力；课程实施的教学方式方法将更加灵活多样，翻转课堂、微课、慕课等新兴的课堂教学方法也有可能在学前儿童游戏课程教学中得以实现，或是彻底打破教室壁垒，在幼儿园进行课堂教学，使幼儿园开展的各项游戏活动现场成为学生真实学习的场域。学生学业评价则会根据学生在课程学习过程中的过程性表现，制定出分值合理、标准详尽的评价指标体系，以激发学生学习兴趣，促进学生学习投入，并对学生的学业成绩做出真正客观的评价。

参考文献

[1] 刘焱．儿童游戏通论[M]．北京：北京师范大学出版社，2004．
[2] 邱学青．学前儿童游戏[M]．南京：江苏教育出版社，2009．
[3] 丁海东．学前游戏论[M]．济南：山东人民出版社，2009．
[4] 华爱华．幼儿游戏理论[M]．上海：上海教育出版社，2015．
[5] 姜晓燕．学前儿童游戏教程[M]．北京：教育科学出版社，2012．
[6] 杨枫．学前儿童游戏[M]．北京：高等教育出版社，2014．
[7] 翟理红．学前儿童游戏教程[M]．上海：复旦大学出版社，2013．
[8] 柳阳辉．新编学前儿童游戏[M]．上海：复旦大学出版社，2017．
[9] 周念丽．学前儿童发展心理学[M]．上海：华东师范大学出版社，2014．
[10] 黄人颂．学前教育学[M]．北京：人民教育出版社，2015．
[11] 李季湄．日本学前教育系列丛书[M]．上海：华东师范大学出版社，2017．
[12] 王攀峰．行动研究的理论与方法[M]．北京：首都大学出版社，2013．
[13] 陈向明．质的研究方法与社会科学研究[M]．北京：教育科学出版社，2017．
[14] 风笑天．社会研究方法[M]．北京：中国人民大学出版社，2013．
[15] 陈向明．教育研究方法[M]．北京：教育科学出版社，2013．
[16] 金哲华，俞爱宗．教育科学研究方法[M]．北京：科学出版社，2011．
[17] 乌丙安．中国民俗学[M]．沈阳：辽宁大学出版社，1985：373．
[18] 秦元东．浙江儿童民间游戏：现状与传承[M]．杭州：浙江大学出版社，2011．
[19] 陈国眉，姜勇．幼儿教育心理学[M]．北京：北京师范大学出版社，2007．
[20] 朱家雄．幼儿园课程的理论与实践[M]．上海：华东师范大学出版社，2012．

[21] 黄进. 儿童游戏文化引论[M]. 南京：南京师范大学出版社，2012.
[22] 刘艳. 幼儿园角色游戏指导手册[M]. 南京：江苏教育出版社，2013.
[23] 何艳萍. 幼儿园区域活动的实践与探索[M]. 北京：北京师范大学出版社，2010.
[24] 韩文瑛，肖胜强. 学前儿童游戏活动设计[M]. 北京：人民邮电出版社，2014.
[25] 智学，张建岁. 民间游戏在幼儿园活动中的应用[M]. 北京：高等教育出版社，2012.
[26] [美]约翰逊. 游戏与儿童早期发展[M]. 上海：华东师范大学出版社，2006.
[27] 董旭花. 幼儿园创造性游戏区域活动指导[M]. 北京：中国轻工业出版社，2014.
[28] 冯梦华. 儿童玩具选择与智力开发[M]. 北京：华夏出版社，1994.
[29] 曹中平. 儿童游戏论——文化学、心理学和教育学三维视野[M]. 银川：宁夏人民出版社，1999.
[30] 李季湄，冯晓霞. 《3—6岁儿童学习与发展指南》解读[M]. 北京：人民教育出版社，2013.
[31] [荷]胡伊青加. 人：游戏者[M]. 贵阳：贵州人民教育出版社，1998.
[32] [美]弗罗斯特. 游戏和儿童发展[M]. 南京：江苏教育出版社，2011.
[33] 庞丽娟，刘占兰. 《幼儿园教师专业标准（试行）》说明[N]. 中国教育报，2011-12-14（3）.